आर. गुप्ता® कृत

साक्षात्कार

विभिन्न प्रतियोगी परीक्षाओं हेतु उपयोगी पुस्तक

डॉ॰ एस॰ पाण्डेय

रमेश पब्लिशिंग हाउस, नई दिल्ली

प्रकाशकः ओ॰पी॰ गुप्ता, रमेश पब्लिशिंग हाउस

प्रशासनिक कार्यालयः

12-H, न्यू दरियागंज रोड, ऑफिसर्स मेस के सामने,
नई दिल्ली-110002 ① 23261567, 23275224, 23275124
E-mail: info@rameshpublishinghouse.com
Website: www.rameshpublishinghouse.com

विक्रय केन्द्रः

● बालाजी मार्किट, नई सड़क, दिल्ली-6 ① 23253720, 23282525
● 4457, नई सड़क, दिल्ली-6, ① 23918938

© सर्वाधिकार प्रकाशकाधीन हैं।

Book Code: R-200

22nd Edition: 1601

ISBN: 978-93-5012-765-0

आमुख

कुछ समय पूर्व सिविल सेवा के साक्षात्कारों से सम्बन्धित **"इण्टरव्यू-मैनुअल (Interview Manual)"** नामक एक पुस्तक अंग्रेजी में प्रकाशित की गई थी, जिसका परीक्षार्थियों ने काफी स्वागत किया। हम ऐसी ही पुस्तक अपनी राजभाषा हिन्दी में भी प्रकाशित करने के लिए उत्सुक थे अतएव **"इण्टरव्यू-मैनुअल"** का छायानुवाद **"साक्षात्कार"** के नाम से प्रस्तुत किया गया है। यह पुस्तक उच्च पदों, यथा–बैंक प्रोबेशनरी अधिकारी, जीवन बीमा व साधारण बीमा निगम, हिन्दी अधिकारी, प्रशासनिक अधिकारी, रेलवे सेवा एवं अन्य पदों के लिए साक्षात्कार हेतु लाभदायक सिद्ध होगी। पुस्तक के उत्तरार्द्ध में बैंकों से सम्बन्धित साक्षात्कारों का वर्णन है जिसके कारण इसकी उपयोगिता में वृद्धि हो गई है। पुस्तक में प्रयुक्त सभी नाम, जगह आदि और साक्षात्कार काल्पनिक हैं जो केवल इण्टरव्यू विधा दर्शाने के लिए लिखे गए हैं।

समय सापेक्ष और अद्यतन बनाने के उद्देश्य से यह छायानुवाद कहीं-कहीं अपने मौलिक स्वरूप से भिन्न हो गया है किन्तु पुस्तक की उपादेयता की हर दृष्टि से रक्षा की गई है। हमारे अन्य स्तरीय प्रकाशनों की तरह यह पुस्तक भी सिविल तथा बैंक सेवा के परीक्षार्थियों के लिए उपयोगी सिद्ध होगी। इस आशा तथा अशेष शुभकामनाओं सहित–

–प्रकाशक

❑❑❑

विषय-सूची

❑❑❑

व्यक्तित्व परीक्षण

साक्षात्कार

साक्षात्कार का महत्त्व जीवन के हर क्षेत्र में बढ़ता जा रहा है। सरकारी सेवाओं में तो इसका विशिष्ट स्थान है। आजकल स्पर्धा का युग है। सक्षम, योग्य तथा कुशल व्यक्तियों की सर्वत्र मांग रहती है। अतएव ऐसे व्यक्तियों की तलाश करने के लिए प्रतियोगिता परीक्षाएं आयोजित की जाती हैं। साक्षात्कार किए जाते हैं और इन सब प्रक्रियाओं द्वारा योग्यता क्रम से श्रेष्ठ प्रतियोगियों का चयन किया जाता है। शिक्षा की समुन्नति, बहुआयामी शिक्षा तथा बेकारी के कारण प्रतियोगिता परीक्षाएं और साक्षात्कार ही ऐसे माध्यम हैं जिनके द्वारा लोकतांत्रिक आधार पर सभी को अपनी आजीविका का साधन ढूंढ़ने के लिए समान अवसर प्रदान किए जाते हैं। सरकारी सेवाओं में चाहे वे राज्य सरकार की सेवाएं हों अथवा केन्द्र की, सरकारी प्रतिष्ठान हों अथवा अर्द्ध-सरकारी उपक्रम—सभी में प्रतियोगिता परीक्षा उत्तीर्ण करना और इंटरव्यू देना आवश्यक हो गया है। संघ लोक सेवा आयोग, कर्मचारी चयन आयोग, रेलवे सेवा आयोग, राज्यों के लोक सेवा आयोग, बैंकिंग सेवा आयोग, केन्द्र तथा राज्य के रोजगार कार्यालय सरकारी सेवा प्राप्त करने के लिए पात्र लोगों का चयन करते अथवा उन्हें रोजगारों की सूचना देने का कार्य करते हैं। जो लोग शहरों में रहते हैं, साधन सम्पन्न हैं अथवा दो-चार साक्षात्कार के लिए गए हैं उन्हें तो साक्षात्कार का कुछ न कुछ अनुभव हो ही जाता है किन्तु जिन्हें पहली बार साक्षात्कार देने के लिए जाना होता है उन्हें बड़ी झिझक, चिन्ता तथा परेशानी होती है।

साक्षात्कार के लिए जब कभी जाने का अवसर मिले तो उस समय परेशान और चिन्तित नहीं होना चाहिए वरन् प्रयास यह करना चाहिए कि अपने विषयों का समुचित रूप से अध्ययन कर लिया जाए और जहां कहीं भ्रम या अस्पष्टताएं हों उनका सम्यक् निराकरण भी कर लिया जाए। साक्षात्कार को कभी हौवा या भयावह संकट की घड़ी नहीं समझना चाहिए। इंटरव्यू लेने वाले महानुभाव वरिष्ठ, अनुभवी तथा परिपक्व अवश्य होते हैं किन्तु सर्वज्ञ कोई नहीं होता। इसलिए प्रश्न-कर्त्ता द्वारा जब कोई प्रश्न किया जाए तो उसका उत्तर स्थिरचित्त होकर और अच्छी तरह समझ-बूझ कर देना चाहिए। यदि पूछे गए प्रश्न से आप अनभिज्ञ हैं तो बड़ी विनम्रता से कह देना चाहिए कि मुझे इसकी जानकारी नहीं है। गलत तथा अधकचरा उत्तर देने के बजाय—''मुझे इसकी जानकारी नहीं है'', यह कह देना कहीं अधिक श्रेष्ठ है। इंटरव्यू बोर्ड पर इसका असर भी खराब नहीं पड़ता।'' इण्टरव्यू बोर्ड की इच्छा पर निर्भर

होता है कि वह साक्षात्कार की शुरुआत किन बातों को लेकर करे। बोर्ड में कभी-कभी कई लोग भी हो सकते हैं जो अपने-अपने क्षेत्र के मर्मज्ञ जानकार होते हैं। स्थूल रूप से इण्टरव्यू की प्रक्रिया को दो वर्गों में विभाजित किया जा सकता है–(1) आत्म-परिचय से सम्बन्धित प्रश्न (2) विषयगत प्रश्न। ऐसा भी होता है कि जब कभी कोई व्यक्ति पहले से ही कहीं कार्य कर रहा होता है तो उससे पूछा जाता है कि वह अपनी सेवा को क्यों छोड़ना चाहता है? आत्म-परिचय से सम्बन्धित प्रश्नों का उत्तर देते समय हमें किन-किन बातों का ध्यान रखना चाहिए इसका वर्णन आगे किया जा रहा है।

आत्म–परिचय

इण्टरव्यू बोर्ड के प्रत्येक सदस्य के समक्ष सभी उम्मीदवारों की शिक्षा-दीक्षा, आयु, अनुभव आदि का विवरण पत्र रखा होता है। ऐसी स्थिति में जब बोर्ड का कोई सदस्य आत्म-परिचय विषयक कोई प्रश्न पूछता है तो उसका सही और संक्षिप्त उत्तर देना चाहिए। उम्मीदवार को यह न भूलना चाहिए कि उसके बाद अन्य और भी कई व्यक्ति हैं जो अपना इण्टरव्यू देने आए हैं। इसके अलावा संक्षिप्त तथा संगत (Brief and to the point) उत्तर देना भी एक कला है। मान लीजिए आपसे पूछा जाता है कि बी॰ ए॰ तथा एम॰ ए॰ परीक्षा उत्तीर्ण करने के बीच में तीन वर्ष का अन्तर क्यों है? इस प्रश्न का उत्तर देते समय आप यदि सही बात बता देते हैं कि अमुक कारणों/कारण से मैं एक वर्ष परीक्षा नहीं दे पाया तो आपको ज्यादा सोच विचार नहीं करना पड़ेगा तथा परीक्षक भी उस उत्तर से संतुष्ट हो जाएंगे। बात बनाने वाला पकड़ा जाएगा और याद रखिए कि एक झूठ को छिपाने के लिए कई झूठ बोलने पड़ जाते हैं।

कभी-कभी विषय विशेष अथवा चयन के बारे में भी आपसे प्रश्न पूछे जा सकते हैं। ऐसे प्रश्नों में यह भी पूछा जा सकता है कि आपने कला के स्थान पर विज्ञान क्यों नहीं पढ़ा अथवा विज्ञान के बजाय कला क्यों नहीं पढ़ी। इसका सीधा-सा उत्तर यह हो सकता है कि मेरी अभिरुचि-कला/विज्ञान की ओर है, इसी कारण मैंने अपने विषयों का चयन अपनी इच्छा के अनुकूल किया था।

यह भी हो सकता है कि विज्ञान का विषय आपके अनुकूल न रहा हो। उसमें आपको कम नम्बर मिले हों या आप फेल हो गए हों जिसके कारण आपका एक साल खराब हो गया होगा। ऐसी स्थिति में आप साफ-साफ बता दें कि मुख्य कारण यह था तथा गौण कारण ये थे। यह स्पष्टोक्ति परीक्षकों की नजरों में आपको चढ़ा देगी।

खेलों से संबंधित कॉलम में अक्सर लोग कुछ बढ़ा-चढ़ा कर भर देते हैं। यदि इण्टरव्यू में आप गलत बात कहते हैं जिससे यह पता चल जाता है कि आपको क्रिकेट के खेल का 'क' ख, ग, भी नहीं आता तो आपकी झूठ पकड़ी जा सकती है और इसका असर आपके इण्टरव्यू पर भी पड़ सकता है। गलत बात बताकर अनावश्यक परीक्षकों का मूड कभी खराब नहीं करना चाहिए।

व्यवसाय परिवर्तन

स्वभावतः प्रत्येक व्यक्ति की यह आकांक्षा होती है कि वह उन्नति की ओर निरन्तर अग्रसर होता रहे। संस्कृत में एक सूक्ति है—**''उद्योगिनः पुरुषसिंह मुपैति लक्ष्मी''** अर्थात् उद्योगशील वीर पुरुष ही लक्ष्मी का वरण करते हैं। अतएव अच्छी नौकरी या व्यवसाय के लिए सतत् प्रयत्नशील रहना कोई बुराई नहीं वरन् एक अच्छी बात है। साक्षात्कार देते समय प्रायः यह पूछा जाता है कि अमुक उम्मीदवार अपना पहला पद क्यों छोड़ना चाहता है जबकि उसे अच्छा वेतन मिल रहा है। मान लीजिए कोई व्यक्ति इंजीनियर है और इस पद पर उसे 50,000 रु॰ मासिक वेतन मिल रहा है। अब वह आई.ए.एस. या आई.पी.एस. पद के लिए उम्मीदवार है। स्पष्ट है कि इस पद का आरंभिक वेतन 50,000 रु॰ मासिक से अधिक नहीं होता। स्वतः ही यह बात सामने आती है कि ऐसा कौन-सा आकर्षण है जिसके कारण व्यक्ति विशेष अपनी अधिक लाभदायी सेवा छोड़कर अल्प लाभकारी सेवा में आना चाहता है। यदि इसका कारण यह बताया जाता है कि देश और जनसेवा के कारण ही उसकी इच्छा पद-परिवर्तन की हुई है तो उसका यह उत्तर बहुत समीचीन नहीं होगा और परीक्षकों पर इसका प्रभाव भी शायद ठीक न पड़े। बने बनाए तथा टरकाऊ उत्तर देने से उम्मीदवार अपनी ही हानि कर बैठते हैं।

ऐसा भी देखा गया है कि कुछ उम्मीदवार भावुक होते हैं और भावावेश में आकर अपने उद्गार प्रकट करते हुए कहते हैं कि वे दलित, शोषित तथा उपेक्षित आदिम जातियों की समुन्नति करना चाहते हैं तथा दूर-दराज क्षेत्रों में जाकर यह देखना चाहते हैं कि गरीबी के अभिशाप से उन्हें किस प्रकार मुक्त किया जा सकता है। ऐसे लोगों का आत्म-परिचय अथवा जीवनवृत देखने से पता चलता है कि उन्होंने अपने कार्य क्षेत्र पंजाब, हरियाणा या उत्तर प्रदेश चुने हैं। सोचिए कि परीक्षक के मन में क्या बीतती होगी जब वह ऐसे उम्मीदवार की कथनी और करनी में आकाश-पाताल का अन्तर देखता है। आदिवासियों की संख्या पंजाब, हरियाणा तथा उत्तर प्रदेश में नगण्य-सी है फिर वह आदिवासियों की सेवा किस प्रकार कर पाएगा। परीक्षकों को यह समझते देर नहीं लगती कि परीक्षार्थी कल्पनाजीवी और अस्थिर मति वाला है जिसकी लालसा तो समृद्ध राज्यों में कार्य करने की है और डींग मार रहा है कि वह दुखी संत्रस्त आदिवासियों की सेवा करना चाहता है।

पूर्व व्यवसाय अथवा सेवा के बारे में पूछे गए प्रश्नों का उत्तर, सावधानी तथा ईमानदारी से देना चाहिए ताकि जो कुछ आत्म-परिचय में लिखा है उसमें, तथा जो कुछ वह कह रहा है उसमें, एकरूपता बनी रहे और कहीं ऐसा प्रतीत न हो कि परीक्षकों से बात छुपाई जा रही है अथवा उन्हें भ्रम में रखने की कोशिश की जा रही है।

तथ्यपूर्ण सूचना

उम्मीदवार से जब तथ्यपूर्ण उत्तर देने के लिए प्रश्न किए जाएं तो हमेशा सही तथा संक्षिप्त उत्तर देने की चेष्टा करनी चाहिए। यदि तथ्यपूर्ण जानकारी ज्ञात नहीं है तो यह दम्भ करने

की भावना निरर्थक सिद्ध होगी कि उसे संबंधित विषय की जानकारी अच्छी तरह है। परीक्षक जब कोई ऐसा प्रश्न करता है जिसमें तथ्यपूर्ण जानकारी देने की आवश्यकता होती है, तो कभी यह न समझना चाहिए कि परीक्षक को उसकी अधकचरी जानकारी होगी या वह उम्मीदवार की चालाकी को पकड़ नहीं पाएगा। यदि किसी प्रश्न का उत्तर नहीं आता उस समय विनम्रतापूर्वक यही कहना उचित होता है कि ''श्रीमान् मुझे इसकी जानकारी नहीं है''। ऐसा हो सकता है कि जिन विषयों का अध्ययन विश्वविद्यालय स्तर पर किया गया हो उन सभी के बारे में उम्मीदवार पारंगत न हो। उम्मीदवार विश्वकोष तो होता नहीं जो सब कुछ सही-सही बता दे। फिर भी यह तो अपेक्षा की ही जाती है कि उसे उन विषयों का ज्ञान अवश्य होना चाहिए जिनका अध्ययन विशेषतापूर्ण किया गया है। यदि उम्मीदवार फिर भी अनभिज्ञता प्रकट करता है तो फिर यही निष्कर्ष निकलना स्वाभाविक हो जाता है कि साक्षात्कार देने वाले व्यक्ति ने अच्छी तरह अपने विषयों को पढ़ा नहीं है या उसका जीवन इतना चिन्ताग्रस्त रहा है जिसके कारण गम्भीरतापूर्वक अध्ययन करने की उसे सुविधा ही नहीं मिल सकी। यदि उससे यह पूछा जाता है कि विषय विशेष का तो उसे अच्छी तरह अध्ययन करना ही चाहिए था फिर उसने ऐसा क्यों नहीं किया उस समय अपनी स्थिति स्पष्ट करने में कोई बुराई नहीं होती।

भारतीय प्रशासनिक सेवाओं के समान या इसी स्तर की अन्य परीक्षाओं में श्रेष्ठ उम्मीदवारों का चयन किया जाता है। इसलिए लिखित परीक्षाएं उत्तीर्ण करने के बाद साक्षात्कार में भी यह जानने का प्रयास किया जाता है कि संबंधित व्यक्ति को पुस्तकीय ज्ञान के अतिरिक्त और क्या-क्या विशेष जानकारी है। उसका स्वास्थ्य कैसा है तथा उसके सामान्य बोलचाल तथा बर्ताव में कौन-कौन सी विशेषताएं हैं।

सरकारी नीतियों के संबंध में ज्ञान

उम्मीदवार से प्रायः ऐसे प्रश्न भी पूछे जाते हैं जो सरकारी नीतियों, नीति निर्धारण और अपनाई गई नीति के दूरगामी परिणामों के विषय में होते हैं। बहुधा उम्मीदवार इस प्रकार के प्रश्नों का उत्तर देने में संकोच का अनुभव करने लगते हैं। वे सोचते हैं कि सरकारी सेवा प्राप्त करने के लिए उत्सुक व्यक्ति सरकारी नीति की आलोचना कैसे करे। वह शायद यह भी सोचता है कि अपने मन की बात कहने में उसे कहीं सरकार विरोधी न समझ लिया जाए अथवा वह किसी विशेष राजनैतिक दल का समर्थक न मान लिया जाए। ऐसे प्रश्न का उद्देश्य यह होता है कि उम्मीदवार को वर्तमान गतिविधियों की सम्यक् जानकारी है अथवा नहीं। क्या वह स्वतंत्र रूप से बौद्धिक चिन्तन करने की क्षमता रखता है एवं क्या वह स्वयं भी सही निर्णय लेने में समर्थ है। ऐसे प्रश्नों से भयभीत होने के बजाय जम कर तथा सोच विचार कर उत्तर देना चाहिए। पूर्वाग्रही होना अच्छा नहीं है, ऐसे समय उसे अपनी स्थिति न्यायाधीश के समान समझनी चाहिए। सही बात को सही और गलत को गलत कहने में

कोई हर्ज नहीं होता। यह सोचना उचित नहीं होता कि बोर्ड के सभी व्यक्ति एक ही जैसी विचारधारा रखते होंगे और यदि उम्मीदवार ने कोई ऐसी बात कही जो इस विचारधारा का समर्थन नहीं करती तो उसे व्यर्थ ही बोर्ड का कोपभाजन बनना पड़ेगा। परीक्षकगण तो उम्मीदवार द्वारा व्यक्त विचारों का मूल्यांकन और उसकी युगीन उपादेयता की मात्र जांच करते हैं। इसलिए इण्टरव्यू बोर्ड के सामने अपनी राय निर्भय होकर व्यक्त करनी चाहिए तथा अपने पक्ष के समर्थन में ग्राह्य तर्क भी देने चाहिए।

सरकारी नीतियों के संबंध में ज्ञान होना जरूरी होता है। जिस देश में हम रहते हैं तथा जिस शासन सत्ता द्वारा हम शासित होते हैं, उसके विषय में न जानना विडम्बना की बात होगी। आजकल अखबार, रेडियो, टेलीविजन, पत्रिकाएं तथा अन्यान्य साधन हमें जन-जन के लिए ही नहीं अपितु देश-देशान्तरों के भी समीप लाते हैं। इन सबका भरपूर उपयोग करके हमें अपना ज्ञान भण्डार बढ़ाना चाहिए।

अपने विचारों की अभिव्यक्ति

भगवान ने प्रत्येक व्यक्ति को मन, वाणी तथा प्रज्ञा प्रदान की है। संविधान के अनुसार भी प्रत्येक नागरिक को अपने विचार व्यक्त करने की स्वतन्त्रता है। ऐसे व्यक्ति जिन्हें अच्छी शिक्षा-दीक्षा मिली है, स्वयं अनुभव प्राप्त किया है, वे अपने ज्ञान के आधार पर विचारों की अभिव्यक्ति करते ही हैं। इन लोगों से यह अपेक्षा की जाती है कि वे जब भी कोई बात कहें उसके समर्थन में समुचित तर्क, उदाहरण तथा तथ्य प्रस्तुत करें। ऐसा करने से बात स्वयंमेव वजनदार हो जाती है। श्रोता या परीक्षक पर ऐसे कथन का प्रभाव भी पड़ता है। स्वतंत्र चिन्तक होना अच्छी बात है। जो बातें हम पढ़-पढ़ाकर अथवा दूसरे के विचारों की नकल करके व्यक्त करते हैं, उन पर यदि विस्तार से चर्चा होने लगती है तो पोल खुल जाती है। साक्षात्कार के अवसर पर तो विशेष ध्यान देने की आवश्यकता होती है क्योंकि जो भी विचार व्यक्त किए जाएं वे सुसंगत, प्रभावशाली तथा तर्कपूर्ण हों।

यदि इण्टरव्यू बोर्ड के किसी सदस्य ने किसी मुद्दे को लेकर अपने विचार व्यक्त किए हैं तो जरूरी नहीं होता कि आप भी उन्हीं का समर्थन करें। आप प्रज्ञा सम्पन्न हैं अपनी बुद्धि का प्रयोग कीजिए तथा यह सिद्ध कीजिए कि आप जो कुछ कह रहे हैं वह असंगत नहीं है वरन् उसके पीछे भी तर्क (Logic) है। कभी-कभी यह भी देखने में आता है कि परीक्षक कोई ऐसी बात कह देता है जिसका वह स्वयं पक्षधर नहीं होता। ऐसी बात या तो उम्मीदवार को उत्तेजित करने के लिए कही जाती है या उम्मीदवार के ज्ञान की थाह लेने के उद्देश्य से कही जाती है। चयन समिति या साक्षात्कार समिति के सदस्य अलग-अलग विषय में निष्णात् होते हैं। वे उम्मीदवार द्वारा दिए गए उत्तर को ध्यानपूर्वक सुनते हैं। इसमें विशेषज्ञ सदस्य तो अपनी दृष्टि से मूल्यांकन करता है किन्तु अन्य लोग जो उत्तर श्रवण

कर रहे हैं, वे यदि प्रभावित हो गए तो उसका लाभ आपको पूरी तरह प्राप्त हो सकता है।

विचाराभिव्यक्ति स्वयं में एक कला है। यह कला सततृ अभ्यास से आती है। कुछ लोग इण्टरव्यू बोर्ड का सामना करते ही शिथिल हो जाते हैं और ठीक प्रकार से बोल नहीं पाते। यह स्थिति आपकी न हो, इसलिए अभिव्यक्ति का अभ्यास आरम्भ में कर लेना ठीक होता है। ऐसे अवसरों पर हमेशा यह समझना चाहिए कि जिन लोगों द्वारा इण्टरव्यू लिया जा रहा है वे हमारी योग्यता की जांच करने के लिए हैं और परीक्षक हैं, दण्डाधिकारी नहीं हैं। यदि आपका उत्तर उन्हें नहीं भाता तो इसमें शर्म और लज्जा की कोई बात नहीं होती। अपना-अपना मत है और आपको भी अपना मत प्रकट करने का संवैधानिक अधिकार प्राप्त है।

निष्कर्ष

तथ्यपूर्ण तथा सही-सही उत्तर देना ही सर्वोत्कृष्ट तरीका है जिसके द्वारा इण्टरव्यू बोर्ड के सदस्यों को प्रभावित किया जा सकता है। वे इस बात से प्रसन्न होते हैं कि उम्मीदवार सुयोग्य, सत्यनिष्ठ तथा मितभाषी है और उसे जो कुछ मालूम नहीं है उसे वह शालीनता से स्वीकार भी करता है।

जैसा कि पहले कहा जा चुका है कि एक झूठ को छिपाने के लिए कई बहाने बनाने पड़ते हैं जिसके कारण उम्मीदवार से जिरह की जाती है और जिरह के भंवर जाल में फंसकर अन्ततः उम्मीदवार की कलई खुल जाती है। सच्ची बात सच्ची बात होती है जिससे मनोबल सुदृढ़ होता है। उम्मीदवार से यदि कोई अनुषंगी प्रश्न पूछे जाते हैं तो वह अपने तर्कों और तथ्यों के आधार पर दिए गए उत्तर की पुष्टि करने में समर्थ रहता है। बोर्ड के सदस्यों को इस बात से प्रायः कोई मतलब नहीं होता कि उम्मीदवार की विचारधारा किस प्रकार की है अपितु वे यह देखते हैं कि विचारों का प्रस्तुतीकरण किस प्रकार किया गया है और उसके व्यक्त विचार तथ्यपूर्ण, तर्कसंगत तथा प्रभावपूर्ण हैं अथवा नहीं। यह भ्रम है कि बोर्ड के सदस्य चाहते हैं कि जो कुछ उनका मंतव्य है, उम्मीदवार भी उसी का समर्थन करे। बोर्ड तो उम्मीदवार के विचारों का मूल्यांकन करता है। वह यह नहीं देखता कि बोर्ड के विचारों से उम्मीदवार के विचार ताल-मेल रखते हैं अथवा नहीं।

इसलिए प्रत्येक उम्मीदवार को इस बात से निश्चिन्त रहना चाहिए कि यदि वह बोर्ड की हां में हां नहीं मिलाएगा तो उसका अहित हो जाएगा। बोर्ड के सदस्य पूर्णतया तटस्थ तथा न्यायशील होते हैं और उनकी आकांक्षा यही रहती है कि जो सुपात्र, सक्षम और सुयोग्य हैं, उनका किसी प्रकार से अहित न होने पाए।

❑ ❑❑

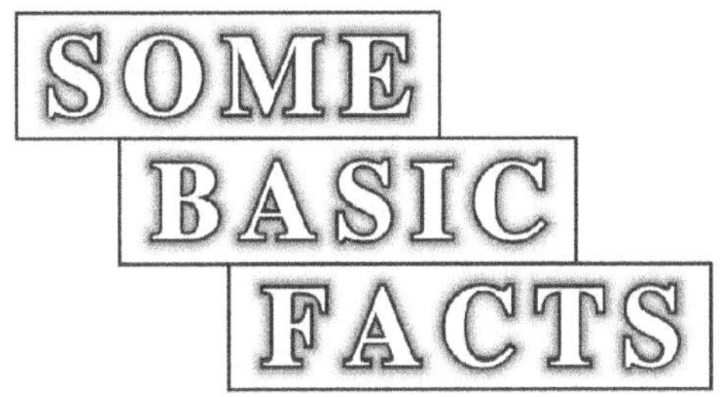

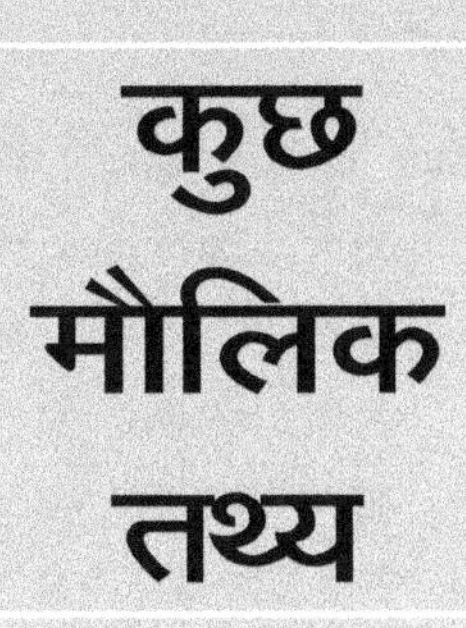

उम्मीदवार के प्रति साक्षात्कारी की जिज्ञासा

साक्षात्कार लेने वाले व्यक्ति की एक उम्मीदवार से निम्नलिखित जिज्ञासाएं हो सकती हैं : 1. बेहतरीन व्यक्ति 2. कार्य के प्रति समर्पण 3. निष्ठा 4. न्यूनतम अथवा आवश्यक योग्यताओं का होना 5. अच्छी प्रस्तुति 6. अच्छा आचरण 7. वरिष्ठ अधिकारियों के लिए आदर 8. सहयोग की भावना 9. कनिष्ठ के लिए सहानुभूतिपूर्ण विचार 10. नेतृत्व का गुण 11. धैर्य और सहनशक्ति 12. आलोचना का सामना करने की क्षमता 13. निर्भीकता 14. स्पष्टवादिता 15. विनम्रता 16. दृढ़शक्ति 17. विचारों में लचीलापन 18. मानसिक सतर्कता 19. तार्किक खंडन की क्षमता 20. प्रसन्नतापूर्वक दायित्वों को अपने कंधों पर लेना 21. समय, पैसा, अवकाश इत्यादि का प्रबंधन।

सही दृष्टिकोण

एक अध्ययन के अनुसार किसी भी क्षेत्र में सफल लोगों में निम्नलिखित गुण विद्यमान होते हैं:
(क) कार्य के प्रति उत्साह (ख) स्वप्रेरित (ग) प्रसन्नचित्त एवं आशावादी (घ) दूसरों को सहायता करने में तत्पर (ङ) उपलब्धियों में खुशी-खुशी भागीदार बनाने वाला (च) कमियों व गलतियों को स्वीकार करने वाला (छ) सीखने को इच्छुक।

एक व्यक्ति से संबंधित साक्षात्कार

अक्सर एक व्यक्ति से संबंधित साक्षात्कार आयोजित किए जाते हैं :

1. जब किसी छोटी कम्पनी/संगठन द्वारा साक्षात्कार लिया जाना हो।
2. जब रिक्तियों की संख्या कम हो।
3. जब निम्न श्रेणी के पद हों और बहुत ज्यादा दक्षता की आवश्यकता नहीं पड़ती हो।

लाभ

इस प्रकार के साक्षात्कार से निम्नलिखित लाभ होते हैं :

1. एकल व्यक्ति प्रत्येक उम्मीदवार का तुलनात्मक अध्ययन बेहतर ढंग से कर सकता है।

2. उम्मीदवार के लिए इस प्रकार का साक्षात्कार कम भयावह होता है।

3. उम्मीदवार अपने आप में निश्चिन्त प्रतीत होता है और सभी प्रश्नों के उत्तर पूरे आत्मविश्वास से देता है।

4. उम्मीदवार को सिर्फ एक व्यक्ति को संतुष्ट करना पड़ता है।

5. साक्षात्कार बहुत छोटा होता है और उम्मीदवार तथा साक्षात्कार लेने वाले व्यक्ति के लिए कम थकान वाला होता है।

6. चयन की प्रक्रिया आसान और सरल होती है जिसके फलस्वरूप परिणाम तुरंत घोषित किए जाते हैं।

7. एक व्यक्ति से संबंधित साक्षात्कार की प्रक्रिया अपनाकर कम्पनी बहुत सारा पैसा बचा लेती है:

(क) क्योंकि कम्पनी का बहुमूल्य समय बचता है।

(ख) क्योंकि कम्पनी द्वारा एक कमरा अथवा हॉल में साक्षात्कार का आयोजन होने से जगह संबंधी असुविधाएं दूर हो जाती है।

(ग) क्योंकि इस प्रकार के साक्षात्कार में कम्पनी के निम्नवर्गीय कर्मचारियों की तैनाती से बचा जाता है।

हानि

इस प्रकार के साक्षात्कार से निम्नलिखित हानियां होती हैं :

1. एक व्यक्ति के साक्षात्कार में न्याय संबंधी विसंगति होने की परम संभावनाएं होती हैं।

2. इस प्रकार के साक्षात्कार में पक्षपातपूर्ण रवैये की भी संभावना होती है।

3. इसमें साक्षात्कार लेने वाला व्यक्ति किसी ऐसे उम्मीदवार का चयन कर सकता है जिससे उसे व्यक्तिगत लाभ पहुँचने की संभावना हो, भले ही वह उम्मीदवार आगे चल कर कम्पनी के हित में घातक ही क्यों न हो।

4. इसमें अधिक प्रतिभावान उम्मीदवार अगर साक्षात्कार लेने वाले व्यक्ति की रुचि के अनुसार नहीं होता है तो उसकी उम्मीदवारी रद्द हो सकती है।

5. इसमें कम प्रतिभावान उम्मीदवार अगर साक्षात्कार लेने वाले व्यक्ति के मनोवृत्ति के अनुरूप हो, तो वह चयनित हो जाता है।

6. एकल साक्षात्कार में साक्षात्कार लेने वाले व्यक्ति के निर्णय में चूक हो जाने पर वह एक ऐसे उम्मीदवार का चयन कर सकता है जो भविष्य में कम्पनी के लिए अहितकर साबित हो।

7. संक्षेप में, इस प्रकार के साक्षात्कार की सबसे बड़ी कमी है कि पूरा साक्षात्कार एक व्यक्ति की मनोदशा और निर्णय पर आश्रित होता है जो सही भी हो सकता है और सही नहीं भी हो सकता है, चाहे कोई भी कारण हो।

उम्मीदवार को क्या करना चाहिए

अगर उम्मीदवार को यह जानकारी हो कि साक्षात्कार लेने वाला एक ही व्यक्ति है तो :

1. उम्मीदवार को संतुलित होना चाहिए तथा अपनी बात को सौहार्दपूर्ण तरीके से रखना चाहिए।

2. उम्मीदवार को उन सभी प्रश्नों को दुहरा लेना चाहिए जो अन्य साक्षात्कारों में पूछे जाते हैं। रोज़गार की प्रकृति के अनुरूप सामान्यतः एक ही तरह के प्रश्न पूछे जाते हैं।

3. उम्मीदवार को वार्ता के दौरान निम्नलिखित तथ्यों के पक्ष में प्रचुर मात्रा में प्रमाण प्रस्तुत करना चाहिए :

   (क) धर्मनिरपेक्षता

   (ख) प्रजातंत्र में विश्वास

   (ग) अवधारणा के प्रति जागरूकता

   (घ) देश के प्रति प्रेम

   (ङ) जीवन के नैतिक मूल्य

   (च) अनुशासन, समयबद्धता, ईमानदारी, सच्चाई, परिश्रम, टीम भावना इत्यादि।

4. अगर उम्मीदवार को आभास होता है कि साक्षात्कार लेने वाला व्यक्ति हल्के मूड में है तो उसे धीरे से मुस्कुराना चाहिए, जब वह वार्ता में भागीदारी कर रहा हो।

5. अगर उम्मीदवार को ऐसा लगे कि साक्षात्कार लेने वाला व्यक्ति गंभीर मुद्रा में है तो उसे भी प्रश्नों के उत्तर गंभीरता से देनी चाहिए।

6. सबसे विकट स्थिति तब उत्पन्न हो जाती है जब उम्मीदवार :

   (क) अपने पूर्वनियोक्ता की शिकायत करना शुरू कर देता है।

   (ख) सामान्य रूप से व्यवसायियों और धनाढ्यों की आलोचना करता है।

   (ग) विस्तृत रूप से समाज अथवा देश के प्रति नकारात्मक दृष्टिकोण व्यक्त करता है।

   (घ) उम्मीदवार को संबंधित तथ्यों की जानकारी, यदि कोई मांगी गई हो तो प्रमाण के साथ प्रस्तुत करना चाहिए।

साक्षात्कार पैनल

जब कोई साक्षात्कार दो या दो से अधिक लोगों द्वारा संपादित होती है तो उसे साक्षात्कार पैनल कहा जाता है। इसकी निम्नलिखित विशेषताएं होती हैं :

1. इस प्रकार के साक्षात्कार में सामान्यतः एक अध्यक्ष और कई सदस्य होते हैं।

2. सदस्यों की संख्या सामान्यतः पाँच या छः और कभी-कभी सात तक होती है।

3. उम्मीदवार को अध्यक्ष की कुर्सी के सामने बैठना होता है।

4. अध्यक्ष के दाएं अथवा बाएं बैठा व्यक्ति सामान्यतः या तो कम्पनी का मालिक होता है या फिर अत्यंत प्रभावशाली व्यक्ति।

5. सभी सदस्य किसी न किसी क्षेत्र के विशेषज्ञ होते हैं।

लाभ

इस प्रकार के साक्षात्कार से निम्नलिखित लाभ होते हैं:

1. पैनल इन्टरव्यू में एकल साक्षात्कार की तुलना में ज्यादा साफ-सुथरा और निष्पक्ष साक्षात्कार संपादित होने की संभावना होती है।

2. वास्तव में प्रतिभावान उम्मीदवारों को अपने व्यक्तित्व की अभिव्यक्ति प्रदर्शित करने का अवसर प्राप्त होता है।

3. चूंकि प्रत्येक सदस्य अपने विषय का विशेषज्ञ होता है इसलिए वह सिर्फ अपने विषय से संबंधित प्रश्नों से संबद्ध होता है।

4. अगर कोई उम्मीदवार किसी तथ्य पर नर्वस हो जाता है तो अन्य सदस्य उसके बचाव में आते हैं।

5. इस प्रकार उम्मीदवार उन प्रश्नों से जो उसके विषय से संबंधित नहीं हैं, से तंग होने से बच जाता है।

हानि

इस प्रकार के साक्षात्कार से निम्नलिखित हानियां होती हैं :

1. साक्षात्कार पैनल में बहुत समय लगता है।

2. औसत उम्मीदवार के लिए इतने सारे सदस्यों की उपस्थिति भय उत्पन्न करती है।

3. यदि उम्मीदवार किसी खास सदस्य के प्रति सचेत हो जाता है और उनकी ओर देख कर ही उत्तर देता है तो अन्य सदस्यगण अपमानित महसूस कर सकते हैं। ऐसी स्थिति में उस उम्मीदवार को अन्य सदस्यगणों का कोपभाजन बनना पड़ सकता है।

4. साक्षात्कार पैनल में मौजूद सदस्यों की रुचि व रुझान अलग-अलग होते हैं और वे अलग-अलग प्रकार के प्रश्न पूछते हैं। ऐसी स्थिति में औसत उम्मीदवार के लिए उन सभी प्रश्नों के उत्तर सहजता से देना कठिन हो जाता है।

5. अगर प्रश्न तेजी से बारी-बारी से पूछे जाते हैं तो उम्मीदवार के मन में भ्रम उत्पन्न हो जाता है।

उम्मीदवार को क्या करना चाहिए

उम्मीदवार को निम्नलिखित चीजें करना चाहिए :

1. उम्मीदवार को नाम और स्वभाव मालूम करना चाहिए।

   (क) अध्यक्ष का

   (ख) सबसे प्रभावशाली व्यक्ति का

   (ग) अन्य सदस्यों का।

2. ये सारी चीजें इस प्रकार ज्ञात की जा सकती हैं :

   (क) उन उम्मीदवारों से पूछ-ताछ कर जो साक्षात्कार में सम्मिलित हो चुके हों।

   (ख) यदि प्रतिबंधित न हो तो कार्मिकों जैसे—स्वागतकर्त्ता, लिपिक, चपरासी आदि से बात-चीत करें।

3. उम्मीदवार को सभी प्रश्नों के उत्तर विनम्रता और शांतचित्त होकर देना चाहिए।

4. उम्मीदवार को प्रत्येक सदस्य की मनोदशा को समझने की क्षमता होनी चाहिए और तदनुरूप उनके द्वारा पूछे गए प्रश्नों के उत्तर देने चाहिए।

5. जब साक्षात्कार बोर्ड के अध्यक्ष किसी औसत उम्मीदवार से हाथ मिलाते हों तो उस उम्मीदवार को लज्जा का अनुभव नहीं करना चाहिए अपितु शालीनता और प्रसन्नमुद्रा में हाथ मिलाना चाहिए। यही विधि अन्य सदस्यों के प्रत्युत्तर में भी दुहरानी चाहिए।

सकारात्मक तथ्य

निम्नलिखित सकारात्मक तथ्य किसी भी उम्मीदवार के साक्षात्कार की सफलता के लिए आशा की किरण प्रस्फुटित करती है :

1. समय पर साक्षात्कार के लिए पहुँचना एवम् उचित तरीके से कमरे में प्रवेश करना।

2. चेहरे पर मुस्कान लिए साक्षात्कार बोर्ड का आदरपूर्वक अभिवादन करना।

3. जब कहा जाए तभी ठीक ढंग से शांत मुद्रा में बैठना।

4. पहल करने की क्षमता, निर्भीकता, विनम्रता, अच्छा स्वभाव एवम् सहयोग की भावना, टीम भावना, बलिदान की भावना, शीघ्र और बुलंद निर्णय लेने की क्षमता, सामाजिक दायित्वों का भान आदि जैसी योग्यताएं नेतृत्व के गुणों में समाहित हैं।

5. संबंधित रोज़गार हेतु पर्याप्त दक्षता एवं प्रशिक्षण कोर्स का पाया जाना।

6. एक अच्छा शैक्षिक रिकॉर्ड।

7. मानसिक सतर्कता का होना।

8. स्कूल/ कॉलेज में खेल-कूद व अन्य गतिविधियों में भाग लेने का अनुभव।

नकारात्मक तथ्य

निम्नलिखित नकारात्मक तथ्य किसी भी उम्मीदवार के साक्षात्कार की असफलता की गारंटी दे सकता है:

1. साक्षात्कार के दौरान च्यूइंगम या टॉफी इत्यादि मुँह में रखना।

2. मुंह से तम्बाकू व शराब की गंध आना।

3. निराशावादी दृष्टिकोण तथा आत्मविश्वास की कमी।

4. वार्तालाप में धाराप्रवाह बोलने की क्षमता का अभाव एवं हकलाना।

5. व्यंग्यात्मक लहजे में बोलना तथा गलत आंकड़े व तथ्य प्रस्तुत करना।

6. नवीनतम ज्ञान का अभाव तथा संबंधित रोज़गार के बारे में अपर्याप्त ज्ञान।

7. विरोधाभास तथ्यों पर डटे रहना तथा आचार-विचार का अभाव।

8. अनुशंसा पत्र को प्रस्तुत करना जो कम्पनी द्वारा नहीं मांगी गई हो।

तनाव व चिंताएं एवम् उनसे छुटकारा

यहां तक कि प्रतिभाशाली उम्मीदवार भी कई परिस्थितियों में तनाव व चिंताओं का शिकार हो जाते हैं। ये परिस्थितियाँ निम्न हो सकती हैं :

आवेदन करते समय, साक्षात्कार हेतु बुलावा मिलते ही, साक्षात्कार स्थल पर पहुँचते ही, साक्षात्कार के दौरान अपनी बारी की प्रतीक्षा करते समय, साक्षात्कार के दौरान इत्यादि।

छुटकारा

आवेदन करते समय तनावग्रस्त होने पर आप अपने-आप में सहजता लाएं कि उक्त पद के लिए आपके पास वांछित योग्यताएं मौजूद हैं। आपने फार्म को अच्छी तरह पढ़ कर भरा है। आपने मांगे गए दस्तावेज सूचीबद्ध कर संलग्न किया है।

इन मुद्दों की जाँच कर लेने पर आपकी चिंताएं, आपका तनाव स्वतः दूर हो जाएगा।

अक्सर यह देखा गया है कि साक्षात्कार हेतु बुलावा-पत्र मिलते ही उम्मीदवार तनावग्रस्त हो जाते हैं, यह उनकी हीन भावना का परिचायक है। इसके कई कारण हो सकते हैं, जैसे—शायद उन्होंने इसकी उम्मीद नहीं की हो, संभवतः वह अपने आपको उक्त रोज़गार

के योग्य न समझते हों, हो सकता है कि साक्षात्कार बोर्ड से उन्हें डर लग रहा हो, उन्हें चयनित होने की आशा न हो इत्यादि।

यदि उम्मीदवार के पास अच्छी शैक्षिक योग्यता और उपरोक्त वर्णित दोनों गुण मौजूद हों तो उनका चयन लगभग पक्का हो जाता है। उम्मीदवार में व्याप्त शंकाएं उसका मूल्यांकन एक निराशावादी दृष्टिकोण वाले व्यक्ति, जिसमें आत्मविश्वास का अभाव और हीन भावना से ग्रसित मानसिकता है, के रूप में करती है।

ऐसी परिस्थिति में उम्मीदवार को चाहिए कि वह आत्मसंकल्पित हो कि उसने अच्छी तरह से तैयारी कर ली है, उसका चयन निश्चित है, उसकी तुलना में कोई अन्य उम्मीदवार श्रेष्ठ प्रदर्शन नहीं कर सकता है, इत्यादि।

साक्षात्कार स्थल पर पहुंचते ही कई उम्मीदवार तनावयुक्त हो जाते हैं। इसके कई कारण हो सकते हैं, जैसे–

1. थकान के कारण

2. प्यास के कारण (कंठ सूखने लगते हैं)

3. साक्षात्कार हेतु निर्धारित समय से थोड़ा विलम्ब से पहुँचने पर

4. कुछ आवश्यक दस्तावेज के न लाने पर

5. कई नए चेहरों को देखने से

यदि आप थोड़ी गहराई से सोचेंगे तो तनाव के कारण गंभीर नहीं लगेंगे। इस परिस्थिति में आप–

1. एक ग्लास पानी पी सकते हैं और किसी कुर्सी अथवा बेंच पर बैठ कर आराम कर सकते हैं।

2. लम्बी-लम्बी सांसें ले सकते हैं।

3. सड़क के किनारे स्थित चाय की दूकान में चाय पी सकते हैं।

4. यदि अन्य उम्मीदवार आपसे अच्छी पोशाक पहने हों और देखने में स्मार्ट हों तो आप शेक्सपीयर की यह पंक्ति याद कर सकते हैं–‘‘जो चमकते हैं वे सभी सोना नहीं हैं।’’

यदि साक्षात्कार के दौरान अपनी बारी की प्रतीक्षा करते समय आप तनावग्रस्त महसूस कर रहे हों तो ये उपाय कारगर साबित हो सकते हैं:

1. एक ग्लास पानी पीना

2. कुछ समय तक लम्बी-लम्बी सांसें लेना

3. अन्य उम्मीदवारों से वार्तालाप करना

4. अपने शिक्षकों, मित्रों व अन्य परिजनों द्वारा बताए गए सकारात्मक और उत्साहवर्द्धक विचारों को याद करना।

कई बार अच्छे उम्मीदवार भी साक्षात्कार के दौरान घबड़ा जाते हैं। ऐसा निम्न परिस्थितियों में हो सकता है:

1. यदि वह थका हुआ है।

2. यदि उसने गलत या संदेहपूर्ण उत्तर दिया है।

3. यदि साक्षात्कार लेने वाले सदस्य आपस में फुसफुसा रहें हों अथवा विचित्र भाव-भंगिमा प्रदर्शित कर रहे हों।

4. यदि उम्मीदवार यह सोचता है कि उसने अमुख तथ्य पर अपना दृष्टिकोण सदस्यों के समक्ष सही रूप में प्रस्तुत नहीं किया है।

उम्मीदवार को क्या करना चाहिए

1. अपने श्वसन प्रक्रिया को संयमित करें और अपनी आवाज को थोड़ी धीमी कर लें।

2. पुनरावृत्ति से दूर रह कर संक्षिप्त उत्तर दें ताकि कम बोलना पड़े।

3. बड़े वाक्य की तुलना में छोटे-छोटे वाक्य बोलें।

4. उन शब्दों का प्रयोग कदापि न करें जिनका उच्चारण ठीक ढंग से नहीं हो पाता हो।

5. उन शब्दों का प्रयोग न करें जिनका अर्थ आपको मालूम न हो।

6. यदि आप से कोई चूक हो गई हो तो अपनी गलती स्वीकार कीजिए और स्पष्टीकरण दीजिए तथा उसे भूल जाईए लेकिन इसे दुहराएं नहीं।

रोज़गार/पेशा में बदलाव

कभी-कभी कोई व्यक्ति निम्न कारणों से अपने रोज़गार/पेशा में बदलाव करता है–

1. रोज़गार जिसका उसने चयन किया था उसकी अभिरुचि के अनुकूल न हो।

2. उसने एक ही स्थान पर लम्बे समय तक कार्य किया हो और उससे ऊब गया हो।

3. कार्य खतरनाक हो।

4. घर से रोज़गार स्थल काफी दूर हो और वह अपने अभिभावकों से दूर रह रहा हो।

5. उन्नति के अवसर की कमी।

6. कार्य के अनुरूप पारिश्रमिक का न मिलना।

7. कम्पनी के डूबने की आशंका।

8. इकाई के बंद होने की संभावना के कारण कर्मचारियों की छँटनी।

यदि इनमें से कोई भी कारण रोज़गार बदलने के लिए आपको अभिप्रेरित करता है तो निम्न बिन्दुओं पर ध्यान देने की आवश्यकता है–

1. यदि नई नौकरी की प्रकृति पुराने रोज़गार से मेल खाती हो तो यह अनुभव के कारण आपके लिए प्लस प्वाइंट है।

2. यदि नई नौकरी पाने के लिए नई दक्षता सीखना आवश्यक हो तो पुरानी नौकरी छोड़ने के पूर्व वह दक्षता हासिल कर लें।

नई दक्षता हासिल करने के लिए आवश्यक है :

(क) सुबह या शाम को वैसी संस्था में प्रवेश लेना जिसमें वांछित दक्षता सिखाई जाती हो।

(ख) अपने उद्देश्य के लिए सुबह और शाम के समय का अधिकांशतः उपयोग करना।

(ग) अपनी क्षमता के अनुसार रात-भर काम किया जा सकता है।

स्मरणीय

अपने मस्तिष्क को ताजा और तेज रखने के लिए काम और आराम दोनों क्रमवार रूप से आवश्यक हैं।

3. नई नौकरी से संबंधित दक्षता के लिए बाज़ार में उपलब्ध विभिन्न पुस्तकों, पत्रिकाओं इत्यादि को प्राप्त करना।

4. लम्बे-लम्बे अनुच्छेदों को तोड़-तोड़ कर पढ़ना फिर उनके विचारों को जोड़ना।

कम्पनी/संगठन के बारे में जानकारी प्राप्त करना

जब आप किसी नई कंपनी/संस्था में नियुक्ति चाहते हैं तो उसके बारे में समुचित ज्ञान प्राप्त करना आवश्यक है। जैसे–

1. कम्पनी/संस्था की वित्तीय स्थिति

2. बाज़ार में उसकी स्थिति

3. प्रबंधन के बारे में

4. वृद्धि, विस्तार इत्यादि से संबंधित उसका भविष्य

वर्तमान कम्पनी जिसमें आप नौकरी कर रहे हैं और नई कम्पनी जिसमें रोज़गार करना चाहते हैं, के बीच तुलनात्मक अध्ययन आवश्यक है।

वॉक–इन–इन्टरव्यू

वॉक–इन–इन्टरव्यू क्या है

वॉक-इन-इन्टरव्यू एक ऐसा इन्टरव्यू है जिसमें उम्मीदवारों को समाचार पत्र में निहित विज्ञापन के जरिए सीधे तौर पर कम्पनी द्वारा किसी खास स्थान पर निश्चित तिथि और समय पर आमंत्रित किया जाता है। इन दिनों इसका प्रचलन व्यापक हो चला है।

लाभ

1. अन्य साक्षात्कार की तुलना में वॉक-इन-इन्टरव्यू में कम समय लगता है।

2. इसका उद्देश्य मूल्यांकन, परीक्षा परिणाम की घोषणा, नियुक्ति तेजी से करना है।

3. साक्षात्कार की यह विधि कम्पनी के लिए कम खर्चीली है।

4. यह विधि उम्मीदवारों के लिए भी अत्यंत सुविधाजनक है।

5. इसमें उम्मीदवारों तथा संस्था के बीच अनावश्यक पत्राचार नहीं होता है।

6. प्रारंभिक परीक्षा जैसे–लिखित व अन्य जाँच परीक्षाएं नहीं ली जाती हैं।

7. उम्मीदवार के दस्तावेजों की जाँच साक्षात्कार के ठीक पहले अथवा साक्षात्कार के समय की जाती है।

8. यह प्रणाली प्रतिष्ठित कम्पनियों जैसे–दवा की कम्पनियों, रसायन संबंधी कम्पनियों, टेक्सटाइल कम्पनियों इत्यादि में अपनाई जाती है।

हानि

1. कुछ प्रतिभावान उम्मीदवार साक्षात्कार में शामिल नहीं हो पाते, क्योंकि–

   (क) विज्ञापन पढ़ने से चूक जाते हैं।

   (ख) पूर्व व्यस्तता के कारण साक्षात्कार में शामिल नहीं हो पाते हैं।

   (ग) जो उम्मीदवार दूर रहते हैं, साक्षात्कार में समय पर उपस्थित नहीं हो पाते हैं।

   (घ) कुछ जो पहले से ही नियोजित होते हैं, पूर्वानुमति प्राप्त न होने के कारण साक्षात्कार से वंचित रह जाते हैं।

   (ङ) कुछ उम्मीदवार इस प्रकार के साक्षात्कार को गंभीरता से नहीं लेते हैं।

2. शीघ्रता से लिया जाने वाला यह साक्षात्कार कम्पनी के लिए भी नुकसानदायक साबित हो सकता है क्योंकि नियोक्ता को उम्मीदवार से संबंधित सूचनाएं अचानक प्राप्त होती हैं और उसे सोचने-विचारने का ज्यादा समय नहीं होता है।

उम्मीदवार को क्या करना चाहिए

1. यह आशा की जाती है कि आपके पास दस्तावेजों की छायाप्रति अधिक संख्या में हमेशा उपलब्ध हो।

2. यह भी अपेक्षा की जाती है कि आपके पास बायोडाटा की प्रति पर्याप्त संख्या में हमेशा उपलब्ध हो।

3. ज्यों ही वॉक-इन-इन्टरव्यू हेतु विज्ञापन आता है, आपको ध्यान देना है–

   (i) विज्ञापन में दी गई रिक्ति क्या आपके लिए उपयुक्त है?

   (ii) जहाँ तक शैक्षिक योग्यता, दक्षता, अनुभव, उम्र सीमा इत्यादि का प्रश्न है क्या आप उस नौकरी के लिए योग्य हैं?

4. यदि आपको लगता है कि विज्ञापन में वर्णित रिक्ति के लिए आपके पास योग्यताएं हैं और अमुख नौकरी आपके योग्य है, तो आपको चाहिए–

   (i) कम से कम कम्पनी/संस्था की वर्तमान स्थिति व भविष्य के बारे में जानकारी प्राप्त कर लें।

   (ii) यह सुनिश्चित कर लें कि आपके दस्तावेज ठीक प्रकार से तैयार अवस्था में उपलब्ध हैं।

   (iii) इन सबों के अलावा फोटो उपलब्ध हैं अथवा नहीं क्योंकि प्रायः कम्पनियों द्वारा तीन या चार पासपोर्ट आकार के अद्यतन फोटो मांगे जाते हैं। आपको देखना चाहिए :

   (क) इस प्रकार के फोटो पर्याप्त संख्या में उपलब्ध हों।

   (ख) ये फोटोग्राफ किसी राजपत्रित पदाधिकारी द्वारा अभिप्रमाणित हों।

   (ग) यदि आपके पास फोटो उपलब्ध न हो तो एक मिनट कैमरा द्वारा तैयार करवाया जा सकता है।

   (घ) वे उम्मीदवार जो ग्रामीण क्षेत्र में रहते हैं, उनके पास इस तरह की सुविधाएं नहीं हो सकती हैं इसलिए उन्हें इसकी पूर्व व्यवस्था कर लेनी चाहिए।

5. यह अच्छा होगा कि जब आप साक्षात्कार हेतु जा रहे हों आपके पास अच्छी तरह लिखा, टंकित अथवा कम्प्यूटरीकृत आवेदन-पत्र (चाहे मांगा गया हो अथवा नहीं), उपलब्ध हो।

6. दस्तावेज और उनकी अभिप्रमाणित छायांकित प्रति (पर्याप्त संख्या में) और नवीनतम छाया चित्र जो अभिप्रमाणित हो, चाहे मांगी गई हो अथवा नहीं आपके साथ होना चाहिए।

जब आप साक्षात्कार स्थल पर पहुँचते हैं तो आपको बुद्धिमतापूर्वक और सतर्कतापूर्ण व्यवहार अन्य साक्षात्कार जैसा करना चाहिए।

नोट : इन दिनों कई संस्थाएं/संगठनों द्वारा कम्प्यूटरीकृत आवेदन-पत्र मांगे जाते हैं। यद्यपि एक वॉक-इन-इन्टरव्यू में आपसे हस्तलिखित आवेदन-पत्र भी मांगे जा सकते हैं फिर भी कम्प्यूटरीकृत आवेदन और बॉयोडाटा साथ रखने में कोई हानि नहीं है।

क्या करें क्या न करें

क्या करें (सकारात्मक पहलू)

1. सजगता

   (i) ध्यान देने योग्य

      (क) पूर्णरूपेण   (ख) विशेष रूप से

      (ग) जहाँ तक संभव हो

2. निर्भीकता

   (i) सामना करने की योग्यता

      (क) ख़तरे   (ख) बाधाएं

      (ग) आलोचना   (घ) असमंजस की स्थिति

      (ङ) साथियों से मतभेद

   (ii) कार्य करने की योग्यता

      (क) फंड की कमी के दौरान

      (ख) शारीरिक शक्ति की कमी के दौरान

      (ग) कार्मिकों की कमी के दौरान

      (घ) संपूर्ण सूचना के अभाव के कारण

3. संसाधन

   (i) सभी वांछित सूचनाओं का संग्रह

   (ii) सफलता के लिए अनुपस्थित तथ्यों की पूर्ति

   (iii) परिस्थिति के अनुसार वांछित चीजों की आपूर्ति

4. स्पष्टवादिता

   (i) सीधे तौर पर उत्तर देना

(ii) अवांछनीय उक्ति और संदर्भ की अनदेखी करना

(iii) निम्नलिखित मिश्रण से दूर रहना

    (क) दर्शनशास्त्र   (ख) विचारधारा

    (ग) नवीनतम और प्राचीन

5. नेतृत्व

(i) योग्यता होनी चाहिए

    (क) पहल करने की   (ख) मार्ग दर्शन देने की

    (ग) आगे बढ़ने की   (घ) दूसरों में विश्वास भरने की

6. टीम भावना

सहयोग प्रदान

(i) दूसरों को अवसर देना

    (क) अपने विचार व्यक्त करने की   (ख) अपनी भूमिका अदा करने की

(ii) सहभागिता

    (क) सभी सफलताओं में   (ख) सभी पराजय में

(iii) हार को स्वीकार करना

7. प्रसन्नचित्त मुद्रा

(i) सभी परिस्थितियों में प्रसन्न रहना

(ii) कभी भी शिकायत न करना

(iii) आनंद की अनुभूति प्रदान करना

(iv) खुश होने के लिए सही दृष्टिकोण अपनाना

8. विश्वास

(i) ईश्वर में

(ii) अपने खुद की योग्यता पर

(iii) मित्रों और संबंधियों पर

(iv) सभी परिस्थितियों व स्थितियों में

(v) आत्म सहायता पर आश्रित होना

9. प्रशंसा करने की प्रवृत्ति

दूसरों की प्रशंसा करने की निम्नलिखित कार्यों हेतु योग्यता

    (क) अच्छे पहनावा के लिए   (ख) अच्छे कार्य के लिए

(ग) अच्छा ज्ञान प्रदर्शन के लिए   (घ) अच्छी समझ-बूझ के लिए

(ङ) बहादुरी दिखाने के लिए

10. धन्यवाद ज्ञापन

(i) दूसरों को धन्यवाद देना

(क) प्रशंसा के लिए   (ख) सहायता के लिए

(ग) पक्ष लेने के लिए

(i) ईश्वर को धन्यवाद देना

(क) अस्तित्व के लिए

(ख) अच्छे स्वास्थ्य के लिए

(ग) अनुकूल परिस्थिति के लिए

(घ) बुरे दिन से छुटकारा मिलने के लिए

(ङ) आरामदायक ज़िंदगी के लिए

(च) अच्छे पारिवारिक जीवन के लिए

क्या न करें (नकारात्मक पहलू)

1. अहंकार

(क) अच्छे प्रस्ताव को अस्वीकार करना

(ख) दूसरों की नीति पर आँख मूंद कर चलना

2. चापलूसी

3. ठगबाजी

4. उतावलापन

5. अटकने की आदत

6. दिमागी उलझन

7. बेफिक्री

8. डरपोकपना

❏ ❏ ❏

BE SURE OF FACTS

तथ्यों का सुनिश्चय

साक्षात्कार अथवा व्यक्तित्व परीक्षण करते समय इण्टरव्यू बोर्ड की यह मंशा होती है कि उम्मीदवार से कुछ ऐसे विवादपूर्ण मुद्दों के बारे में बातचीत की जाए जिससे वस्तुस्थिति की उसे किस सीमा तक जानकारी है इस बात का पता लगाया जा सके। उम्मीदवार को यदि संबंधित विषय की अच्छी जानकारी है तो वह अपने तर्कों के द्वारा मण्डल के सदस्यों को यह प्रतीत करा सकता है कि उसने प्रश्न को भली-भांति समझ कर अपना उत्तर दिया है तथा उसे संदर्भ का पूरा-पूरा ज्ञान है। बोर्ड के सदस्य कभी-कभी तो अपने तर्कों एवं पूरक प्रश्नों से उम्मीदवार को निरुत्तर करने अथवा किंचित सोच-विचार करने के लिए भी बाध्य कर सकते हैं। यह स्थिति शोचनीय हो सकती है यदि उम्मीदवार को संदर्भगत तथा विषयगत तथ्यों की ठीक प्रकार से जानकारी नहीं हो।

बोर्ड के सभी सदस्यों में मतैक्य होना सुनिश्चित नहीं है। ऐसी स्थिति में यह भी संभव हो सकता है कि उम्मीदवार द्वारा व्यक्त विचार किसी सदस्य को सही लग रहे हों तथा कोई सदस्य उसको पसन्द नहीं कर रहा हो। ऐसी स्थिति में प्रश्न करने वाला व्यक्ति स्वयं ही तर्क-वितर्क करके अन्य सदस्यों को भी प्रकारान्तर से यह दिखाने का प्रयास करता है कि उम्मीदवार का ज्ञान बहु-आयामी तथा तथ्य-पूर्ण है। इस प्रयास का अच्छा प्रभाव पड़ता है और अन्ततोगत्वा उम्मीदवार को घाटा नहीं उठाना पड़ता।

बोर्ड के सदस्य प्रायः तटस्थ होते हैं, यह बात पहले भी स्पष्ट की जा चुकी है फिर भी वे एक उत्तरदायित्वपूर्ण पद के उम्मीदवार से यह तो आशा कर ही सकते हैं कि जिस बात को प्रचारित किया गया है तथा जो वास्तविकता है उसके मध्य भेद को समझते हुए उम्मीदवार को वास्तविक स्थिति का भान हो। अखबारों अथवा पत्र-पत्रिकाओं में प्रकाशित शीर्षस्थ समाचारों के आधार पर मत निर्धारण कर लेना कोई बुद्धिमानी नहीं होती मनुष्य को अपनी बुद्धि तथा विवेक से भी काम लेना चाहिए। इस बुद्धि तथा विवेक का पता तभी ठीक प्रकार से चल पाता है जब तर्क-वितर्क करके अथवा पूरक प्रश्न पूछ कर उम्मीदवार के ज्ञान की थाह ली जाती है।

इस दौरान यदि उम्मीदवार अपने आपको अनुषंगी प्रश्नों का उत्तर देने में अक्षम पाता है तो उचित यही होगा कि वह इस बात को स्वीकार कर ले कि उसे वस्तुस्थिति का सम्यक् ज्ञान नहीं है। अनर्गल अथवा असंगत उत्तर देने की अपेक्षा अपनी कमी को स्वीकार कर लेना कहीं अधिक श्रेष्ठ है। वस्तुस्थिति की सम्यक् जानकारी होने पर सन्तुलित उत्तर अथवा अपना निर्णय अवश्य देना चाहिए।

भारत अनेक समस्याओं से घिरा हुआ देश है। जैसे—असम समस्या, जहां घुसपैठियों को बाहर निकालने का प्रश्न है, पाकिस्तान की आक्रामक मनः स्थिति तथा विदेशों से उसे प्राप्त शस्त्रों के एकत्रीकरण से उत्पन्न शान्ति को खतरा, कश्मीर समस्या तथा आतंकवादी विचारधारा से देश की अखण्डता का संकट, बढ़ती हुई जनसंख्या की समस्या, एक धर्म विशेष के अनुयायियों द्वारा परिवार नियोजन कार्यक्रम में कोई रुचि न लेना तथा भाषाई विवाद, बढ़ती हुई गरीबी की समस्या आदि। इनके अलावा न जाने कितनी ऐसी समस्याएं और भी हैं जिनका सही एवं कारगर हल खोजना सीधा काम नहीं है।

भारत बहुधर्मी, बहुभाषा-भाषी तथा अनेक संस्कृतियों का संगम वाला देश है। यहां पर वही विचारधारा पुष्पित और पल्लवित हो सकती है जो समन्वयवादी हो। तोड़-फोड़ तथा अलगाववादी नीतियों का प्रतिफल हमें सदियों भोगना पड़ा है। यही वजह है कि आज प्रत्येक भारतीय केन्द्र को सशक्त और दमदार देखना चाहता है। आज के सुबुद्ध नागरिक को अलगाववादी नीति रास नहीं आ रही है। यदि बोर्ड में किसी सदस्य द्वारा इन समस्याओं से किसी एक के भी बारे में प्रश्न किया जाता है तो उम्मीदवार के लिए यह बताना आवश्यक हो जाता है कि वह मूल समस्याओं से ही नहीं वरन् उसके कारणों से भी अवगत है। इसके अलावा उसके लिए यह भी जरूरी हो जाता है कि वह यह भी बताए कि अमुक समस्या का समाधान करने के लिए वह कौन-कौन से ऐसे कदम उठाना चाहेगा जिनके द्वारा उसका सही हल सम्भव बन सकेगा।

समस्याएं कहीं की भी हों, कैसी भी हों तथा उनके कारण कुछ भी हों—आवश्यकता इस बात की होती है कि उनका समाधान विवेकपूर्ण होना चाहिए। भारतीय प्रशासनिक सेवा के उम्मीदवार से यह अपेक्षा की जाती है कि वह उन समस्याओं को जानने का प्रयास करे तथा उनको हल करने के लिए जो उपाय सुझाए वे तर्कपूर्ण तथा साधार हों। कल्पनाजीवी व्यक्ति प्रशासनिक सेवाओं में बहुत कम हो पाते हैं। व्यावहारिक तथा शीघ्र निर्णय लेने वाले व्यक्ति इन सेवाओं के लिए अधिक उपयोगी माने जाते हैं। अतएव प्रत्येक उम्मीदवार के लिए उचित होता है कि वह अपने आपको देश-विदेशों की गतिविधियों से अवगत रखे। राष्ट्रीय और अन्तर्राष्ट्रीय दोनों प्रकार के घटना चक्रों के प्रति जागरूक रहने वाले सुधी लोग अच्छे उम्मीदवारों की श्रेणी में आते हैं।

वर्तमान युग में कोई भी देश अपने आप में संपूर्ण नहीं है। सभी देश आपस में कहीं न कहीं से जुड़े अवश्य हैं। वैज्ञानिक प्रगति तथा आवश्यकताओं की विविधता इतनी अधिक

हो चुकी है कि बरबस प्रत्येक देश को सहायता के लिए दूसरे देश की ओर देखना ही पड़ता है। भारत यदि अरब देशों से तेल अथवा पैट्रोलियम मंगाता है तो बदले में मशीनें, खाद्य, सामग्री तथा तकनीकी सहायता और ज्ञान भी तो देता है। इसी प्रकार रूस, अमेरिका, फ्राँस, पोलैण्ड आदि देशों के साथ भी उसके व्यापारिक, राजनयिक संबंध हैं। इन सबके बारे में उम्मीदवार को अवश्य जानकारी होनी चाहिए।

राजनीतिक तथा व्यापारिक संबंधों के अलावा कई देशों के साथ भावनात्मक, अथवा सांस्कृतिक संबंध भी हो सकते हैं। म्यांमार (बर्मा), श्रीलंका, जापान, थाइलैण्ड आदि के साथ भारत के संबंधों में जो प्रगाढ़ता है उसका एक कारण प्राचीन सांस्कृतिक समानता भी है। यदि ऐसे प्रश्न उम्मीदवार से किए जाते हैं जिनमें संस्कृति के योगदान का मूल्यांकन करना होता है तो उम्मीदवार के लिए यह जरूरी हो जाता है कि वह विभिन्न संस्कृतियों के उतार-चढ़ाव को भारतीय परिप्रेक्ष्य में देखकर सही अकाट्य तर्क के साथ उत्तर दे जिससे यह पता चल सके कि भारतीय संस्कृति के साथ-साथ वह देश-विदेश में विद्यमान उसके विविध स्वरूपों से भी भली-भांति परिचित है।

भारतीय समस्याओं के अतिरिक्त ऐसी कुछ समस्याएं अन्तर्राष्ट्रीय स्तर की भी हो सकती हैं। बहुचर्चित तथा वर्तमान समस्याओं से संबंधित प्रश्न भी प्रायः इण्टरव्यू में पूछ लिए जाते हैं। मान लीजिए कि रूस और अफगान समस्या के बारे में आपसे प्रश्न पूछा जाता है। इस प्रश्न का सटीक उत्तर आप तभी दे सकेंगे जब आपको रूस तथा अफगानिस्तान की सही स्थिति का ज्ञान होगा और आप उन सभी पेंचीदगियों से वाकिफ होंगे जिनके कारण आज ये देश चर्चा का विषय बन गए हैं। खाड़ी युद्ध के विषय में प्रश्न पूछे जाने पर आप सही उत्तर तभी दे सकते हैं जब आपको सारी समस्याओं की पृष्ठ भूमि ज्ञात हो।

कश्मीर को ही लीजिए, हर प्रकार से इस राज्य का भारत में विलय हो चुका है फिर भी पाकिस्तान वहां जनमत संग्रह की बात कह कर कश्मीर को समस्याग्रस्त राज्य सिद्ध करने का दुराग्रह करता है। निष्पक्ष राज्य यह विचार कर सकते हैं कि जिस देश की अपनी समस्याएं ही सुधारे नहीं सुधर रही हैं वह भला कश्मीर में निष्पक्ष चुनाव कराने की दुहाई कैसे दे सकता है?

तात्पर्य यह है कि इण्टरव्यू के समय उम्मीदवार को जागरूक तथा विवेकशील रहना चाहिए। दिए गए उत्तर यदि संक्षिप्त, तथ्यपरक और प्रभावशाली होंगे तो बोर्ड पर उनका अनुकूल प्रभाव पड़ेगा और सदस्यगण यह जान सकेंगे कि उम्मीदवार अध्ययनशील है और उसको वस्तुस्थिति का अद्यतन और अच्छा ज्ञान है।

❏❏❏

तर्कशीलता

तर्कशील होना एक विशिष्ट गुण है। इस गुण के द्वारा अपनी मान्यताओं को तर्क देकर सही सिद्ध किया जाता है और दूसरे लोग तर्कों के आगे निरुत्तर होकर ऐसी मान्यताओं को स्वीकार करने के लिए विवश हो जाते हैं। साक्षात्कार मण्डल के समक्ष भी कभी-कभी ऐसी स्थिति आ जाती है जब उम्मीदवार की तर्कशीलता की थाह लेनी पड़ जाती है। सक्षम उम्मीदवार को यह समझते देर नहीं लगती कि इन्टरव्यू लेने वाले व्यक्ति उससे क्या चाहते हैं। वह स्थिति को ध्यान में रखकर तर्कों के द्वारा अपने पक्ष के औचित्य को सिद्ध कर देता है। तर्क देने की स्थिति आ जाने पर इस बात का पूरा-पूरा ध्यान रखना चाहिए कि जो भी तर्क दिए जाएं वे सटीक तथा ग्राह्य हों। थोथे तर्क देना तथा साक्षात्कार के समय अड़ियल रुख अपनाना घाटे का सौदा होता है। जैसा कि पहले भी कहा गया है—इन्टरव्यू बोर्ड के सदस्यों की भावना आमतौर से किसी उम्मीदवार को हानि पहुंचाने की नहीं होती। वे तो भली प्रकार परख कर ऐसा व्यक्ति छांटना चाहते हैं जो विवेकी तथा स्वयं निर्णय लेने में सक्षम हो। यदि कभी वरिष्ठ अधिकारी यह पूछना चाहें कि उसने परिस्थिति विशेष में अमुक प्रकार का निर्णय क्यों लिया तो उसे (उम्मीदवार को) अपने तर्कों द्वारा लिए गए निर्णय की सार्थकता सिद्ध करनी चाहिए।

कभी-कभी ऐसा भी होता है कि उम्मीदवार ने जो तर्क दिए हैं उनसे भी अधिक जोरदार तर्क इण्टरव्यू बोर्ड के सदस्य देने लगते हैं। ऐसी अवस्था में उम्मीदवार के पास यदि अकाट्य तर्क नहीं होते तो उसे विनम्रतापूर्वक यह कह देना चाहिए कि—महाशय मैं इन तथ्यों से अवगत नहीं हूँ। यदि उम्मीदवार के पास प्रश्न विशेष से संबंधित काफी जानकारी हो तो फिर उसे अपने पक्ष का समर्थन भी विनम्रतापूर्वक ही करना चाहिए।

उम्मीदवार यदि किसी प्रश्न का उत्तर देता है तो ऐसा करने से पहले उसे अपने मस्तिष्क में उत्तर का एक स्थूल ढ़ांचा तैयार कर लेना चाहिए ताकि वह जो कुछ कहने जा रहा है उसके समर्थन में उसके पास पर्याप्त तथ्य और आंकड़े हैं। यदि उससे उत्तर की प्रमाणिकता के बारे में कुछ और पूछा जाएगा तो वह उन सबको प्रस्तुत कर देगा। एक बार जो बात कही गई है उस पर तब तक दृढ़ रहना उचित होता है जब तक आप को भली-भांति यह पता नहीं चल जाता कि आपके द्वारा प्रस्तुत की गई जानकारी वास्तव में त्रुटिपूर्ण थी।

आंकड़ों एवं तथ्यों में समयानुसार परिवर्तन होते रहते हैं। यह भी संभव है कि साक्षात्कार लेने वाले महानुभावों को जो जानकारी हो वह पुराने तथ्यों पर आधारित हो। ऐसी स्थिति आ जाने पर उम्मीदवार को अपनी बात इस प्रकार प्रस्तुत करनी चाहिए जिससे बोर्ड के सदस्य प्रभावित हो जाएं। जीवन के जो मानदण्ड आजकल अच्छे माने जाते हैं वे मानदण्ड तीस वर्ष पहले अग्राह्य थे। आजकल सह-शिक्षा में लोग कोई बुराई नहीं देखते किन्तु अब से 40-50 वर्ष पूर्व सह-शिक्षा को एक सामाजिक बुराई के रूप में प्रस्तुत किया जाता था। राजा राम मोहन राय ने एड़ी चोटी का जोर लगा दिया था किन्तु वे विधवा विवाह को अपने जीवन काल में लोकप्रिय नहीं बना सके किन्तु वही विधवा विवाह आज के जमाने में एक सामान्य बात हो गई है। देश, काल तथा परिस्थितियां नई मान्यताएं अपनाने में सहायक बनती हैं।

असमंजस की स्थिति से छुटकारा पाने का एक सरल उपाय यह कहना है कि श्रीमान् जी मेरी इस विषय में अपनी कोई राय नहीं है। यदि किसी व्यक्ति को वास्तव में विषय विशेष के बारे में कोई जानकारी नहीं है तो ऐसा कहने में कोई बुराई भी नहीं किन्तु यदि वह विषय उम्मीदवार का पढ़ा हुआ विषय रहा है तो ऐसा कहना उसकी अज्ञानता का परिचायक माना जाएगा। तर्कों से बचने के लिए पूरे विषय को ही नकार देना अच्छा नहीं होता। उम्मीदवार से कभी-कभी ज्वलन्त समस्याओं के बारे में भी प्रश्न पूछे जाते हैं। ऐसी समस्याओं के अन्तर्गत भ्रष्टाचार, बेकारी, विश्वविद्यालयी शिक्षा, छात्र आन्दोलन, नक्सलवाद, कश्मीर समस्या, असम में घुसपैठियों का आना, बोडो आन्दोलन, परिवार कल्याण, गरीबी हटाओ आदि अनेक विषय हो सकते हैं। इन समस्याओं की जानकारी प्रत्येक सुशिक्षित भारतीय को होगी ही, ऐसी अपेक्षा की जाती है, इन प्रश्नों का उत्तर देते समय यह कहना समीचीन नहीं होगा कि श्रीमान जी मुझे इनकी जानकारी बिल्कुल नहीं है।

आजकल आरक्षण को लेकर काफी हो-हल्ला मच रहा है। आरक्षण विरोधियों का कथन है कि बाबा साहब अम्बेडकर ने 10 वर्ष के लिए आरक्षण बनाए रखने की वकालत की थी जब कि 60 वर्ष बीत चुके हैं। न्यायिक दृष्टि से सुयोग्य और सक्षम व्यक्ति को हटाकर आरक्षण के नाम पर एक ऐसे व्यक्ति को अवसर देना जो उसके मुकाबले कहीं कम क्षमता रखता है, सरासर अन्याय है। संविधान भी सभी को समान अवसर प्रदान करने की गारंटी देता है। पूरे भारत में आरक्षण की स्थिति भी अलग-अलग है। कहीं 50-60 प्रतिशत आरक्षण है तो कहीं 15-20 प्रतिशत। आरक्षण का विषय राज्य सरकारों का है इसीलिए इसमें एकरूपता नहीं रखी जा सकी है। पिछड़े वर्ग के लिए भी आरक्षण शुरू हो जाने से अब समाज के उच्च वर्ग द्वारा भी आर्थिक आधार पर आरक्षण की मांग की जा रही है।

दूसरा पक्ष आरक्षण का खुल कर विरोध तो नहीं करता वरन् वह अपने विचारों को घुमा-फिरा कर प्रस्तुत करता है। आरक्षण की पुनरीक्षा की जानी चाहिए, जात-पांत, ऊंच-नीच विरोधी सरकार के लिए यह अशोभनीय है कि वह इनके आधार पर आरक्षण बनाए रखे।

उचित यह होगा कि समाज में जो भी गरीब, साधनहीन तथा अभावग्रस्त हैं–उनके लिए आरक्षण रखा जाए। गरीबी की रेखा से नीचे जीवन बिताने वाले लोगों में ब्राह्मण भी हो सकते हैं तथा हरिजन भी। इस आधार पर यदि आरक्षण रखा जाएगा तो वर्ग संघर्ष समाप्त होगा तथा जातियों में अकारण चलने वाला विद्वेष भी समाप्त हो जाएगा। इस प्रकार का तर्क देने वाले लोगों के तर्कों को कुतर्कों की संज्ञा देना उचित नहीं होगा। जात-पात विहीन सामाजिक संरचना के लिए यह एक अच्छी शुरुआत हो सकती है। उम्मीदवार से यदि इस प्रकार की समस्या पर अपने विचार व्यक्त करने के लिए कहा जाता है तो उसे पूरे तर्कों सहित किसी एक पक्ष का समर्थन करना चाहिए।

पहले भी यह स्पष्ट किया जा चुका है कि कोई भी उम्मीदवार सर्वज्ञ नहीं हो सकता लेकिन सिविल सेवा के उम्मीदवार तथा सहायक (Assistant) के पद के उम्मीदवार में अन्तर तो होता ही है। सिविल सेवा के उम्मीदवार से ऐसे प्रश्न किए जाते हैं जिनके बारे में वह गहराई से कुछ बता सके और साथ ही साथ अपने उत्तर के औचित्य पर भी प्रकाश भी डाल सके। यहां पाठकों की जानकारी के लिए कुछ प्रश्नोत्तर दिए जा रहे हैं–

बोर्ड का सदस्य	ब्रिटेन के प्रधानमंत्री तथा रूस के राष्ट्रपति में से कौन-सा व्यक्ति अपने-अपने देश में अधिक शक्तिशाली है?
उम्मीदवार	लोकतांत्रिक देश के प्रधानमंत्री की अपेक्षा रूस में राष्ट्रपति अधिक शक्तिशाली होता है।
बोर्ड का सदस्य	क्या आप जानते हैं कि प्रधानमंत्री अपने मंत्रिमंडल में कोई भी फेर-बदल करने में सक्षम होता है जबकि रूस में पोलित ब्यूरो का अध्यक्ष अपने सहयोगियों में से किसी को भी आसानी से नहीं हटा सकता। इसके अलावा ब्रिटेन के प्रधानमंत्री जेम्स गार्डन ब्राउन, श्रम मंत्रालय द्वारा अपनाई गई परम्परागत आर्थिक नीतियों में आमूलचूल परिवर्तन कर चुके हैं जबकि रूसी सरकार के बड़े से बड़े नेता भी मौलिक नीतियों में परिवर्तन नहीं कर सके। अपने कार्यकाल में गोर्बाचोव ने जरूर साहस करके कई परिवर्तन किए थे।

[अब यह सुनकर उम्मीदवार चक्कर में पड़ जाता है तथा उसके लिए यही उत्तम होता है कि वह उपर्युक्त तर्कों को स्वीकार कर ले। स्टैलिन जैसे सशक्त तानाशाह के लिए तो सब कुछ संभव था किन्तु उसके उत्तराधिकारियों में वह दम नहीं रहा जबकि लोकतंत्र में दो-तिहाई बहुमत वाला प्रधानमंत्री बहुत शक्तिशाली होता है।]

अनेक ऐसे तथ्य हैं जिनके कारण अमेरिका के राष्ट्रपति तथा भारत के प्रधानमंत्री के अधिकार चर्चा का विषय बन सकते हैं। अध्यक्षात्मक तथा संसदीय शासन प्रणाली में से कौन-सी प्रणाली अपने नेता को अधिक शक्तियां प्रदान करती है।

इस विषय में सरकारिया आयोग की भी चर्चा हो सकती है जिसकी नियुक्ति केन्द्र तथा राज्यों के बीच संबंधों के बारे में वस्तुस्थिति का पता लगाने के लिए की गई थी।

सदस्य	क्या केन्द्र को राज्य सरकार को भंग करने का अधिकार प्राप्त है?
उम्मीदवार	जी हां। राज्य सरकार विधान सभा में अपने बहुमत की शक्ति के आधार पर यदि राष्ट्र विरोधी गतिविधियाँ शुरू कर देती है तो उसे भंग किया जा सकता है।
सदस्य	कोई उदाहरण दीजिए।
उम्मीदवार	जम्मू-कश्मीर सरकार ने पाकिस्तानी नागरिकों को यह सुविधा दी थी कि वे निर्बाध रूप से युद्ध विराम रेखा के इस पार आकर कश्मीर घाटी में आबाद हो सकते हैं। जैसा असम सरकार ने भी पहले किया था और उसने बांग्लादेश के नागरिकों को असमियों में घुलमिल जाने का अवसर दिया था। कम्युनिस्ट सरकार द्वारा मार्क्सवादी विचारधारा को फैलाने के लिए पाठ्य पुस्तकों में संशोधन इत्यादि। इसी प्रकार दूसरी विचारधार की पार्टियां भी यथावसर अपना वर्चस्व बनाए रखने के लिए सरकारी धन का अपव्यय करती हैं।
सदस्य	निश्चय ही ये सुन्दर उदाहरण हैं किन्तु मैं कुछ ऐसी मिसालें भी रख रहा हूं जब केन्द्र में सत्ता का हस्तान्तरण हुआ तो राज्य की सरकारें गिराई गईं, क्या यह उचित कार्य था।
उम्मीदवार	जी नहीं, यह सर्वथा अन्यायपूर्ण था।
सदस्य	क्या आप इस बात से सहमत हैं कि राज्य में विपक्ष की सरकारों को ध्वस्त करने के लिए केन्द्र के पास सम्पूर्ण तथा निरंकुश शक्तियां नहीं होनी चाहिएं।

[यह ऐसी स्थिति है जहां उम्मीदवार को स्पष्ट रूप से 'हाँ' या 'नहीं' में उत्तर देना होगा। ऐसी दशा में यदि उसका मन यह स्वीकार करता है कि केन्द्र के पास राज्य सरकारों को गिराने के लिए निरंकुश शक्तियां नहीं होनी चाहिए तो उसे बिना किसी संकोच के सही बात कहनी चाहिए और यदि वह यह समझता है कि केन्द्र की सत्ता सर्वोपरि होनी चाहिए तो उसे इस बात को भी निःसंकोच कह डालना चाहिए।]

आइए! अब ज़रा पाकिस्तानी परमाणु बम के प्रश्न पर भी विचार करें।

सदस्य	क्या आप ऐसा मानते हैं कि पाकिस्तान के पास एटम बम है?
उम्मीदवार	जी हाँ, क्योंकि पाकिस्तान ने परमाणु परीक्षण किया है।

सदस्य	क्या इस बम का उपयोग पड़ोसी देश के खिलाफ किया जाएगा?
उम्मीदवार	पाकिस्तान के बारे में ऐसी संभावनाएं मैं व्यक्त नहीं कर सकता हूँ।
सदस्य	क्या यह मैत्री का द्योतक है कि इसका निर्माण भारत पर आक्रमण करने की नीयत से किया गया है? क्या उसका ऐसा करना ठीक है?
उम्मीदवार	यह बिल्कुल ठीक नहीं है अपितु यह मैत्री की आड़ लेकर छुरा घोंपना है।
सदस्य	यह गलत क्यों है? कल्पना कीजिए कि आप पाकिस्तान के प्रधानमंत्री हैं जो एक सर्वसत्ता सम्पन्न देश है। अगर अमेरिका, रूस, चीन, ब्रिटेन तथा फ्रांस के पास परमाणु बम हो सकते हैं तो फिर पाकिस्तान एटम बम क्यों नहीं रख सकता?

[यह ऐसी स्थिति है जहाँ तर्क के आगे झुकना पड़ता है। एक सर्वसत्ता सम्पन्न देश होने के नाते वह अपनी सुरक्षा के लिए परमाणु बम रख सकता है।]

इसी प्रकार के अनेक उदाहरण दिए जा सकते हैं जिनमें तर्क के द्वारा ऐसी बातें स्वीकार करनी पड़ जाती हैं।

इन उदाहरणों का विस्तार किया जा सकता है। उम्मीदवार के लिए उचित होगा कि वह अपना औचित्य देकर तर्क प्रस्तुत करें। उत्तर काफी सोच-विचार कर शान्त भाव से देना चाहिए। उत्तेजित होकर अथवा भावावेश में आकर अपने विचार प्रकट करने का प्रभाव अच्छा नहीं पड़ता। पूर्वाग्रह तथा हठ से बचना चाहिए।

❑❑❑

सिविल सेवाओं की परीक्षा के आवेदन पत्रों तथा अनेक अन्य सेवाओं के आवेदन प्रपत्रों में एक स्तंभ (कॉलम) अभिरुचि/अभिरुचियों के बारे में भी होता है। अक्सर यह देखा जाता है कि उम्मीदवार इस कॉलम को भरने में ग़लती कर बैठते हैं। मौखिक परीक्षा के दौरान यह गलती और भी बुरी तरह से दोहराई जाती है। 'हॉबी' अभिरुचि का अर्थ न समझने के कारण ही ऐसा होता है। हिन्दी भाषा में यह ऐसा शब्द अंग्रेजी से ही ग्रहण किया गया है और प्रायः अपने मूल रूप में व्यवहृत होता है। उर्दू में इसे 'शग़ल' कहा जाता है। डॉ॰ बाहरी ने उर्दू के शग़ल शब्द को हॉबी का सही पर्याय बताया है। अभिरुचि, रुचि इसके समीपवर्ती शब्द अवश्य हैं किन्तु इनसे 'हॉबी' में निहित भाव की सम्यक ध्वनि नहीं निकलती। डॉ॰ रघुवीर ने 'हॉबी' का हिन्दी पर्याय 'व्यासंग' बताया है। डॉ॰ कामिल बुल्के ने शौक़, शग़ल, व्यासंग तथा हॉबी सभी को स्वीकार किया है। वी॰ एस॰ आप्टे की अंग्रेजी संस्कृत डिक्शनरी में हॉबी का संस्कृत पर्याय चिरकाम्य, अभीष्ट मनोरथ, अभिरुचि बताया गया है। इस प्रकार अंग्रेजी के हॉबी शब्द के हिन्दी या संस्कृत पर्याय किंचित विवादास्पद हैं। श्री एन॰ एस॰ सक्सेना ने हॉबी शब्द की परिभाषा इस प्रकार दी है:

"इस शब्द से तात्पर्य किसी ऐसे शग़ल या क्रिया से है जो अपने मुख्य व्यवसाय के अलावा बहुत कुछ नियमित रूप से की जाती है और उसका मुख्य उद्देश्य विश्रान्ति या आनन्द प्राप्त करना है।" श्री सक्सेना ने उक्त परिभाषा के आधार पर हॉबी या अभिरुचि के तीन तत्त्व बताए हैं :

1. हॉबी के रूप में जो शग़ल या कार्य किया जाता है कि वह मुख्य व्यवसाय से भिन्न होता है। यदि किसी व्यक्ति का व्यवसाय वकालत, डॉक्टरी, महाजनी, दुकानदारी, इन्जीनियरी या शिक्षा है तो इसे हॉबी या अभिरुचि नहीं कहना चाहिए। आजीविका का प्रमुख साधन होने के कारण उन्हें व्यवसाय या धन्धा कहा जाता है किन्तु जब एक इन्जीनियर अपने खाली समय में बागवानी या होम्योपैथिक दवाइयां बांटने का कार्य करता है तो उसका ऐसा करना शग़ल या अभिरुचि कहा जायेगा। ऐसा भी देखा जाता है कि बाल्यकाल में कोई कार्य किसी व्यक्ति की हॉबी रहा है किन्तु

कालान्तर में वही कार्य आजीविका का साधन बन गया। ऐसी स्थिति में हॉबी का मुख्य व्यवसाय बन जाना हॉबी नहीं रह जाता। इसी प्रकार यदि आरम्भ में कोई व्यक्ति गाने-बजाने को एक शौक़ के रूप में अपनाता है और उसके माध्यम से अपनी आजीविका नहीं चलाता तो उसे हॉबी माना जाएगा किन्तु गायक बन जाने पर उसके माध्यम से कमाई करके अपना भरण-पोषण करना उसका व्यवसाय कहा जायेगा।

2. हॉबी का दूसरा तत्त्व यह है कि हॉबी के रूप में अभीष्ट कार्य बहुत कुछ नियमित रूप से किया जाता है। कोई व्यक्ति यदि यह कहे कि पुस्तकें पढ़ना मेरी अभिरुचि या हॉबी है और वह वर्ष में केवल 2-4 पुस्तकें ही पढ़ पाता है। ऐसी स्थिति में उसकी यह क्रिया हॉबी नहीं मानी जा सकती क्योंकि उसके कार्य में निरन्तरता नहीं रही। एक विद्यार्थी परीक्षा पास करने के लिए पढ़ाई करता है तो उसका यह कार्य भी हॉबी के अन्तर्गत नहीं माना जाएगा। पाठ्य पुस्तकें पढ़ना और उनको पढ़कर सफलता प्राप्त करना तो विद्यार्थी का लक्ष्य है। उससे उम्मीद ही यह की जाती है कि वह अपनी कक्षा के लिए निर्धारित पुस्तकें पढ़े।

3. हॉबी का तीसरा तत्त्व यह है कि इसके अन्तर्गत शारीरिक या मानसिक जो भी कार्य किया जाता है उससे कर्त्ता को आनन्द की प्राप्ति होती है। इस प्रकार प्राप्त होने वाला आनन्द मानसिक अथवा शारीरिक किसी भी प्रकार की थकावट दूर करने के लिए हो सकता है। एक व्यक्ति दफ्तर से वापस आकर सुबह या शाम अपने किचेन गार्डेन या फ्लैट के सामने के लॉन में थोड़ा समय कुछ खोदाई या रोपाई करने के लिए लगाता है और कभी-कभी उसे फावड़ा या खुर्पी लेकर निराई-गोड़ाई भी करनी पड़ जाती है। इस प्रकार के शारीरिक श्रम से उसे आत्मिक संतोष या आनन्द मिलता है। उसका यह कार्य एक हॉबी है।

कुछ लोग शतरंज या ताश खेलकर अपना दैनिक मनोरंजन करते हैं। उनके द्वारा यह कार्य मानसिक श्रम के रूप में किया जाता है फिर भी इसे हॉबी की ही संज्ञा दी जाएगी। तात्पर्य यह कि हॉबी के रूप में किया जाने वाला कार्य शारीरिक अथवा मानसिक किसी भी प्रकार का हो सकता है।

कुछ उम्मीदवार यह समझते हैं कि फार्म में अभिरुचि का स्तम्भ (कॉलम) भरना एक औपचारिकता मात्र है। उनका यह समझना भूल है। वस्तुतः इससे उम्मीदवार की मनोवृत्ति अथवा उसकी पसन्द के स्तर का पता लगाया जाता है। इसलिए यदि किसी उम्मीदवार की कोई अभिरुचि हो तो उसी का उल्लेख करना ठीक होता है। हॉबी न होने पर झूठ-मूठ किसी बात को अपनी हॉबी लिख देना अच्छा नहीं होता क्योंकि हॉबी के बारे में प्रश्न किए जाने पर कलई खुल जाती है जो उम्मीदवार के लिए लाभकारी नहीं होती। आज का जीवन इतना अधिक व्यस्त तथा उलझन भरा है कि हर आदमी को शग़ल करने का मौका ही नहीं मिल

पाता। व्यस्त दिनचर्या वाले उम्मीदवार यदि हॉबी के कॉलम में शून्य लिख देते हैं तो ऐसा करना अनुचित नहीं कहा जाएगा।

अभिरुचियाँ कई प्रकार की हो सकती हैं यद्यपि इनको सूचीबद्ध करना आसान काम नहीं है। कुछ प्रमुख प्रचलित अभिरुचियाँ इस प्रकार की हो सकती हैं :

(1) बागवानी, (2) सिनेमा, (3) पुस्तकें पढ़ना, (4) विभिन्न प्रकार के पत्थर एकत्र करना, (5) पशु-पक्षी पालना, (6) घुड़सवारी करना, (7) आन्तरिक और बाह्य (Indoor & Outdoor) खेल खेलना, (8) संगीत श्रवण और गायन, (9) डाक टिकटों तथा सिक्कों का संकलन करना, (10) भ्रमण और पर्यटन करना, (11) लेख लिखना और पत्रिकाएँ पढ़ना आदि। एक सुशिक्षित व्यक्ति जब अपनी कोई हॉबी बना लेता है तो वह उसके बारे में ज्ञान प्राप्त करता रहता है और काफी निपुण हो जाता है। इसलिए जब कोई सिविल सेवा का उम्मीदवार अपने परीक्षा फार्म में अपनी किसी हॉबी का उल्लेख करता है तो उसका कुछ महत्व होता है और उससे यह आशा की जाती है कि उसे अपनी हॉबी के बारे में अच्छा ज्ञान होगा। यहां कुछ हॉबियों का उल्लेख करके उनसे संबंधित सूचनाओं को एकत्र करने की सलाह दी जाती है।

खेल–खिलाड़ी

उम्मीदवार से पूछा जा सकता है कि वह किसी विशिष्ट खेल में अधिक रुचि क्यों लेता है। खेल विशेष को खेलने के लिए मैदान की लम्बाई-चौड़ाई कितनी होनी चाहिए। खेल के प्रमुख उपकरण कौन-कौन से हैं। किस स्थिति में खिलाड़ी आउट हो जाता है। देश, विदेश में उस खेल से संबंधित प्रमुख खिलाड़ियों के नाम। ओलम्पिक तथा अखिल भारतीय कीर्तिमान आदि। क्या वह स्वयं ओलम्पिक या भारतीय स्तर का खिलाड़ी रह चुका है।

पुस्तकें पढ़ने की अभिरुचि

किस प्रकार की पुस्तकें पढ़ने में रुचि है। हाल ही में कौन-सी नई पुस्तक पढ़ी है। यदि किसी ने वर्ष में 2-4 पुस्तकें ही पढ़ी हैं तो इसे हॉबी नहीं कहा जाएगा। पढ़ी गई पुस्तक/पुस्तकों के बारे में लेखक का नाम, उसकी संक्षिप्त विषय वस्तु, प्रकाशन का वर्ष, पुस्तक का मूल्य आदि याद रखना चाहिए। ये ऐसी बातें हैं जिनके बताने से पाठक की रुचि तथा उसकी जागरूकता का पता चलता है। पुस्तकें पढ़ने के बारे में यह भी पूछा जा सकता है कि उम्मीदवार पुस्तकें खरीदकर पढ़ता है, पुस्तकालय से लेकर पढ़ता है अथवा मांग कर काम चला लेता है। अच्छी पुस्तकें खरीदना और उनको पढ़ना एक अच्छी आदत है किन्तु इसमें अपनी जेब का भी ध्यान रखना पड़ता है।

सिनेमा–दूरदर्शन

सिनेमा एवं दूरदर्शन देखने की हॉबी बताने में शर्म नहीं करनी चाहिए वरन् यदि किसी की ऐसी हॉबी है तो उसे स्वीकार कर लेने में कोई बुराई नहीं है। यदि कोई आदमी सिनेमा देखता है तो वह फिल्मों के बारे में अच्छी टिप्पणी कर सकता है। आजकल जो फिल्में बन रही हैं उन पर

पश्चिमी सभ्यता की छाप रहती है। फिर भी कई ऐसी फिल्में भी बनाई जाती हैं जिनमें भारतीय आँचलिक जन-जीवन चित्रित किया जाता है। कुछ सामाजिक तथा धार्मिक फिल्में भी बनाई जाती हैं। सिनेमा देखना यदि किसी की हॉबी है तो उससे यह पूछा जा सकता है कि वह कैसी फिल्में देखना पसन्द करता है और ऐसा करने का क्या कारण है। दूरदर्शन देखने वाला व्यक्ति सामयिक गतिविधियों पर पैनी नजर रख सकता है और इस प्रकार माध्यम की सभी सरकारी नीतियों को सही तरीके से समझ सकता है और उन पर टिप्पणी कर सकता है।

बागबानी

बागबानी की हॉबी एक बहुत सुखद हॉबी मानी जाती है। सुन्दर खिले हुए फूलों तथा मुस्कराती हुई कलियों को देखकर किसका मन प्रफुल्लित नहीं हो जाता। बागबानी को अभिरुचि के रूप में बताने पर यह पूछा जा सकता है कि उसका प्लॉट कितना लम्बा-चौड़ा है तथा कौन-कौन से फूलों और फलों के पेड़ लगाए गए हैं। उनकी देखभाल कब-कब की जाती है, अपने बगीचे की देखभाल में वह स्वयं कितना समय दे पाता है। कौन-कौन सी खादों का इस्तेमाल कब-कब करता है। पौधों की कलमें कब-कब लगाई जाती हैं। सिंचाई की कौन-कौन सी सुविधाएं उपलब्ध हैं आदि।

संगीत

संगीत सुनने या गाने में अभिरुचि रखने वाले व्यक्ति से यह आशा की जाती है कि वह प्रमुख संगीतज्ञों के विषय में जानकारी रखे। सुगम या शास्त्रीय संगीत के भेदोपभेदों के ज्ञान के साथ शास्त्रीय संगीत में रुचि होने पर राग-रागनियों तथा उनके गायकों का ज्ञान होना ही चाहिए। वे कौन-कौन से वाद्ययंत्र हैं जिनका उपयोग राग-रागनियों के गायन में किया जाता है। भारतीय संगीत शास्त्र के अनुसार राग-रागनियों के गाने का समय, संगीत शास्त्र के संक्षिप्त इतिहास का ज्ञान होना भी आवश्यक है।

पशु–पक्षी पालन

यदि पशु-पक्षियों का पालन केवल मनोरंजन के लिए किया जाता है तो ऐसे पशुओं में कुत्ता, बिल्ली, हिरण, खरगोश आदि हो सकते हैं। पक्षियों में तोता, तीतर, मैना, कबूतर तथा कोई-कोई मयूर भी पालते हैं। लाल, बया पालने के शौकीन भी मिल जाते हैं। आमतौर से जिन जानवरों या पक्षियों के पालन में रुचि हो उनके आहार, विहार, प्रसवकाल, तथा सुरक्षा की जानकारी होनी चाहिए। उनकी प्रमुख आदतों का मनोवैज्ञानिक अध्ययन करना भी अच्छी बात है। जानवरों तथा पक्षियों की नस्लों तथा उनके पाए जाने के स्थानों का ज्ञान रखना तथा उनको कैसे प्राप्त किया जाता है, इसकी भी जानकारी होनी ही चाहिए।

टिकट संग्रह करना

यह एक व्यय साध्य अभिरुचि है। साक्षात्कार के समय यह बात पूछे जाने की पर्याप्त संभावनाएँ होती हैं कि उम्मीदवार अपनी इस अभिरुचि को पूरा करने में मासिक कितने रुपये व्यय करता

है। विभिन्न प्रकार के टिकटों को किस प्रकार प्राप्त किया है तथा उन्हें किस प्रणाली से एलबम में सजाया गया है। भारत में हाल ही में कौन-कौन से नए टिकट जारी किए गए हैं तथा क्या उसके पास कोई अन्तर्राष्ट्रीय ख्याति का भी टिकट है–इसी प्रकार के अन्य प्रश्न भी हो सकते हैं। किसी घटना विशेष पर जारी किए गए टिकटों के बारे में भी जानकारी रखी जा सकती है।

लेखन कार्य

एक अच्छी हॉबी है। इस बारे में सीधा-सादा प्रश्न तो यही हो सकता है कि उम्मीदवार की हॉबी अंग्रेजी में लिखने की है अथवा भारतीय भाषाओं में? वह गद्य में लिखता है अथवा पद्य में? लेखन की अनेक विधाएँ हैं–कविता, कहानी, उपन्यास, नाटक, निबन्धों आदि में उसने क्या-क्या लिखा है, अब तक कितनी पुस्तकें प्रकाशित हो चुकी हैं। यदि वह कवि है तो राष्ट्रीय कवि सम्मेलनों में भी भाग लेता है अथवा नहीं। किन-किन पत्र-पत्रिकाओं अथवा कॉलेज की मैगजीनों में उसकी रचनाएँ छप चुकी हैं। क्या उसकी विचारधारा अन्य किसी कवि, लेखक या उपन्यासकार आदि से मिलती है। क्या वह स्वतन्त्र चिन्तन भी करता है? अथवा उसकी रुचि अनुवाद कार्य में अधिक है।

पाक–कला

ऐसी बहुत कम महिला उम्मीदवार होती हैं जो पाक-कला अथवा भोजन बनाने में अपनी रुचि होने का उल्लेख करती हैं। यदि किसी उम्मीदवार की रुचि भोजन बनाने में होती है तो उसे बताने या लिखने में कोई बुराई नहीं होती। भोजन जीवन की सर्वाधिक महत्त्वपूर्ण आवश्यकता है। अतएव यदि कोई आह्लादकारी, स्वादिष्ट, रुचिवर्द्धक भोजन बना लेता है तो उसका कार्य सराहनीय माना जाएगा। पाक-कला के बारे में सबसे पहला प्रश्न तो सामिष अथवा निरामिष भोजन बनाने में रुचि होने से संबंधित हो सकता है। स्वयं भोजन किस समय अथवा किन अवसरों पर बनाने में अभिरुचि है। भारतीय व्यंजनों में से किन में अधिक रुचि है। मसाले कितने प्रकार के होते हैं, उत्तर अथवा दक्षिणी व्यंजनों में से कौन-कौन व्यंजन स्वयं पकाने में कुशलता प्राप्त है, कितने प्रकार की मिठाई सरलता से बनाई जा सकती है। हरे शाक और कन्द की सब्जियां बनाने की विधि और उनकी गुणवत्ता के बारे में भी ज्ञान होना चाहिए। आजकल पाक-कला एक अलग विज्ञान के रूप में विकसित हो चुकी है इसलिए इनसे संबंधित अनेक प्रश्न हो सकते हैं।

अभिरुचि (Hobby) से संबंधित जिन विषयों का उल्लेख ऊपर किया गया है वे बहुत लोकप्रिय हैं तथा अनेक उम्मीदवार अपने आवेदन पत्र में उनका उल्लेख करते हैं। दूसरे प्रकार की अभिरुचियों में फोटोग्राफी, पर्वतीय प्रदेशों में भ्रमण, तीर्थ-स्थानों की यात्रा, पर्वतारोहण, चित्रकारी, मूर्तिकला, आन्तरिक अथवा गृह साज-सज्जा आदि को शामिल किया जा सकता है। तात्पर्य यह है कि हॉबी के कॉलम में जिस बात को दशार्या जाए उसकी विधिवत् तैयारी अवश्य होनी चाहिए क्योंकि साक्षात्कार मण्डल के सदस्य इससे संबंधित प्रश्न पूछने में पारंगत होते हैं और कभी-कभी विस्तार से प्रश्न पूछे जाने की अनेक सम्भावनाएं रहती हैं।

❑❑❑

ACADEMIC RECORD

शैक्षिक विवरण

सिविल सेवा सहित सभी प्रकार की सेवाओं के आवेदन पत्रों में ऐसे स्तम्भ (कॉलम) होते हैं जिनमें उम्मीदवार को अपनी शैक्षिक योग्यताओं का पूरा विवरण भरना होता है। जैसे— उसने कब-कब और कितनी परीक्षाएँ पास की हैं, उसके विषय क्या थे। उसने किस श्रेणी में परीक्षा पास की। उसकी शिक्षा का माध्यम हिन्दी, अंग्रेजी अथवा अन्य कोई प्रादेशिक भाषा थी। उसने परीक्षा में कितने प्रतिशत अंक प्राप्त किए। निर्धारित स्तम्भ में भरी गई उक्त सूचनाओं से साक्षात्कार मण्डल के सदस्यों को उम्मीदवार के बारे में बहुत कुछ जानकारी मिल जाती है।

1. उम्मीदवार की सामाजिक पृष्ठभूमि कैसे रही है, इसका पता भी उक्त सूचनाओं से मिल जाता है। मातृभाषा में शिक्षा देने की व्यवस्था तो गाँवों में भी उपलब्ध है जबकि विलायती भाषा (अंग्रेजी) के स्कूल बड़े नगरों में अधिक हैं।

2. उम्मीदवार ने कौन-कौन से विषय पढ़े हैं। इससे बोर्ड के सदस्यों को यह पता चल जाता है कि उम्मीदवार को भारतीय संस्कृति, परम्पराओं, इतिहास, भूगोल, सामाजिक व्यवस्थाओं की अच्छी जानकारी प्राप्त है अथवा नहीं, क्या उसने अन्तर्राष्ट्रीय संबंधों का ज्ञानार्जन किया है, ज्ञान उसका केवल पुस्तकों अथवा समाचार पत्रों पर ही आधारित है अथवा उसकी अपनी भी मान्यताएं हैं।

साक्षात्कार लेने के उद्देश्यों में से एक उद्देश्य यह भी होता है कि उसके द्वारा उम्मीदवार की सामान्य जागरूकता का पता लगाया जाता है और यह भी देखा जाता है कि जिन विषयों से उसका वास्ता रहा है उनके विषय में वह कहां तक ज्ञान रखता है।

शैक्षिक ज्ञान का पता चल जाने पर बोर्ड के सदस्यों को यह मौका मिल जाता है कि वे उम्मीदवार से उसकी योग्यता की थाह लेने के लिए अनेक प्रकार के प्रश्न पूछें। उम्मीदवार द्वारा दिए गए उत्तरों से उसके ज्ञान के स्तर का पता लगाया जाता है। स्तर का निर्धारण समाचार पत्रों में प्रकाशित खबरों को आधार मानकर किया जाता है। अधिक ऊंचे स्तर की आशा ऐसे उम्मीदवार से की जा सकती है जिसने अन्तर्राष्ट्रीय संबंधों के बारे में अध्ययन किया हो अथवा जिसने अमेरिका, रूस, चीन, जापान आदि देशों का इतिहास पढ़ा हो। नीचे दिए गए उदाहरण मात्र निदर्शन के लिए हैं। उनसे उम्मीदवार के बारे में केवल सामान्य सूझ-बूझ का पता लगाया जा सकता है।

उम्मीदवार से यह प्रश्न किया जा सकता है कि जिस संस्था में उसने अध्ययन किया है उसमें कितने विद्यार्थी थे। किस-किस अध्यापक का स्वागत विद्यार्थीगण प्रसन्नता से करते थे। प्रमुख अध्यापकों के नाम भी उम्मीदवार को याद होने चाहिएं। यदि उम्मीदवार ने किसी विश्वविद्यालय या कॉलेज में शिक्षा प्राप्त की है तो उसे उस विश्वविद्यालय के कुलपति अथवा कॉलेज के प्रधानाचार्य का नाम तो याद होना ही चाहिए। उसे वे सभी प्रमुख घटनाएं भी याद होनी चाहिएं जो उसके अध्ययन काल में घटित हुई हों—जैसे कोई दीर्घकालीन हड़ताल, किसी अत्यन्त महत्त्वपूर्ण व्यक्ति का विश्वविद्यालय/कॉलेज में आगमन आदि।

बातचीत का सिलसिला उम्मीदवार के विषयों तथा निर्धारित पुस्तकों संबंधी ज्ञान की ओर भी मुड़ सकता है। कुछ प्रश्न तो इस बात का पता लगाने के लिए भी पूछे जा सकते हैं कि विद्यार्थी ने निर्धारित पाठ्य पुस्तकों का अध्ययन किया है अथवा गाइडें पढ़कर ही उसने परीक्षा की वैतरणी पार की है। व्यक्तित्व परीक्षण में जो परीक्षा वह दे चुका है उसकी पुनरावृत्ति नहीं की जा जाती क्योंकि यह परीक्षण तो उम्मीदवार का मूल्यांकन करने के लिए किया जाता है और उसे अपनी योग्यता सिद्ध करनी होती है। मान लीजिए किसी ने इंग्लैन्ड, जापान अथवा अमेरिका का इतिहास पढ़ा है। बोर्ड के सदस्य यह जानना चाहेंगे कि विद्यार्थी ने परीक्षा की दृष्टि से अपने विषय को पढ़कर छोड़ दिया है अथवा उसका संपर्क अभी भी उनसे बना हुआ है तथा वर्तमान समय में भी वह उन देशों की विविध प्रकार की गतिविधियों के बारे में जानकारी रखता है। कुछ उम्मीदवारों ने विदेशी भाषाएं भी पढ़ी होती हैं, जैसे–फ्रेंच, अरबी, फारसी, रूसी, स्पेनिश आदि। ऐसी स्थिति में यह पूछा जाना स्वाभाविक है कि उम्मीदवार को इन भाषाओं का अध्ययन करने की आवश्यकता क्यों पड़ी और आगामी समय में वह अपने इस भाषागत ज्ञान को कहां तक जीवित रख सकेगा।

भारतीय प्रौद्योगिकी संस्थानों के स्नातकों से पूछा जा सकता है कि भारत से ऐसी शिक्षा प्राप्त करने के पश्चात् कितने स्नातक रोजगार की तलाश में अमेरिका या कहीं और पलायन कर गए। प्रतिभा पलायन के औचित्य के बारे में भी उनसे बातचीत की जा सकती है।

दो प्रकार की शिक्षा प्रणाली के औचित्य और सरकार की नैतिक जिम्मेदारी पर भी उम्मीदवार से चर्चा की जा सकती है। भारत में दो प्रकार से शिक्षा दी जाती है। एक तो खर्चीले पब्लिक स्कूल हैं जहां अमीरों, धन्ना सेठों, बड़े सरकारी अफसरों तथा शासक वर्ग के लोगों के बच्चे अंग्रेजी माध्यम से शिक्षा ग्रहण करते हैं तथा दूसरी ओर प्रादेशिक भाषाओं के माध्यम से चलने वाले स्कूल हैं जहां आभिजात्य कहे जाने वाले लोगों को छोड़कर सारी जनता के बच्चे शिक्षा प्राप्त करते हैं। क्या यह अन्याय नहीं? विशिष्ट जनों को ही यह सुविधा क्यों मिलती है। गरीब माता-पिता को क्या अपने बच्चे को अच्छे स्कूलों में पढ़ाने का भी अधिकार नहीं है। सत्रीय शिक्षा प्रणाली (Semester System of Education) के गुणावगुणों पर भी बातचीत करके उम्मीदवार के विचार जानने का प्रयास किया जा सकता है। इस प्रणाली की शिक्षा पद्धति के कारण कुछ शिक्षा संस्थाओं के असफल होने के क्या-क्या

कारण हो सकते हैं? ऐसे प्रश्न पूछकर उम्मीदवार के विचारों का पता लगाया जा सकता है।

इस प्रकार उपर्युक्त विचारों से पता चलता है कि इण्टरव्यू के अवसर पर इस बात को सुनिश्चित करना मुश्किल होता है कि प्रश्नोत्तर की बातचीत का सिलसिला किस मुद्दे पर आकर ठहर जाए। ऊपर दिए गए उदाहरण यह दिखाने के लिए काफी हैं कि एक चतुर उम्मीदवार जो अपने चतुर्दिक की गतिविधियों से स्वयं को अवगत रखता है वह प्रश्नोत्तर में उठाए गए मुद्दों का बखूबी समाधान निकाल सकता है अथवा अपने उत्तरों से मण्डल के सदस्यों को जरूर प्रभावित कर सकता है। इण्टरव्यू में उम्मीदवार से जो प्रश्न पूछे जाते हैं वे समाचार पत्रों, पत्र-पत्रिकाओं तथा मैगजीनों आदि में छपी खबरों पर आधारित होते हैं। ऐसा उम्मीदवार जो अपना कुछ समय पत्र-पत्रिकाओं के पठन-पाठन में लगाता है तथा स्वयं भी कुछ चिन्तन करता है, वह जरूर कुछ न कुछ उत्तर दे सकता है। सामाजिक गतिविधियों के बारे में सिविल सेवाओं के उम्मीदवारों को जानकारी तो होनी ही चाहिए। अपने विचारों की अभिव्यक्ति में किसी प्रकार का संकोच अथवा हिचकिचाहट नहीं होनी चाहिए। साक्षात्कार के क्षण वस्तुतः मनोरंजक और जीवन्त होते हैं। उम्मीदवार से प्रतिपृच्छा (जिरह) करने की स्थिति कभी-कभी ही आती है।

❑❑❑

पूर्व व्यवसाय

सेवा परीक्षाओं में से अनेक परीक्षाएं ऐसी होती हैं जिनमें आयु सीमा 21 से 26 वर्ष के बीच होती है। ऐसी स्थिति में अधिक आयु समूह के उम्मीदवारों में से कुछ ऐसे भी होते हैं जो पहले से ही किसी न किसी रोजगार में लगे होते हैं और अपने अच्छे भविष्य के लिए वे सिविल सेवा परीक्षा में सम्मिलित होते हैं। ऐसे व्यक्ति निम्नलिखित वर्गों में आ सकते हैं : (1) सरकारी सेवारत् (2) सरकारी क्षेत्र के उपक्रमों में सेवारत् (3) पारिवारिक व्यवसाय में प्रवृत्त; जैसे—कृषि, दुकानदारी, व्यापार आदि। साक्षात्कार मण्डल के सदस्य प्रायः यह जानने के लिए बहुत उत्सुक रहते हैं कि उपर्युक्त सेवाओं/कार्यों में लगे उम्मीदवारों में अपने सेवाकाल/व्यवसाय में किस प्रकार के दृष्टिकोण का विकास किया है। किसी उम्मीदवार के दृष्टिकोण का पता चल जाने से सहज में ही यह अनुमान लगाया जा सकता है कि सिविल सेवा में आ जाने के बाद वह अपने काम-काज तथा लोकाचार में कैसी भूमिका निभाएगा।

सदस्य गण यह भी जानने में रुचि रखते हैं कि एक ऐसा व्यक्ति जो पहले से ही किसी न किसी रोजगार में लगा हुआ है और अच्छा कमा रहा है वह सिविल सेवा में आने के लिए क्यों प्रयत्नशील है। कई ऐसे उम्मीदवार जो किसी सरकारी उपक्रम या उद्यम में लगे होते हैं वे भारतीय प्रशासन सेवा/भारतीय पुलिस सेवा में आने वाले लोगों की अपेक्षा कहीं अधिक वेतन पा रहे होते हैं। ऐसी दशा में वह ऐसा कौन-सा आकर्षण होता है जो उन्हें अधिक वेतन छोड़कर कम वेतन वाली सेवा स्वीकार करने के लिए प्रेरित करता है।

उम्मीदवारों से जब यह सहज प्रश्न पूछा जाता है कि एक अच्छी सेवा छोड़कर वे आई॰ ए॰ एस॰/आई॰ पी॰ एस॰ में क्यों आना चाहते हैं, ऐसे समय उम्मीदवार को बेझिझक होकर और ईमानदारी से अपना मन्तव्य प्रकट करना चाहिए। इसमें कोई शक नहीं है कि थोड़ा कम वेतनमान होने पर भी आई॰ ए॰ एस॰ तथा आई॰ पी॰ एस॰ का सामाजिक स्तर काफी ऊंचा माना जाता है इसलिए यदि प्राप्य वेतन में थोड़ी-सी कमी भी होती है तो प्रत्येक व्यक्ति इन सेवाओं में जाना पसन्द करता है। कुछ ऐसी नौकरियां होती हैं जिनमें निहित दायित्व काफी शुष्क तथा उबाऊ होता है—उदाहरण के लिए बैंक की नौकरी। सरकारी उपक्रमों में वेतनमान भले कुछ ऊँचे हों किन्तु श्रमिक की अनुशासनहीनता के कारण वहाँ आए दिन मुसीबत खड़ी होती रहती है। उम्मीदवार को इस बात के लिए बिल्कुल चिन्तित नहीं होना

चाहिए कि उनके द्वारा दिए गए उत्तर को किस नजर से देखा जाएगा। सच्चाई हमेशा सच्चाई होती है, यह बात सभी जानते हैं। लोग व्यक्तिगत कारणों से ही अपने व्यवसाय में परिवर्तन करते हैं इसलिए व्यक्तिगत कारण बताने में किसी को कोई हिचकिचाहट नहीं होनी चाहिए। अतिरंजित, भाव प्रधान, काल्पनिक तथा उच्चादर्शों से भरे उत्तर देने से उम्मीदवार को अनेक पूरक प्रश्नों का उत्तर देना पड़ता है और अन्ततः उसके आदर्शों का भेद खुल जाता है।

इसके बाद बोर्ड के सदस्य यह भी जानने का प्रयास करते हैं कि उम्मीदवार वर्तमान समय में जो कार्य कर रहा है उसमें उसकी पूरी अभिरुचि है अथवा नहीं है तथा क्या वह अपने वर्तमान कार्य की कार्य-पद्धति को हृदयंगम कर चुका है। उदाहरण के लिए यदि कोई व्यक्ति बैंक में काम करता है तो उससे यह प्रश्न पूछा जा सकता है कि बैंकों के राष्ट्रीयकरण के संबंध में उसके क्या विचार हैं तथा वह इसके गुणावगुणों का विश्लेषण करे। यदि कोई उम्मीदवार सरकारी क्षेत्र के उपक्रमों या औद्योगिक संस्थानों में काम करता है तो उससे एक सीधा-सादा प्रश्न यह पूछा जा सकता है कि ऐसे कौन-से कारण हैं जिनके कारण अधिकांश सरकारी क्षेत्र के उपक्रम घाटे में चलते हैं। ऐसा उम्मीदवार जो अपने पिताजी की मदद कृषि कार्य में करता रहा, उससे यह पूछा जा सकता है कि वह कौन-कौन सी फसलें उगाता है, सिंचाई के कौन-कौन से साधन उपलब्ध हैं, कृषि कार्य से कितनी आमदनी हो जाती है। अधिक उत्पादन के लिए वह कौन-कौन से उर्वरकों का प्रयोग करता है। ऐसे उम्मीदवार जो पुलिस, वन, चिकित्सा, डाकतार अथवा आयकर विभाग की सेवा से संबंधित होते हैं उनसे ज्वलन्त समस्याओं और उनके समाधान के बारे में प्रश्न किए जा सकते हैं। समाचार पत्रों में इस बारे में बहुत कुछ छपता रहता है, इसलिए बोर्ड के सदस्य भी वही प्रश्न पूछते हैं जो प्रेस से संबंधित होते हैं तथा जिनकी ओर जनता तथा नेताओं दोनों का ध्यान आकर्षित होता रहता है। यह बात तो साफ जाहिर है कि कोई भी व्यक्ति अपने व्यवसाय के बारे में केवल 2-1 वर्ष में बहुत कुछ नहीं जान पाता किन्तु उसके विभाग से संबंधित ज्वलन्त समस्याओं का पता तो उसे समाचार पत्रों के माध्यम से मिलता ही रहता है। ऐसा व्यक्ति जो वन-सेवा से सम्बद्ध होता है उसे भारत की वन-सम्पदा के महत्त्व तथा शीघ्रता से उसके विनाश के कारणों का ज्ञान तो होना ही चाहिए। वन-सम्पदा को सुरक्षित रखने के लिए 'चिपको आन्दोलन' का क्या महत्व है तथा वन उजड़ने से बचाने में इस आन्दोलन ने क्या भूमिका निभाई है–इस बारे में उम्मीदवार को अवश्य जानकारी होनी चाहिए। एक ऐसा उम्मीदवार जो पुलिस सेवा से सम्बद्ध है उससे वर्तमान कानून और व्यवस्था की गिरती हुई दशा के बारे में पूछा जा सकता है। राजनैतिक पार्टियां तथा नेता कानून तथा व्यवस्था को पतन की ओर ले जाने के लिए क्यों जिम्मेदार हैं। तीसरे दर्जे के उपाय जेलों में क्यों बरते जाते हैं। असम, पंजाब और कश्मीर घाटी में घटी नरसंहार की दुर्घटनाओं के पीछे कौन-कौन सी शक्तियां काम कर रही हैं। मणिपुर तथा दूसरे पूर्वोत्तर सीमावर्ती राज्यों में अशान्ति की स्थिति क्यों है। सरकारी क्षेत्र के उपक्रमों में कार्यरत् उम्मीदवारों से उपक्रमों की कार्यप्रणाली, काले

धन की समस्या, बिक्री तथा आयकर की चोरी को समाप्त करने के बारे में प्रश्न पूछे जा सकते हैं। झूठे खाते तैयार करके सरकार को चूना लगाने वालों को कैसे पकड़ा तथा दण्डित कराया जा सकता है। इस पर भी उम्मीदवार से प्रश्न पूछना समीचीन होता है।

उपर्युक्त प्रश्नों का उत्तर भावावेश में आकर और यह समझ कर नहीं देना चाहिए कि किसी के चरित्र हनन की बात की जा रही है। प्रश्नों का उत्तर स्पष्टतापूर्वक और अपनी धारणा के अनुसार देना उचित होता है। वास्तव में जो बुराइयां हों उनको बताने के साथ-साथ अखबारों में उनके बारे में छपे अतिरन्जित समाचारों को भी प्रमाणपूर्वक खंडित करने से उम्मीदवार के नीर-क्षीर विवेकी होने का पता चल जाता है। यदि इस बारे में और कुछ पूछा जाता है तो उन परिस्थितियों का भी विवेचन करना चाहिए जिनके कारण अच्छे विचार रखने वाले व्यक्तियों को भी कदाचार का आश्रय ग्रहण करना पड़ जाता है। यह एक निरावरण सत्य है कि आज की परिस्थितियों में कोई भी व्यक्ति व्यापार और उद्योग तब तक अच्छी तरह नहीं चला सकता जब तक वह अधिकारियों को कुछ भेंट-पूजा न चढ़ाए। परिणाम यह होता है कि काला धन अर्जित करना आवश्यक होता है। इस दुर्व्यवस्था का हल केवल कुछ व्यक्तियों के सन्त अथवा शहीद बन जाने से नहीं हो सकता वरन् इसका उन्मूलन सारी प्रक्रिया में आमूल-चूल परिवर्तन करने से संभव होगा ताकि एक औसत व्यक्ति भी बिना किसी कदाचार के अच्छा जीवनयापन कर सके।

जब कोई व्यक्ति पहले से ही आई॰ पी॰ एस॰, भारतीय रेल सेवा, सीमा शुल्क, लेखा परीक्षा और लेखा जैसी किसी सेवा में लगा होता है तो उसे यह बताने में किंचित भी संकोच नहीं करना चाहिए कि भारतीय प्रशासन सेवा में उन्नति के अधिक अवसर हैं तथा इसमें रहने से विविध प्रकार के कार्य करने का अवसर मिलता रहता है। यह कहना उचित नहीं होता कि आई॰ ए॰ एस॰ में होने से व्यक्ति को जिला दण्डाधिकारी/जिलाधीश बन कर लोक सेवा करने का अधिक अवसर मिलता है। यह एक गलत धारणा है क्योंकि 32-35 वर्ष की सेवा के दौरान मुश्किल से 5 वर्ष तक ही कोई अधिकारी या जिला दण्डाधिकारी रह पाता है।

कुछ उम्मीदवार जो क्लर्क अथवा अन्य छोटे पदों पर कार्यरत् होते हैं वे अपने पूर्व व्यवसाय के विषय में बताने में अनिच्छा प्रकट करते हैं। उन्हें अपने मन में हीन भावना नहीं रखनी चाहिए क्योंकि इससे तो उनके आत्मबल तथा ऊंचे उठने की भावना का पता लगता है। साधनों के अभाव में और संघर्षों से जूझ-जूझ कर जो व्यक्ति आगे बढ़ने की लालसा लिए है उसे उपेक्षणीय कैसे माना जा सकता है। अपने बलबूते पर आगे बढ़ने वाला व्यक्ति बोर्ड के सदस्यों की निगाह में उचित सम्मान का अधिकारी होता है।

सारांश यह कि जब उम्मीदवार से उसके पूर्व व्यवसाय के बारे में कुछ पूछा जाए तो वह सहज भाव से बिना किसी संकोच और हीन भावना के अपने विचार स्पष्टतापूर्वक प्रकट करे। यह तो मानव की सहज प्रवृत्ति है कि वह अपने उत्थान के लिए सदैव प्रयत्नशील रहता है और जिस बात को उसका मन मस्तिष्क ठीक समझता है एवं स्वीकार करता है उसको प्राप्त करने के लिए वह कटिबद्ध होता है।

❏ ❏ ❏

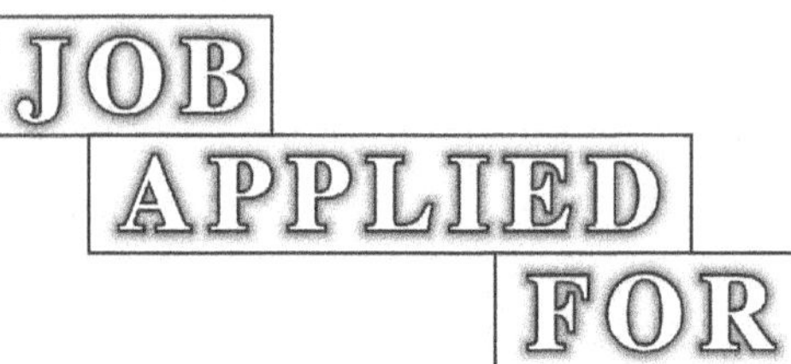

अभीष्ट व्यवसाय/ सेवा

आमतौर पर यह समझा जाता है कि जिस पद के लिए किसी उम्मीदवार का साक्षात्कार लिया जा रहा है उस पद में उसकी दिलचस्पी अवश्य होगी। उम्मीदवार से यह अपेक्षा तो नहीं की जाती कि उसे अभीष्ट पद के बारे में पूरी-पूरी जानकारी अवश्य होगी किन्तु यह उम्मीद की जाती है कि जिस पद के लिए वह साक्षात्कार देने आया है उसके दायित्वों के बारे में उसे थोड़ा बहुत प्रारम्भिक ज्ञान अवश्य होगा—जैसे (1) सेवा की प्रकृति, (2) वेतनमान, (3) पदोन्नति के भावी अवसर (4) तैनाती के संभावित स्थान (5) समान स्तर की अन्य सेवाओं की तुलना में अभीष्ट सेवा के गुणावगुणों के बारे में ज्ञान। अन्तिम बात और भी महत्त्वपूर्ण हो जाती है जब उम्मीदवार से यह कहा जाता है कि वह वरीयता के आधार पर अपने अनुकूल सेवा का चयन कर ले। इस बात की सम्भावना होती है कि बोर्ड के सदस्य किसी उम्मीदवार से यह पूछ लें कि उसने अमुक प्रकार की सेवा ही क्यों पसन्द की है। यदि उम्मीदवार साक्षात्कार के अवसर पर वरीयता संबंधी प्रश्न का तर्कसंगत उत्तर नहीं दे पाता तो यह समझा जाता है कि उसे किसी विशेष सेवा की रुचि नहीं है अपितु जो भी काम उसे मिल जाएगा वह स्वीकार कर लेगा। वास्तव में जो व्यक्ति अभीष्ट व्यवसाय/सेवा के गुणों तथा उसमें अपनी रुचि होने के औचित्य को ही स्पष्ट नहीं कर पाता उसे ऐसे व्यवसाय/सेवा के योग्य कैसे माना जा सकता है। प्रत्येक उम्मीदवार के लिए यह जरूरी होता है कि जिस पद के लिए उसने अपना आवेदन पत्र भेजा है उसके बारे में स्थूल जानकारी अवश्य प्राप्त कर ले।

इस प्रकार की जानकारी प्राप्त करने के अनेक स्रोत होते हैं और चतुर उम्मीदवार अपने काम की बातों का पता लगा ही लेते हैं।

पद संबंधी जानकारी का पता तो संघ लोक सेवा आयोग द्वारा प्रकाशित विज्ञापन से ही चल जाता है। उसमें वेतनमान, भर्ती की आयु सीमा, अनिवार्य योग्यताएं, वांछनीय योग्यताएं, कर्त्तव्य, परिवीक्षा अवधि, मुख्यालय आदि लिखा होता है। उम्मीदवार अपना फार्म भरने से पहले उक्त सभी बातें भली-भांति हृदयंगम कर ली होंगी, इतना तो माना ही जा सकता है।

अपने अभीष्ट पद के बारे में सही सूचना एकत्र करने का दूसरा उत्कृष्ट साधन किसी ऐसे अधिकारी से मुलाकात करना होता है जो वैसी सेवा में कुछ वर्ष गुजार चुका है। ऐसे व्यक्ति से मिलने पर अनेक प्रकार की वास्तविकताओं का पता चलता है, भले ही ऐसी मुलाकात एकाध घंटे के लिए ही हुई हो। सेवा के संबंध में की गई इस प्रकार की अनौपचारिक चर्चा से प्राप्त जानकारी उस किताबी अध्ययन से कहीं अधिक महत्त्वपूर्ण होती है जो तत्सम्बन्धी साहित्य पढ़कर एकत्र की जाती है। जैसे एक आई॰ ए॰ एस॰/आई॰पी॰एस॰ अधिकारी जो किसी राज्य में तैनात है वह यह बात भली-भांति बता सकता है कि किस प्रकार दिन-प्रतिदिन के काम-काज में राजनेता सिफारिशें लेकर दौड़े चले आते हैं और कर्त्तव्य के ठीक प्रकार से निष्पादन में बाधा डालते हैं।

इस प्रकार का हस्तक्षेप उस स्थिति में सहायक सिद्ध हो सकता है जब किसी वर्ग विशेष के लोगों की भावनाओं के बारे में वह जानकारी प्राप्त कर लेता है फिर भी स्थानीय राजनेताओं के लिए यह उचित नहीं होता कि वे बात-बात पर स्थानीय अधिकारियों को अपने कर्त्तव्य पालन से पराङ्मुख होने के लिए दबाव डालें तथा परिणामस्वरूप जिम्मेदार अधिकारी को उस भारी दबाव के कारण अपने कर्त्तव्य से विमुख होना पड़े। प्रत्येक जिम्मेदार व्यक्ति खास तौर से राजनेताओं को यह समझ लेना चाहिए कि कभी-कभी ऐसी संकटापन्न स्थिति होती है जब अधिकारी को काफी सोच-विचार कर काम करना पड़ता है और ऐसे समय किसी दबाव में आकर गलत निर्णय लेने से स्थिति और भी बिगड़ सकती है।

यदि कोई उम्मीदवार अच्छे उत्तर देना चाहता है तो उसे संबद्ध सेवा का इतिहास पढ़ना चाहिए। किन-किन परिस्थितियों में सेवा का निर्माण किया गया, उसे किन-किन स्वरूपों से गुजरना पड़ा तथा इस समय उसका जो निखरा हुआ स्वरूप है, उसका ऐतिहासिक आधार क्या है, ये सब बातें जानना उम्मीदवार के लिए हितकारी सिद्ध हो सकता है। अधिकांश सिविल सेवाओं का आरम्भ ब्रिटिश शासकों द्वारा किया गया था। इन सेवाओं से संबंधित ऐतिहासिक तथा उपयोगी पुस्तकों के सृजन में विगत दो दशकों में काफी अच्छा काम किया गया है तथा सभी महत्त्वपूर्ण सेवाओं से संबंधित पुस्तकें उपलब्ध हैं।

सूचना एवं प्रसारण मंत्रालय का अनुसंधान तथा सन्दर्भ प्रभाग प्रतिवर्ष 'भारत–एक सन्दर्भ ग्रंथ' प्रकाशित करता है। इसकी उपयोगिता तथा आकार को देखकर इसका मूल्य काफी कम रखा जाता है। इस पुस्तक में सभी राष्ट्रीय क्रिया-कलापों का संक्षिप्त किन्तु सही-सही विवरण होता है उसे आसानी से पढ़ा जा सकता है। इस पुस्तक में अध्यायों का विभाजन इस प्रकार होता है:

1. सुरक्षा : सुरक्षा सेवाओं के लिए,

2. शिक्षा : शिक्षा से संबंधित सेवाओं के लिए,

3. वैज्ञानिक अनुसन्धान : वैज्ञानिक अनुसन्धान जैसी सेवाओं के लिए,

4. मूलभूत आर्थिक आंकड़े : भारतीय आर्थिक सेवाओं तथा भारतीय सांख्यकीय सेवाओं के लिए,

5. ग्रामीण विकास : भारतीय प्रशासनिक सेवा/ग्रामों से संबंधित कार्य के लिए,

6. कृषि तथा वन : भारतीय वन सेवा के लिए।

उक्त नामावली एक नमूना मात्र है। उक्त पुस्तक में केन्द्र तथा राज्यों की सभी सेवाओं के नाम तथा अनेक महत्त्वपूर्ण तथ्य एवं विवरण संग्रहित होते हैं।

अन्त में उम्मीदवारों को यही सलाह दी जाती है कि उन्होंने जिस सेवा के लिए आवेदन पत्र भेजा है उसके लिए दत्तचित्त होकर तैयारी करें तथा सभी सम्भव उपायों एवं स्रोतों द्वारा अपने विषयों से संबंधित सामग्री एकत्र करके उसका सदुपयोग करें।

❑❑❑

ON DRESS AND MANNERS

वेश—भूषा और शिष्टाचार

साक्षात्कार देने के लिए जाने वाले उम्मीदवारों को उनके शुभचिन्तक प्रायः यह सलाह देते हैं कि उम्मीदवार को बढ़िया सूट, टाई, नई जूते पहनकर तथा करीने से बाल वगैरह कटवा कर साक्षात्कार देने के लिए जाना चाहिए। यदि यह सब तड़क-भड़क इण्टरव्यू के लिए आवश्यक है तो बेचारे गरीब लोग इतना पैसा कहां से लाएंगे कि 2-3 घंटे के लिए वे बेमतलब दस-बारह हजार रुपए खर्च कर डालें। आपके परिधान/वस्त्र ऋतु अनुकूल होने चाहिएं। साफ-सुथरे तथा अच्छी प्रकार के सिले वस्त्र व्यक्ति के व्यक्तित्व को निखारने में सहायक होते हैं। मात्र इण्टरव्यू देने के लिए नए कपड़े बनवाना न तो कोई बुद्धिमानी है और न इसे किसी परम्परा में ही दाखिल किया जा सकता है। वस्त्र मुख्य रूप से तीन बातों पर निर्भर होने चाहिए।

1. उस समय का मौसम तथा इण्टरव्यू देने का स्थान;
2. उम्मीदवार किस क्षेत्र का निवासी है;
3. उम्मीदवार किस सामाजिक स्तर से संबंधित है।

इण्टरव्यू बोर्ड के सदस्य उपर्युक्त सभी बातों से परिचित होते हैं। उनका दृष्टिकोण सदा सहानुभूतिपूर्ण एवं यथार्थवादी होता है। यदि गर्मी का मौसम है तो इस मौसम में सूट पहनकर इण्टरव्यू देने आना हास्यास्पद ही कहा जाएगा। आमतौर से इण्टरव्यू देने के लिए आने का समय 09.30 प्रातः लिखा जाता है। बारी आते-आते 11-12 बज सकते हैं इस प्रकार दो-ढाई घंटे तक केवल पंखे के नीचे सूट पहनकर बैठे रहना अपने आप में एक तपस्या है। तमिलनाडु, केरल, पश्चिम बंगाल, आंध्र प्रदेश, उड़ीसा आदि में वर्ष पर्यन्त गर्मी पड़ती है। यहां के कुछ निवासियों को छोड़ कर जो कभी-कभी सूट पहन लेते हैं, आमतौर से लोगों के पास सूट या गरम, कपड़े होते ही नहीं हैं। उत्तरी भाग के कुछ सम्पन्न परिवारों के व्यक्ति ही सूट पहन कर आते हैं। इसलिए जैसी स्थिति हो उसी प्रकार के कपड़े पहन कर इण्टरव्यू देने के लिए आना चाहिए। अनावश्यक श्रृंगार तथा फिजूल खर्च करना अच्छा नहीं माना जाता। जो कुछ आप आम तौर से पहनते हैं वहीं पहनकर इण्टरव्यू देने आएं तो और भी अच्छी

बात होगी। इससे आप स्वयं आराम अनुभव करेंगे और आपको कुछ भी बनावटी और अटपटा नहीं लगेगा। एक बात का जरूर ध्यान रखें कि आपके वस्त्र साफ सुथरे तथा अच्छी तरह प्रेस किए हुए जरूर हों। यदि आपकी आदत टाई बांधने की है तो जरूर बांधिए अन्यथा इसकी कोई जरूरत नहीं होती। जूते साफ तथा अच्छी तरह पालिश कराकर पहनें। यह जरूरी नहीं होता कि आप नए जूते खरीदें और उन्हें पहनकर इण्टरव्यू देने जाएं। आपकी पोशाक संजीदा, साफ सुथरी, अच्छी खिली हुई तथा व्यक्तित्व के अनुरूप होनी चाहिए। यह पोशाक आमतौर से पहनी जाने वाली हो और यह पता नहीं चलना चाहिए कि आपने अपना लिबास खासतौर से इण्टरव्यू देने के लिए ही बनवाया है।

इण्टरव्यू कक्ष में प्रवेश

इण्टरव्यू देने के लिए जैसे ही आप कक्ष में जाएं, आपका जाना बिल्कुल स्वाभाविक रूप से होना चाहिए। प्रविष्ट होने पर आप बोर्ड के अध्यक्ष का अभिवादन करें। जब वे आपको बैठने के लिए कहें तो धन्यवाद कह कर आप अध्यक्ष के सामने की कुर्सी पर बैठ जाएं। कुर्सी पर बैठने के बाद आप घबड़ाइए नहीं और न अपनी भावभंगिमा इस प्रकार की रखिए जिससे यह पता चले कि आप उद्विग्न अथवा परेशान हैं। आप अपनी स्वाभाविक मुखमुद्रा रखिए जिससे यह पता चले कि आप बिल्कुल स्वाभाविक तथा निर्विकार भाव से इण्टरव्यू देने के लिए आए हैं। बोर्ड के सदस्य जब आपसे सुखद वार्त्तालाप आरम्भ करें तो आप भी उसमें पूरी रुचि से भाग लें। प्रतिपृच्छा अथवा जिरह (Cross Examination) की स्थिति आने पर आप अपने ऊपर नियन्त्रण तथा मानसिक सन्तुलन रखकर प्रश्नों का तर्क-संगत उत्तर देने का प्रयत्न करें। यदि आपकी कोई चीज मेज पर छूट जाती है तो निःसंकोच जाकर अपनी चीज ले आएँ और वापस आते समय यह कह सकते हैं कि 'कृपया क्षमा करें मैंने आपके कार्य में व्यवधान डाला'।

अध्यक्ष सर्वप्रथम आपके जीवनवृत्त के बारे में ही पूछते हैं इसके बाद बोर्ड के किसी अन्य सदस्य से कहते हैं कि वह आपसे पूछताछ करे। ऐसे सदस्य के प्रश्नों का उत्तर देते समय आप उन्हें ही लक्ष्य करके अपने उत्तर दीजिए तथा उनकी परिपृच्छाओं अथवा पूरक प्रश्नों को ध्यान से सुनकर उनका उत्तर देने का प्रयास कीजिए। जब तक एक सदस्य प्रश्न कर रहा होता है तो दूसरा सदस्य बीच में नहीं बोलता। फिर भी यदि बीच में कोई प्रश्न पूछे तो आपको शालीनता से कह देना चाहिए कि श्रीमान जी जरा ठहरें। इनका उत्तर देकर अभी आपके प्रश्न का भी उत्तर दे रहा हूँ। एक के बाद दूसरा सदस्य बारी-बारी से आपसे प्रश्न करेगा। सम्भव है कि कोई प्रश्न अटपटा अथवा जटिल हो जिसका उत्तर खोजने में एकाध मिनट लग सकता है। ऐसी स्थिति में विनम्रतापूर्वक कहिए कृपया मुझे थोड़ा समय सोचने के लिए दें, वे सोचने के लिए आपको समय अवश्य देंगे।

सारांश यह कि आप सामान्य पोशाक पहनकर इण्टरव्यू देने जाएं। सामान्य रूप से बात करें तथा आपका बर्त्ताव भी सामान्य प्रकार का ही होना चाहिए। आप अपने मन में कभी ऐसा भाव न आने दें कि जो उम्मीदवार कीमती और आकर्षक पोशाकें पहनकर आते हैं, वे बोर्ड के सदस्यों के कृपापात्र बन जाते हैं अथवा सदस्यगण उनका पक्षपात करते हैं। यह बिल्कुल गलत तथा आधारहीन बात है। यदि धन्यवाद देने, अभिवादन करने या उत्तर देने में कहीं किंचित गलती रह जाती है तो उसका बोर्ड के ऊपर कोई प्रभाव नहीं पड़ता। बोर्ड के सदस्य तो आपके व्यक्तित्व से प्रभावित होते हैं और इस बात से प्रभावित होते हैं कि आपसे जो प्रश्न किए गए हैं उनका उत्तर आपने कितनी गम्भीरता तथा प्रभावशाली ढंग से दिया है।

❑❑❑

SOME PATTERNS OF INTERVIEWS

साक्षात्कार के कुछ नमूने

यहां पर साक्षात्कार के कुछ नमूने इस उद्देश्य से दिए जा रहे हैं ताकि उम्मीदवार इन्हें पढ़कर अनुमान लगा सकें कि साक्षात्कार में किस प्रकार के प्रश्न पूछे जाते हैं और उनका उत्तर किस प्रकार दिया जाता है।

I

> श्री नरेश श्रीवास्तव का जन्म दिल्ली में हुआ था। उनकी शिक्षा अंग्रेजी माध्यम से हुई तथा बी॰ए॰ (ऑनर्स) परीक्षा अर्थशास्त्र विषय लेकर उत्तीर्ण की। राजनीति विज्ञान विषय लेकर उन्होंने दिल्ली विश्वविद्यालय से एम॰ए॰ पास किया। इसके बाद वे प्रतियोगिता परीक्षाओं की तैयारी करने लगे। यहाँ उनके साक्षात्कार के कुछ अंश दिए जा रहे हैं।

श्री श्रीवास्तव	:	नमस्कार!
अध्यक्ष	:	आइए श्रीवास्तवजी, अपना स्थान ग्रहण करें।
श्री श्रीवास्तव	:	धन्यवाद, श्रीमन् (बैठते हैं)।
अध्यक्ष	:	आपने अर्थशास्त्र विषय लेकर बी॰ए॰ तथा राजनीति विज्ञान विषय लेकर एम॰ए॰ किया।
श्री श्रीवास्तव	:	जी हां।
अध्यक्ष	:	आप अर्थशास्त्र छोड़कर राजनीति विज्ञान में कैसे आ गए?
श्री श्रीवास्तव	:	मैं सिविल सेवा परीक्षा की तैयारी भी कर रहा हूं। उसमें मुझे दो ऐच्छिक विषय लेने होंगे और दोनों के लिए अलग-अलग 600-600 अंक हैं, अर्थात् कुल 1200 अंक। इस प्रकार ये दोनों ऐच्छिक विषय काफी महत्त्वपूर्ण हैं। मेरे लिए अलग से इनकी तैयारी करना कठिन होता, इसलिए मैंने विश्वविद्यालय स्तर पर उक्त दोनों का अध्ययन करना उचित समझा।

टिप्पणी : विवेकपूर्ण और सही उत्तर

पहला सदस्य	:	आपने राजनीति विज्ञान को ही अपना दूसरा विषय क्यों लिया? उदाहरण के लिए आपने इतिहास को क्यों नहीं पसन्द किया?
श्री श्रीवास्तव	:	मुझे ऐसा प्रतीत होता है कि अर्थशास्त्र तथा राजनीति विज्ञान का आपस में घनिष्ठ संबंध है।
पहला सदस्य	:	किस सरकार के अन्तर्गत राजनीतिक और आर्थिक सिद्धान्त का एक दूसरे के साथ तालमेल होता है?
श्री श्रीवास्तव	:	लोकतंत्र तथा मुक्त उद्यम का श्रीमान्।
पहला सदस्य	:	क्या भारत में लोकतंत्र है?
श्री श्रीवास्तव	:	जी हां।
पहला सदस्य	:	क्या यहां पर संयुक्त राज्य अमेरिका जैसे मुक्त उद्यम हैं?
श्री श्रीवास्तव	:	जी नहीं, हमारे यहां मिश्रित अर्थव्यवस्था है तथा यहां अनेक सरकारी उपक्रम हैं।
पहला सदस्य	:	इसलिए लोकतंत्र तथा मुक्त उद्यम एक दूसरे से अच्छी तरह जुड़े हुए नहीं हैं। गत दो दशकों से अधिकांश बड़े उद्योगों का ब्रिटेन में राष्ट्रीयकरण हुआ है फिर भी वहां महान लोकतंत्र है।
श्री श्रीवास्तव	:	जी हां! मैं अपनी गलती महसूस कर रहा हूं। क्या मैं पुनः उत्तर दे सकता हूँ।
पहला सदस्य	:	बताइए।
श्री श्रीवास्तव	:	एक साम्यवादी सरकार तथा समाजवादी अर्थव्यवस्था में एक दूसरे का घनिष्ठ संबंध होता है।
पहला सदस्य	:	आप ठीक कह रहे हैं।

> **टिप्पणी :** उम्मीदवार ने अपनी गलती स्वीकार करके उसे सुधार दिया।

दूसरा सदस्य	:	न्यूयार्क में 11 सितम्बर, 2001 को जो कुछ हुआ उस समय अमेरिका के राष्ट्रपति जार्ज बुश की जगह यदि आप होते तो क्या करते?
श्री श्रीवास्तव	:	अव्वल तो मैं न्यूयार्क में आपत्तिजनक स्थिति उत्पन्न ही न होने देता और यदि किसी कारण ऐसी स्थिति आ जाती तो मैं निःसंकोच त्यागपत्र दे देता।
दूसरा सदस्य	:	उत्तम।

> **टिप्पणी :** संक्षिप्त और सही उत्तर

तीसरा सदस्य : क्या आप इस तथ्य से सहमत हैं कि अंग्रेजी माध्यम के विद्यालयों को बन्द कर देना चाहिए? आपने स्वयं अंग्रेजी माध्यम के विद्यालय में शिक्षा प्राप्त की है।

श्री श्रीवास्तव : मैं ऐसे विद्यालयों को बन्द करने के पक्ष में नहीं हूं क्योंकि ये अच्छी शिक्षा देते हैं, अनुशासन में रखते हैं तथा अंग्रेजी का अपना महत्त्व भी है।

तीसरा सदस्य : आपने जो कुछ कहा मैं उससे सहमत हूँ किन्तु केवल धनी लोग ही उनकी शिक्षा का बोझ उठा सकते हैं। इसका मतलब यह हुआ कि दो प्रकार की शिक्षा व्यवस्था है—एक गरीबों के लिए तथा दूसरी अमीरों के लिए। अपने आपको हम समाजवादी गणराज्य कहते हैं और हमने सभी को अवसर की समानता प्रदान करने का वचन दिया है। क्या यह हमारी घोषणा के विपरीत नहीं है?

श्री श्रीवास्तव : जी हां! मैं अब आपसे सहमत हूं फिर भी अंग्रेजी माध्यम के स्कूलों को बन्द करना उचित नहीं होगा।

तीसरा सदस्य : क्या हम सभी विद्यालयों में अंग्रेजी सिखाने की सुविधा दे सकते हैं?

श्री श्रीवास्तव : इसमें खर्च बढ़ जाएगा, फिर भी शिक्षा में असमानता हटाने के लिए यह एक उपाय हो सकता है।

> **टिप्पणी :** उम्मीदवार ने सही ढंग से अपनी पूर्व धारणा में संशोधन किया है

चौथा सदस्य : आपने भारतीय अर्थव्यवस्था पढ़ा है–क्या कारण है कि लोग भारी संख्या में गांवों से शहरों की ओर भाग रहे हैं?

श्री श्रीवास्तव : मुख्य कारण रोजगार की तलाश है।

चौथा सदस्य : मैं आपकी बात से सहमत हूं किन्तु जो सरकारी कर्मचारी रिटायर हो चुके हैं वे भी गांवों में वापस नहीं जाते जैसा कि 40-50 वर्ष पहले हुआ करता था। शहरों की अपेक्षा गांवों में रहना अब भी सस्ता पड़ता है।

श्री श्रीवास्तव : इसका कारण शायद गांवों में आधुनिक सुविधाओं जैसे–सिनेमा, स्कूल, अस्पताल, दूरदर्शन आदि का न होना है।

चौथा सदस्य : क्या सम्पन्न लोग उत्तर प्रदेश के गांवों में सुरक्षा से रह सकते हैं।

श्री श्रीवास्तव : जी नहीं! गांवों में सम्पत्ति और जीवन इतना सुरक्षित नहीं है, शायद गांवों से भागने का यह भी एक कारण है।

चौथा सदस्य : अन्तर्जातीय विवाहों के बारे में आपके क्या विचार हैं?

श्री श्रीवास्तव   : ऐसी शादियां होने में कोई बुराई नहीं है।

चौथा सदस्य   : अच्छा श्रीवास्तव जी, धन्यवाद।

श्री श्रीवास्तव   : धन्यवाद श्रीमान्।

> **टिप्पणी :** कुल मिलाकर यह एक अच्छा साक्षात्कार है। श्री श्रीवास्तव काफी बुद्धिमान हैं और जब उन्हें पता चलता था कि उनका पक्ष कमजोर है तो वे विवेकपूर्ण ढंग से अपने वक्तव्य में संशोधन कर देते थे।

☆ ☆ ☆

II

श्री राम सिंह का जन्म हिमाचल प्रदेश के एक गांव में हुआ था जिसकी ऊंचाई समुद्र तल से 800 फीट है। यहीं उन्होंने अपना बाल्यकाल व्यतीत किया। वे अनुसूचित जनजाति के हैं। उन्होंने अपनी सीनियर कैम्ब्रिज की परीक्षा शिमला में दी और शिमला में ही बी०ए० किया। फिर इतिहास में उन्होंने एम०ए० किया। उनका साक्षात्कार सिविल सेवा परीक्षा के लिए लिया गया।

श्री सिंह : क्या मैं अन्दर आ सकता हूं?

अध्यक्ष : आइए श्री सिंह, बैठिए।

श्री सिंह : धन्यवाद (बैठता है)।

अध्यक्ष : आपने 22 वर्ष की आयु में बी०ए० पास किया, इतनी देर बाद क्यों?

श्री सिंह : श्रीमान्, मैंने अपनी पढ़ाई देर से शुरू की थी। पहले मैं गांव में रहता था वहीं मेरा बचपन बीता। वहां शिक्षा की कोई सुविधा नहीं थी तथा तीन महीने बर्फ गिरने के कारण यह गांव सारी दुनियां से अलग-थलग रहता है।

पहला सदस्य : आप बढ़िया अंग्रेजी बोलते हैं यद्यपि आपने अपनी पढ़ाई देर से शुरू की थी।

श्री सिंह : जब मैं आठ साल का था तो मेरे चाचा की नौकरी शिमला में लग गई थी। उन्होंने मुझे अंग्रेजी माध्यम के एक स्कूल में भर्ती कराया। उस समय तक वहां कुछ यूरोपियन महिला अध्यापिकाएं भी थी। मुझे सारी शिक्षा यूरोपियन वातावरण में प्राप्त हुई। शिक्षा के लिए मेरे माता-पिता ने मुझे चाचा जी के साथ रहने दिया था।

पहला सदस्य : आप अपनी छुट्टियां कहां बिताते थे?

श्री सिंह : गांव में माता-पिता के साथ।

दूसरा सदस्य : क्या गांव का जीवन आपको नीरस नहीं लगता?

श्री सिंह : मैं मानता हूं किन्तु वहां मुझे अपने माता-पिता को उनके कृषि कार्य में सहायता करने में मज़ा आता है। फिर वहां का जीवन स्वास्थ्यप्रद भी है।

दूसरा सदस्य	:	आप कौन-कौन सी मुख्य फसलें उगाते हैं?

दूसरा सदस्य : आप कौन-कौन सी मुख्य फसलें उगाते हैं?

श्री सिंह : मुख्य रूप से आलू। हम केवल आलू ही साल भर में उगा पाते हैं। यह फसल साल भर चलती है।

दूसरा सदस्य : यदि आपको हिमाचल प्रदेश का विकास आयुक्त बना दिया जाए तो आप किस बात को प्रमुखता देंगे?

श्री सिंह : सड़कों तथा बिजली को।

दूसरा सदस्य : स्कूलों तथा अस्पतालों को क्यों नहीं?

श्री सिंह : यदि बिजली और अच्छी सड़कों की व्यवस्था हो जाएगी तो स्कूल और अस्पताल तो बन ही जाएंगे। यदि बिजली तथा सड़कें नहीं होंगी तो स्कूल बिना अध्यापकों के पड़े रहेंगे और अस्पतालों में डॉक्टर नहीं होंगे।

दूसरा सदस्य : बिल्कुल ठीक।

तीसरा सदस्य : अब हम पड़ोसी देश श्रीलंका के बारे में कुछ बात-चीत करेंगे। श्रीलंका में लिट्टे की भूमिका कैसी है?

श्री सिंह : सन् 1976 में प्रभाकरण द्वारा स्थापित लिट्टे एक आतंकवादी गतिविधियों में लिप्त संगठन के रूप में जाना जाता रहा है। इस संगठन ने कई जघन्य हत्याएं, संपत्ति नुकसान, लूट-पाट और बंधक बनाने जैसी क्रियाएं की हैं। परंतु वर्ष 2009 में श्रीलंकाई सेना की जोरदार कार्रवाई के चलते इस आतंकवादी संगठन का लगभग पूरी तरह से सफाया हो चुका है।

तीसरा सदस्य : भारत और चीन के मध्य हुई वार्ता का परिणाम आज के संदर्भ में क्या निकला?

श्री सिंह : मुझे इस विषय की ज्यादा जानकारी तो नहीं है लेकिन जो प्रत्यक्ष रूप से दृष्टिगोचर हो रहा है उसके अनुसार आयात-निर्यात में काफी प्रगति हुई है और आज की तिथि में भारतीय बाजार में चीन के सामानों ने अपनी उपस्थिति प्रमुखता से दर्ज की है।

चौथा सदस्य : मैं आपसे इतिहास के बारे में पूछना चाहता हूं।

श्री सिंह : आप पूछें, मैं उत्तर देने का प्रयास करूंगा।

चौथा सदस्य : आप बिस्मार्क के बारे में क्या जानते हैं?

श्री सिंह : श्रीमान्, वह शायद जर्मनी के आधुनिक इतिहास का एक महत्त्वपूर्ण चरित्र है। उसने जर्मनी को संगठित किया था और उसे एक शक्तिशाली राष्ट्र बनाया।

चौथा सदस्य	:	लेकिन हिटलर ने भी ऐसा ही किया था। क्या आप बता सकते हैं कि हिटलर के व्यक्तित्व में क्या कमी थी?
श्री सिंह	:	मैंने द्वितीय विश्व युद्ध का अध्ययन नहीं किया हैं।
अध्यक्ष	:	क्या आप बता सकते हैं कि बोडो आन्दोलन क्यों हो रहा है?
श्री सिंह	:	मैं इतना जानता हूं कि वहां बेकारी की समस्या व्यापक होती जा रही है तथा सरकारी नौकरियों में उन्हें उचित प्रतिनिधित्व नहीं दिया जाता।
अध्यक्ष	:	हिमाचल प्रदेश का सबसे अच्छा मुख्य मंत्री कौन था?
श्री सिंह	:	डॉ. परमार। उन्होंने हिमाचल प्रदेश के लिए बहुत कुछ किया।
अध्यक्ष	:	धन्यवाद, अब आप जा सकते हैं।

टिप्पणी : यह एक निकृष्ट कोटि का इण्टरव्यू है क्योंकि श्री सिंह का अन्तर्राष्ट्रीय राजनीति का ज्ञान बहुत ही स्थूल प्रकार का था। फिर भी इसे काफी हद तक अच्छा इण्टरव्यू माना जा सकता है। इस बात को ध्यान में रखते हुए कि श्री सिंह भारत-तिब्बत सीमा पर बसे एक पिछड़े हुए गांव के निवासी हैं। उन्होंने अपनी पढ़ाई काफी देर से शुरू की, इसलिए उन्हें दोष नहीं दिया जा सकता। बोर्ड के सदस्यों को मानना होगा कि श्री सिंह विश्वसनीय तथा सत्यनिष्ठ व्यक्ति हैं और उन्हें अपने क्षेत्र का जहां वे रहते हैं, अच्छा ज्ञान है। इसके अलावा उनका ज्ञान स्थूल प्रकार का होते हुए भी तथ्यपूर्ण है। उन्हें जो कुछ पता है उसके बारे में वे स्थिर मति हैं। दोष उनका है जो उनके ज्ञान के साथ अपना समीकरण नहीं कर पाते।

☆☆☆

III

श्री रवि का जन्म पटना के एक धनी परिवार में हुआ था। उनकी शिक्षा-दीक्षा अंग्रेजी माध्यम से हुई और उन्होंने पटना से बी०ए० पास किया। अन्तर्राष्ट्रीय संबंध विषय लेकर एम०ए० करने के विचार से वे जवाहरलाल नेहरू विश्वविद्यालय में प्रविष्ट हुए। उन्होंने सिविल सेवा के लिए अपना इण्टरव्यू दिया।

श्री रवि   : श्रीमान्, क्या मैं अन्दर आ सकता हूं?

अध्यक्ष   : आइए, बैठिए।

श्री रवि   : धन्यवाद (बैठता है)।

अध्यक्ष   : पटना में तो अच्छा विश्वविद्यालय है, आप जवाहरलाल नेहरू विश्वविद्यालय में कैसे आए?

श्री रवि   : अन्तर्राष्ट्रीय संबंध संकाय जितना अच्छा यहां का है, पटना का नहीं। फिर पटना विश्वविद्यालय की वह ख्याति नहीं रही जो कभी हुआ करती थी।

अध्यक्ष   : वहां व्याप्त अनुशासनहीनता का क्या रहस्य है, पटना विश्वविद्यालय में आए दिन हत्याएं तक कराई जाती हैं। इनके पीछे कौन-सी शक्तियां काम कर रही हैं?

श्री रवि   : ऐसा विभिन्न राजनीतिक दल करते हैं और विश्वविद्यालय के क्षेत्र में उनके पिछलग्गू विद्यार्थी संघ करते हैं।

अध्यक्ष   : इससे राजनीतिक दलों को क्या मिलता है?

श्री रवि   : विश्वविद्यालय में चुनाव से पहले की अवधि में उनके समर्थक उनके लिए अपनी एक जुझारू शक्ति बना लेते हैं।

अध्यक्ष   : राजनीतिज्ञों के अपने बच्चों की शिक्षा का क्या प्रबन्ध है?

श्री रवि   : उनको कोई फर्क नहीं पड़ता, उन्हें आमतौर से दिल्ली के कॉलेजों में पढ़ने के लिए भेजा जाता है।

अध्यक्ष   : अच्छा, यह भी विचित्र बात है, अपने बच्चों को पढ़ने के लिए दिल्ली भेजो ताकि अच्छी शिक्षा प्राप्त कर सकें और चुनावी सुविधा के लिए पटना विश्वविद्यालय में अशान्ति बनाए रखो।

श्री रवि	:	ऐसा बहुत होता है।
अध्यक्ष	:	यदि कानूनन ऐसा संभव हो तो क्या आप चाहेंगे कि पटना के राजनीतिज्ञों के बच्चे केवल पटना में ही पढ़ें और वे दिल्ली पढ़ने के लिए नहीं जा सकें, ऐसा कानून बना दिया जाए?
श्री रवि	:	ऐसा होना चाहिए किन्तु इससे कुछ प्रतिभाशाली छात्रों के प्रति अन्याय होगा जो पटना से बाहर रहकर अध्ययन करना चाहते हैं।
अध्यक्ष	:	हम ऐसे लोगों के लिए जवाहरलाल नेहरू विश्वविद्यालय में कुछ स्थान रिक्त छोड़ सकते हैं। चलो, छोड़ो इस विवाद को।
पहला सदस्य	:	यदि यह नियम बना दिया जाए कि कोई भी व्यक्ति जो भारतीय प्रशासनिक सेवा में लिया जाएगा उसको अपने राज्य में तैनात नहीं किया जाएगा तो आप क्या करेंगे?
श्री रवि	:	जी।
पहला सदस्य	:	आपने मेरे प्रश्न का उत्तर नहीं दिया। क्या आप भारतीय प्रशासनिक सेवा के अधिकारी के रूप में आना पसन्द करेंगे यदि आपको अपने राज्य से बाहर तैनात किया जाता है?
श्री रवि	:	मुझे कोई आपत्ति नहीं होगी यदि मुझे उत्तर प्रदेश या मध्य प्रदेश में तैनात किया जाता है।
पहला सदस्य	:	ये तो आस-पास के ही हिन्दी भाषी राज्य हैं। आपको यदि केरल या तमिलनाडु में तैनात किया जाए तो क्या आपको कोई आपत्ति होगी?
श्री रवि	:	कोई नहीं, सिवाय इसके कि एक नई भाषा सीखनी पड़ेगी।
पहला सदस्य	:	यदि भारतीय विदेश सेवा के अधिकारी चीनी, जापानी, रूसी सीख सकते हैं तो फिर आपको भारतीय भाषा सीखने में कठिनाई क्यों होगी। खैर, अब मैं दूसरे सदस्य से कहता हूं कि वह आपसे बातचीत करें।
दूसरा सदस्य	:	रवि जी! आपने अन्तर्राष्ट्रीय संबंधों का विशेष अध्ययन किया है, क्या आप बता सकते हैं कि चीन के राष्ट्रपति की अमेरिकी यात्रा के बाद अब चीन और अमेरिका क्यों दोस्त बनने के इच्छुक हो रहे हैं?
श्री रवि	:	इसका मुख्य कारण यह है कि दोनों देशों ने व्यापारिक तनाव घटाने और ईरान व उत्तरी कोरिया की परमाणु महत्त्वाकांक्षा पर लगाम रखने के लिए एक साथ काम करने पर सहमति व्यक्त की है तथा दोनों देश आपस में परमाणु अप्रसार में सहयोग बढ़ाने के इच्छुक हैं।
पहला सदस्य	:	क्या इसका प्रभाव भारत-चीन संबंधों पर भी पड़ा है?
श्री रवि	:	मैं ऐसा नहीं कह सकता।

दूसरा सदस्य	:	ऐसा क्यों नहीं कह सकते। अमेरिका, पाकिस्तान की भी मदद कर रहा है। वह चीन की भी मदद कर रहा है ताकि वह हमारे ऊपर निगरानी रखे।
श्री रवि	:	अब मैंने समझा कि पाकिस्तान और चीन को सामरिक क्षेत्र में अमेरिका द्वारा जो मदद दी जा रही है उसे भारत ने क्यों पसन्द नहीं किया।
तीसरा सदस्य	:	शिक्षितों की बेकारी की समस्या को हम कैसे हल कर सकते हैं?
श्री रवि	:	इस समस्या को औद्योगिकरण का विस्तार करके हल किया जा सकता है।
तीसरा सदस्य	:	बिहार की भूमि उर्वरा है, खूब पानी की व्यवस्था है तथा धूप के दिन भी काफी होते हैं—फिर भी वहां गरीबी है, आपकी क्या राय है?
श्री रवि	:	जहां तक मेरी समझ है वहां कृषि का आधुनिकीकरण करना होगा, जिसमें बिहार के विकास के लिए काफी धनराशि की आवश्यकता पड़ेगी फलतः शिक्षित बेकारों की समस्या के हल का समाधान भी निकल आएगा।
तीसरा सदस्य	:	यह संभव तभी लगता है जब क्षेत्रवाद, जातिवाद और भ्रष्टाचार का पूर्णरूपेण खात्मा हो जाएगा। क्या ऐसा हो सकता है?
श्री रवि	:	यह फिलहाल तो सम्भव प्रतीत नहीं होता।
तीसरा सदस्य	:	क्यों?
श्री रवि	:	क्योंकि विधायक और प्रशासक दोनों ही इस मनोवृत्ति को भुनाने में लगे हुए हैं।
चौथा सदस्य	:	हमने पहले ही आपका काफी समय ले लिया है। क्या आप ऐसा समझते हैं कि अधिक विवाद और हिंसा के कार्य ग्रामीण क्षेत्र में ही घटित होते हैं।
श्री रवि	:	ऐसा ही लगता है।
अध्यक्ष	:	धन्यवाद, रवि जी, अब आप जा सकते हैं। (श्री रवि बाहर आते हैं)

> **टिप्पणी :** सभी प्रकार के प्रश्नों के लिए समान समय देना कभी-कभी संभव नहीं हो पाता। यहां ऐसा लगता था कि बिहार की समस्या को लेकर उसका विश्लेषण करने में बोर्ड के सदस्य भी रुचि ले रहे थे। श्री रवि ने जो उत्तर दिए विवेकपूर्ण तथा बुद्धिमत्तापूर्ण थे। फिर भी, दक्षिण भारत में तैनाती को लेकर उन्होंने जो अरुचि दिखाई वह एक आई॰ ए॰ एस॰ अधिकारी के लिए अच्छी नहीं कही जा सकती। उसका दृष्टिकोण उदार होना चाहिए। रोजगार की समस्या को हल करने के लिए उन्होंने औद्योगिकरण एक मात्र हल बताया जो काफी नहीं है, क्योंकि आधुनिक उद्योग पूंजी प्रधान हैं जिनमें काफी धन लगाना पड़ता है और इसमें श्रमिकों की अधिक आवश्यकता नहीं पड़ती।

☆ ★ ☆

IV

श्री नीरेन्दु शर्मा का जन्म लखनऊ में हुआ था। सीनियर कैम्ब्रिज की परीक्षा पास करके आई॰आई॰टी॰ कानपुर में प्रविष्ट हुए और वहां से रासायनिक इंजीनियरी में स्नातक की उपाधि प्राप्त की। वे भारतीय प्रशासनिक सेवा के इण्टरव्यू में भाग ले रहे हैं।

श्री शर्मा : क्या मैं अन्दर आ सकता हूं?

अध्यक्ष : आइए, आइए, बैठिए।

श्री शर्मा : धन्यवाद (बैठते हैं)।

अध्यक्ष : मैं देखता हूं कि एक ऐच्छिक विषय के रूप में आपने रसायन शास्त्र नहीं लिया।

श्री शर्मा : मैं ऐसा इसलिए नहीं कर सका क्योंकि सिविल सेवा परीक्षा के दो पर्चे उस रसायन शास्त्र से सर्वथा भिन्न हैं जो मैंने आई॰ आई॰ टी॰ में पढ़े थे। आई॰ आई॰ टी॰ विज्ञान के जो भी विषय पढ़ाए जाते हैं उनका झुकाव व्यावहारिक इंजीनियरी की ओर अधिक रहता है।

पहला सदस्य : इस परीक्षा के लिए आप इतिहास और राजनीति विज्ञान का अध्ययन करने के लिए कैसे उन्मुख हुए?

श्री शर्मा : श्रीमान, मेरे पिताजी लखनऊ विश्वविद्यालय में इतिहास के प्रोफेसर हैं। इसलिए अच्छे मार्गदर्शन की सुविधा रही। आई.टी.आई में होने पर भी इतिहास वास्तव में मेरे लिए अपरिचित विषय नहीं था।

पहला सदस्य : जब आप सिविल सेवा के लिए इच्छुक थे तो आप आई॰ आई॰ टी॰ में क्यों गए?

श्री शर्मा : जब मैंने आई॰ आई॰ टी॰ में प्रवेश लिया तो मेरी इच्छा इंजीनियर बनने की थी। काफी देर बाद मैंने अपना इरादा बदल लिया।

दूसरा सदस्य : मैं देख रहा हूं कि आई॰ आई॰ टी में आपका परीक्षा परिणाम बहुत अच्छा रहा है फिर आपको इंजीनियर के कार्य से वितृष्णा क्यों हो गई?

श्री शर्मा : मुझे इंजीनियरी कार्य से वितृष्णा नहीं है। जब मैंने आई॰ आई॰ टी॰ में प्रवेश लिया था तो मेरी आयु केवल सोलह वर्ष की थी। बाद में मैंने

देखा कि इंजीनियर बनने से वह मान प्रतिष्ठा मुझे नहीं मिल सकती जो आई॰ ए॰ एस॰ अधिकारी बनने से मिल सकती है, इसलिए मेरी रुचि इस ओर हो गई।

दूसरा सदस्य : जैसा कि कई अन्य देशों में होता है एक इंजीनियर को अधिक मान-सम्मान तथा वेतन मिलता है। मान लीजिए भारत में ऐसा हो जाए तो आप क्या फिर भी सिविल सेवा में आना चाहेंगे?

श्री शर्मा : सामाजिक स्तर, वेतन, भावी पदोन्नति ये तो केवल एक पक्ष हैं। बात यह है कि वरिष्ठ और सुयोग्य होने पर भी इंजीनियर के ऊपर आई॰ ए॰ एस॰ अधिकारी का वर्चस्व होता है। यदि यह वर्चस्व खत्म कर दिया जाए तो मैं तकनीकी कार्य इंजीनियरी को जरूर वरीयता दूंगा।

तीसरा सदस्य : ऐसा लगता है कि पर्यटन तथा मनोरम प्राकृतिक दृश्य देखना आपकी अभिरुचि (Hobby) है, क्या यह खर्चीली हॉबी नहीं है?

श्री शर्मा : आई॰ आई॰ टी॰ भ्रमण दलों के साथ जाने में यह मुझे थोड़ी सस्ती पड़ जाती थी। कभी-कभी मैं अपने पिताजी के साथ भी जाता रहा हूं, जब वे उत्तर प्रदेश से बाहर जयपुर, पटना अथवा भोपाल जाते थे।

तीसरा सदस्य : क्या आपने कश्मीर देखा है?

श्री शर्मा : जी हां।

तीसरा सदस्य : कश्मीर को अपने कब्जे में रखने के लिए भारत को क्या-क्या अधिकार प्राप्त हैं?

श्री शर्मा : कश्मीर के महाराजा ने विलय पत्र पर हस्ताक्षर किए थे।

तीसरा सदस्य : लेकिन हैदराबाद के निजाम, जूनागढ़ के नवाब ने तो विलय पत्र पर हस्ताक्षर नहीं किए थे।

श्री शर्मा : लेकिन वहां के नागरिक तो भारत में रहना चाहते थे।

तीसरा सदस्य : यही बात है। इसका मतलब हुआ कि जनता की इच्छा कानूनी अधिकारों की अपेक्षा अधिक महत्त्व रखती है। क्या आप यह सिद्धान्त कश्मीर पर भी लागू करना चाहेंगे?

श्री शर्मा : मैं क्या कह सकता हूं किन्तु 1947 में जब पाकिस्तानी छापामार कश्मीर घाटी में आए तो वहां की जनता ने चाहे मुसलमान हों या हिन्दू सभी ने मिलकर उनका प्रतिरोध किया और वे सभी भारत के साथ रहने के लिए लालायित रहे।

तीसरा सदस्य : जनमत की अभिव्यक्ति किस प्रकार हुई?

श्री शर्मा	:	मैं कह नहीं सकता, क्योंकि मुझे पता नहीं है।
तीसरा सदस्य	:	वहाँ की जनता ने अपनी कार्य प्रणाली तथा व्यवहार से यह दर्शा दिया था कि वे छापामारों का विरोध करते हैं और उन्हें निकाल बाहर कर देना चाहते हैं। उनके निर्विवाद नेता शेख अब्दुल्ला ने भी महाराजा के निर्णय का स्वागत किया था।
चौथा सदस्य	:	समाजवाद के बारे में आप क्या जानते हैं?
श्री शर्मा	:	यह कार्ल मार्क्स द्वारा दिया गया सिद्धान्त है। उसके अनुसार उद्योगों पर पूरे समाज का नियंत्रण होना चाहिए न कि कुछ पूंजीवादियों का। यही सिद्धान्त समाजवाद कहलाता है।
चौथा सदस्य	:	क्या आप मुंबई धमाके (2001) के शहीदों के बारे में कुछ शब्द कहेंगे।
श्री शर्मा	:	श्रीमान् मुम्बई में हमारे जवानों ने अपनी बहादुरी का जो सबूत दिया है वह अपने आप में एक मिसाल है। जिस बहादुरी से हमारे जवानों ने तथाकथित पाकिस्तानी आतंकवादियों को अपने प्राणों की आहूति देकर भगाया वह एक अमिट कहानी है। उनके इस बलिदान से हमें देश भक्ति और अपने देश की रक्षा की प्रेरणा मिलती है।
तीसरा सदस्य	:	आपके विचार में कश्मीरी लोगों का तालिबानी संस्कृति के प्रति क्या रवैया है?
श्री शर्मा	:	कश्मीरियों का पालन पोषण सूफी-पंडित परिवेश में हुआ है जिसमें हिन्दू-मुस्लिम एकता और भाई-चारे की झलक मिलती है इसीलिए वह कट्टरपंथी तालिबानी संस्कृति को स्वीकार नहीं करते।
चौथा सदस्य	:	क्या आप जानते हैं कि भूटान के साथ हमारी संधि की क्या शर्तें हैं?
श्री शर्मा	:	जी नहीं।
अध्यक्ष	:	ठीक है शर्माजी, अब आप जा सकते हैं।
श्री शर्मा	:	धन्यवाद (बाहर आते हैं)

> **टिप्पणी :** यह एक अच्छे इण्टरव्यू का उदाहरण है किन्तु श्री शर्मा को यह पता नहीं था कि कश्मीर में 1947 में क्या हुआ था और न उन्हें भूटान के बारे में पता है। उन्होंने अपने उत्तर सच्चाई से दिए और बताया कि उनकी रुचि आई॰ ए॰ एस॰ में क्यों है और वे इंजीनियरिंग में क्यों नहीं जाना चाहते। उन्होंने इतिहास और राजनीति विज्ञान को एक विषय के रूप में लेने के बारे में जो बातें कहीं वे तर्कपूर्ण थीं। अगर वे कश्मीर पर केवल कानूनी अधिकार की बात कहते तो यह दलील बहुत सशक्त न होती।

✩ ✩ ✩

V

श्री अख्तर अब्बास का जन्म ग्वालियर में हुआ था। उनकी आरंभिक शिक्षा सिंधिया पब्लिक स्कूल में हुई। बाद में वे इलाहाबाद विश्वविद्यालय में अध्ययन के लिए गए। उन्होंने अर्थशास्त्र में एम॰ए॰ किया, उनका इण्टरव्यू भारतीय आर्थिक सेवा के लिए लिया गया।

श्री अब्बास : क्या मैं अन्दर आ सकता हूं?

अध्यक्ष : आइए श्री अब्बास, बैठिए।

श्री अब्बास : धन्यवाद (बैठते हैं)।

अध्यक्ष : संघ लोक सेवा आयोग में क्या यह आपका पहला इण्टरव्यू है?

श्री अब्बास : जी हां।

अध्यक्ष : आपका पता अभी भी इलाहाबाद विश्वविद्यालय का है, आप वहां क्या करते हैं?

श्री अब्बास : मैं वहां इतिहास से एम॰ ए॰ कर रहा हूं।

अध्यक्ष : क्यों?

श्री अब्बास : मुझे सिविल सेवा में दो विषय ऐच्छिक लेने थे।

पहला सदस्य : ऊंची सरकारी सेवाओं में मुसलमान काफी कम संख्या में हैं। क्या आपने कभी इसका विश्लेषण किया है।

श्री अब्बास : भारत के मुसलमानों ने सामुदायिक रूप से शिक्षा की ओर बहुत कम ध्यान दिया है। अन्य अल्पसंख्यकों जैसे—सिख, पारसी, इसाईयों की तुलना में ऊँची शिक्षा प्राप्त करने में इनका औसत काफी कम है।

पहला सदस्य : क्या मुसलमानों के साथ कोई भेद-भाव बरता जाता है?

श्री अब्बास : सरकारी सेवाओं में जहां खुली प्रतियोगिता के आधार पर चयन होता है, कोई प्रतिबंध नहीं है किन्तु दुर्भाग्य से निजी क्षेत्र के उपक्रमों में भेद-भाव है।

पहला सदस्य : यह भेदभाव केवल मुसलमानों के साथ है अथवा जातिगत, धर्मगत या समुदाय के साथ भी है?

श्री अब्बास	:	आप ठीक फरमाते हैं। विभिन्न उपक्रमों के मालिक अपने उद्योग में अपनी ही जाति के लोगों को काम में रखना पसन्द करते हैं। मुसलमानों के स्वामित्व के कुछ बड़े व्यापारिक प्रतिष्ठानों में भी उपेक्षा की जाती है।
पहला सदस्य	:	मैं मानता हूं। कभी-कभी लोग अपने क्षेत्र वालों को ही वरीयता देते हैं जैसे—इन्दौर, भोपाल, लखनऊ, दिल्ली में स्थापित उद्योगों में आस-पास के लोगों को ज्यादा महत्त्व दिया जाता है।
श्री अब्बास	:	ऐसा पहले होता रहा है, यह उतना बुरा भी नहीं है।
दूसरा सदस्य	:	क्या बैंकों का राष्ट्रीयकरण करना उचित कदम था?
श्री अब्बास	:	सरकारी दृष्टिकोण से सही कदम था क्योंकि सरकार कमजोर लोगों को अधिक कर्ज कम ब्याज दर पर देने के लिए कहती है।
दूसरा सदस्य	:	लेकिन खातेदार ज्यादा खुश नहीं हैं।
श्री अब्बास	:	यह सच है, क्योंकि बैंकों में अब अकुशलता बढ़ती जा रही है।
दूसरा सदस्य	:	क्या बैंकों का राष्ट्रीयकरण किए बिना भी सरकार के पास अपने उद्देश्यों को प्राप्त करने का कोई तरीका था?
श्री अब्बास	:	क्षमा करें, मुझे ज्ञात नहीं है।
दूसरा सदस्य	:	क्या आपने पढ़ा है कि रिजर्व बैंक के पास ऐसी कौनसी शक्तियां तथा निर्देश देने के अधिकार हैं जो वह बैंकों को जारी कर सकता है?
श्री अब्बास	:	मैं सही-सही नहीं बता सकता।
तीसरा सदस्य	:	मध्य प्रदेश की क्या विशेषता है?
श्री अब्बास	:	मध्य प्रदेश में सबसे ज्यादा हवाई अड्डे हैं।
तीसरा सदस्य	:	आप वहां की अनुसूचित जन-जातियों के बारे में क्या जानते हैं?
श्री अब्बास	:	मैं यह बताना भूल गया कि मध्य प्रदेश में बसने वाली अनुसूचित जन-जातियों की जनसंख्या सबसे ज्यादा है। इन जातियों पर राष्ट्रीय प्रगति का कोई खास प्रभाव नहीं पड़ा।
तीसरा सदस्य	:	किन्तु योजना आयोग ने तो इनके लिए विपुल मात्रा में धन राशि खर्च करने की स्वीकृति प्रदान की है।
श्री अब्बास	:	शायद इस धनराशि का सही उपयोग नहीं किया जा रहा है और भ्रष्टाचार के कारण बहुत-सा धन व्यर्थ जा रहा है।
तीसरा सदस्य	:	हम लोग इस भ्रष्टाचार तथा बर्बादी को रोकने के लिए क्या कर सकते हैं?

श्री अब्बास : यह एक जटिल प्रश्न है। आम धारणा यह है कि राजनीतिज्ञों तथा अधिकारियों के बीच सही तालमेल नहीं हो पा रहा है और दूरियां बढ़ती जा रही हैं।

चौथा सदस्य : अमेरिका द्वारा इराक पर अपनाई गई नीति पर आप के क्या विचार हैं?

श्री अब्बास : अमेरिका द्वारा इराक पर अपनाई गई नीति मेरी समझ से पूरी तरह असफल साबित हो रही है। स्वयं अमेरिका के अन्दर इराक नीति के दुष्परिणाम सामने आने के साथ ही चौतरफा असंतोष बढ़ रहा है। इराक में कठपुतली सरकार के माध्यम से तथाकथित प्रजातंत्र की स्थापना करने, इराक के आर्थिक संसाधनों विशेषकर तेल का दोहन करने तथा इराक को केन्द्र में रखकर अरब जगत् के लिए नई नीति व व्यवस्था को लागू करने का उसका सपना पूरी तरह असफल सिद्ध हो गया है।

चौथा सदस्य : क्या आप जानते हैं कि मध्य प्रदेश में कौन-से ऐसे मुख्यमंत्री हुए हैं जो पूरी अवधि तक अपने पद पर बने रहे हैं?

श्री अब्बास : श्री अर्जुन सिंह और दिग्विजय सिंह; अन्य यदि कोई हो तो उसका मुझे पता नहीं है।

चौथा सदस्य : डॉ॰ कैलाशनाथ काटजू तीसरे ऐसे मुख्यमंत्री थे।

अध्यक्ष : यदि आपको भारतीय आर्थिक सेवा में ले लिया जाता है तो क्या आप फिर भी भारतीय प्रशासनिक सेवा के लिए अपना प्रयास जारी रखेंगे।

श्री अब्बास : जी हां साहब, मैं प्रयास अवश्य करूंगा।

अध्यक्ष : आर्थिक सेवा में रहकर आप कैसे तैयारी कर पाएंगे?

श्री अब्बास : मेरी तैयारी तो पूरी हो चुकी है यदि जरूरी हुआ तो मैं दो महीने की छुट्टी लेकर आवश्यक विषयों को दोहरा लूंगा।

अध्यक्ष : धन्यवाद, अब आप जा सकते हैं।

(उम्मीदवार कमरे से बाहर आता है।)

टिप्पणी : कुल मिलाकर यह एक अच्छा इण्टरव्यू था। श्री अब्बास ने अपनी सुविधा, सन्तुलन और उद्देश्य को भली प्रकार प्रस्तुत किया। श्री अब्बास की कमजोरी यही रही कि वे अपने ही राज्य मध्य प्रदेश की गतिविधियों से भली प्रकार परिचित नहीं थे, किन्तु यह क्षम्य है क्योंकि वे काफी समय से इलाहाबाद विश्वविद्यालय में अध्ययनरत् रहे।

✰ ✰ ✰

VI

श्री के॰एस॰ अय्यर का जन्म मदुरै में हुआ था। उनकी आरम्भिक शिक्षा मदुरै में तमिल माध्यम से शुरू हुई। बाद में 10 वर्ष की आयु में वे अंग्रेजी माध्यम से चेन्नई में पढ़ने लगे। उन्होंने इतिहास विषय लेकर बी॰ए॰ ऑनर्स किया और राजनीति विज्ञान में एम॰ए॰ परीक्षा उत्तीर्ण की। उनका यह इण्टरव्यू सिविल सेवा परीक्षा के लिए है।

श्री अय्यर : क्या मैं अन्दर आ सकता हूं?

अध्यक्ष : आइए अय्यर जी, बैठिए।

श्री अय्यर : धन्यवाद (बैठते हैं)।

अध्यक्ष : आपके पिताजी ने आपके शिक्षा माध्यम को तमिल से अंग्रेजी क्यों कराया?

श्री अय्यर : चेन्नई में अंग्रेजी माध्यम सुविधाजनक है। इसलिए जब मेरे पिताजी का स्थानांतरण मदुरै से चेन्नई हुआ तो उन्होंने अवसर का लाभ उठाकर मुझे अंग्रेजी माध्यम के विद्यालय में प्रवेश दिला दिया।

पहला सदस्य : तमिलनाडु में सन् 1965 में एक आवेग शुरू हुआ था जो तमिल के पक्ष तथा हिन्दी-अंग्रेजी के विरोध में था। इस विरोध का क्या परिणाम हुआ?

श्री अय्यर : सन् 1965 में यह आवेग एक ज्वार बन गया क्योंकि सन् 1967 में कांग्रेस की भारी हार भाषाई आन्दोलन को लेकर हुई थी और द्रविड़ मुनेत्र कड़गम् पार्टी सत्ता में आ गई। फिर जल्दी ही अंग्रेजी का विरोध समाप्त हो गया। शिक्षित अभिभावकों ने शीघ्र ही यह अनुभव किया कि अंग्रेजी शिक्षा के बिना अच्छी नौकरी पाना और अच्छे विषय पढ़ना असम्भव है। हां! हिन्दी का प्रश्न उठता है तो लोग तमिल पढ़ना चाहते हैं और जब तमिल और अंग्रेजी का प्रश्न आता है तो लोग अंग्रेजी को वरीयता देते हैं।

पहला सदस्य : क्या एक ऐसा आन्दोलन भी चल रहा है कि तमिल में प्रचलित संस्कृत शब्दों की जगह केवल तमिल शब्द ही व्यवहार में लाए जाएं?

श्री अय्यर : इसका पुराना इतिहास है जो ब्राह्मणों, उत्तर भारत, संस्कृत तथा हिन्दी विरोध का एक भाग है। वस्तुतः द्रविड़ कड़गम तथा उसकी रोज-रोज बनने वाली द्रविड़ मुनेत्र कड़गम, अन्ना द्रविड़ मुनेत्र कड़गम जैसी शाखाएं हैं जिनका उद्देश्य हिन्दी का विरोध करना है। इनको कुछ सफलता मिली है किन्तु इन दोनों दलों के नेताओं के नाम संस्कृत महाकाव्य रामायण और महाभारत के आधार पर हैं।

पहला सदस्य : क्या इस विरोध के मूल में सत्ता का लोभ भी मुख्य कारण है?

श्री अय्यर : पूरी तरह तो नहीं कह सकते। उनकी इच्छा यह सिद्ध करने की है कि तमिल अधिक प्राचीन और समृद्ध भाषा है।

दूसरा सदस्य : आप इतिहास के भी विद्यार्थी रहे हैं। क्या आप ऐसा समझते हैं कि पहले के अनेक इतिहासकारों ने उत्तर की अपेक्षा दक्षिण की ओर बहुत कम ध्यान दिया है?

श्री अय्यर : यह कथन आंशिक रूप से सत्य कहा जा सकता है। दक्षिण भारत की भाषाओं से अपरिचित होने के कारण उन्हें दक्षिण भारत के इतिहास का अधिक पता नहीं था फिर भी यह तो मानना ही पड़ेगा कि शासन शक्ति का केन्द्रीकरण सदैव उत्तर में रहा है यद्यपि दूर दक्षिण तक कई साम्राज्य नहीं पहुंच सके थे।

दूसरा सदस्य : औरंगजेब, मुग़ल साम्राज्य के पतन का मुख्य दोषी था अथवा आंशिक दोषी?

श्री अय्यर : मैंने औरंगजेब के शासनकाल का गहराई से अध्ययन नहीं किया है क्योंकि मैंने आधुनिक भारत के इतिहास के विशेष अध्ययन को वरण किया था। यह जरूर है कि हिन्दुओं का एक बहुत बड़ा भाग उसकी कट्टर धर्मांधता से क्षुब्ध था। वह अपने पूर्वज अकबर, जहांगीर और शाहजहां की नीतियों से हट कर शासन कर रहा था।

तीसरा सदस्य : राष्ट्रीय आन्दोलन में अनेक नेता महात्मा गांधी से कहीं अधिक तीक्ष्ण बुद्धि तथा सुयोग्य थे फिर भी गांधीजी को ही सफलता क्यों मिली?

श्री अय्यर : गांधी जी से पहले के अधिकांश नेता तीक्ष्ण बुद्धि भले रहे होंगे लेकिन वे अंग्रेजी के माध्यम से अपने विचारों की अभिव्यक्ति करते थे जिसका लाभ केवल कुछ अंग्रेजी पढ़े-लिखे विशिष्ट व्यक्तियों को ही मिल पाता था।

तीसरा सदस्य : सन् 1947 से पहले कई ऐसे नेता थे जो हिन्दी तथा अपनी क्षेत्रीय भाषाएं अच्छी तरह बोल लेते थे और वे हमेशा समाज को जागृत होने की प्रेरणा भी देते थे फिर भी उनका कोई विशेष सम्मान नहीं था। क्यों?

तीसरा सदस्य	:	शायद यह कारण रहा होगा कि वे एक सन्त की तरह रहने लगे थे।

तीसरा सदस्य : अब भी कई ऐसे राजनेता हैं जो सन्तों जैसा जीवन बिताते हैं फिर भी उन्हें गांधी जी जैसी सफलता नहीं मिल सकी। क्यों?

श्री अय्यर : मैं यह अनुभव करता हूं कि सन्तों जैसे कपड़े पहनने और ऊंचे आदर्शों से युक्त भाषण देने से कोई व्यक्ति लोकप्रिय नहीं हो जाता और न श्रोताओं को प्रभावित कर पाता है।

तीसरा सदस्य : मेरे विचार से गांधी और दूसरे नेताओं में मुख्य अन्तर यह रहा है कि गांधी जी की कथनी और करनी में अन्तर नहीं था। उनका व्यक्तित्व विश्वास का साकार स्वरूप था।

श्री अय्यर : मैं पूरी तरह आपसे सहमत हूं। उनकी विश्वसनीयता ही उनकी सफलता का रहस्य था।

चौथा सदस्य : राष्ट्रमंडल क्या है?

श्री अय्यर : यह सम्प्रभु एवं स्वतंत्र राष्ट्रों का एक महत्त्वपूर्ण संगठन है जो सदस्यता की दृष्टि से संयुक्त राष्ट्र, गुटनिरपक्ष आन्दोलन व ग्रुप-77 के पश्चात् चौथा बड़ा संगठन है। सर्वप्रथम ग्रेट ब्रिटेन तथा उसके साम्राज्य के अन्तर्गत औपनिवेशिक राज्य एवं प्रदेशों को मिलाकर एक ब्रिटिश राष्ट्रमंडल बनाने का निर्णय 1926 के साम्राज्यीय सम्मेलन में किया गया था। यह ब्रिटिश कॉमन वेल्थ वर्तमान में 1949 से राष्ट्रमंडल (कॉमनवेल्थ) कहलाता है। अब इस संगठन में ऐसे राज्य भी सम्मिलित हैं जोकि उपनिवेश न होकर पूर्ण स्वतंत्र गणतंत्र हैं। इसका अध्यक्ष प्रतीक के रूप में ब्रिटेन का राजा या रानी होता है। बहुत से ऐसे राष्ट्र भी हैं जो ब्रिटिश उपनिवेश रहे थे लेकिन इसके सदस्य नहीं हैं। वर्तमान में कुल 53 राष्ट्र इसके सदस्य हैं।

चौथा सदस्य : अन्तर्राष्ट्रीय पुलिस संगठन जिसे इंटरपोल भी कहा जाता है के बारे में आप क्या जानते हैं?

श्री अय्यर : यह संगठन 1923 में स्थापित इंटरनेशनल क्रिमिनल पुलिस कमीशन के आधार पर 1956 में बना। इसका उद्देश्य सदस्य राष्ट्रों की पुलिस गतिविधियों पर परस्पर सहयोग करना है। इसके 100 से अधिक सदस्य राष्ट्र हैं। पहले इसका मुख्यालय पेरिस (फ्रांस) में था। 1986 में एक बम विस्फोट के पश्चात् इसका मुख्यालय पेरिस से हटाकर फ्रांस के लियॉन्स में स्थानान्तरित कर दिया गया है।

अध्यक्ष : क्या आप इस बात से सहमत हैं कि भारतीय प्रशासनिक सेवा के अधिकारियों को उनके अपने राज्य में तैनात न किया जाए?

श्री अय्यर : आज की परिस्थितियों में भारतीय प्रशासनिक सेवा के अधिकारियों को उनके राज्य में तैनात न करना ही अच्छा है।

अध्यक्ष : धन्यवाद, अब आप जा सकते हैं।

श्री अय्यर : धन्यवाद (बाहर आ जाते हैं)।

> **टिप्पणी :** इस उम्मीदवार ने एक प्रश्न जो गांधी जी से संबंधित था को छोड़ सभी प्रश्नों का उत्तर पूरी सूझ-बूझ तथा गहराई से दिया है। आधुनिक इतिहास का विशेष अध्येता होने के कारण भी उसे औरंगजेब के बारे में पूछे गए सवाल का जवाब यह कहकर नहीं देना चाहिए था कि इस बारे में उसका विशेष अध्ययन नहीं है। कुल मिलाकर यह अच्छा साक्षात्कार था। उसके अपने राज्य के बारे में उसका ज्ञान विशेष रूप से सराहनीय रहा।

☆ ☆ ☆

VII

श्री एस०के० पाटिल का जन्म गोवा में हुआ था। आरम्भ में उन्होंने मराठी माध्यम से गोवा में शिक्षा प्राप्त की। बाद में वे अपने पिताजी के साथ मुंबई आ गए और अंग्रेजी माध्यम से पढ़ने लगे। यहां उन्होंने अर्थशास्त्र विषय लेकर बी०ए० ऑनर्स किया तथा एम०ए० परीक्षा सांख्यकीय विषय लेकर उत्तीर्ण की। उनका यह इण्टरव्यू सिविल सेवा परीक्षा के बारे में है।

श्री पाटिल : क्या मैं अंदर आ सकता हूं?

अध्यक्ष : आइए! बैठिए।

श्री पाटिल : धन्यवाद (बैठते हैं)।

अध्यक्ष : क्या आप बता सकते हैं कि भारतीय रिजर्व बैंक की स्थापना कब हुई?

श्री पाटिल : भारतीय रिजर्व बैंक की औपचारिक स्थापना 1 अप्रैल 1935 को हुई थी।

अध्यक्ष : क्या आप भारतीय रिजर्व बैंक की भूमिका विस्तार से बता सकते हैं?

श्री पाटिल : रिजर्व बैंक केन्द्र सरकार, राज्य सरकारों, वाणिज्यिक बैंकों, राज्य सहकारी बैंकों और कुछ वित्तीय संस्थाओं के बैंकर के रूप में कार्य करता है। यह ऋण के समुचित उपयोग से मूल्यों में स्थिरता लाने के साथ-साथ उत्पादन बढ़ाने के लिए मुद्रा नीति तैयार करता है और उसे लागू करता है। विदेशी मुद्रा विनिमय बाजार में व्यवस्था बनाए रखने में भी महत्त्वपूर्ण भूमिका निभाता है और अंतर्राष्ट्रीय मुद्राकोष में भारत की सदस्यता के नाते सरकार के एजेंट के रूप में कार्य करता है।

पहला सदस्य : गोवा पर पुर्त्तगालियों का कितने समय तक शासन रहा। इस बारे में आप कुछ बता सकते हैं?

श्री पाटिल : मेरे विचार से करीब 250 वर्ष।

पहला सदस्य : आप गलत कहते हैं उन्होंने करीब 350 वर्ष तक गोवा पर शासन किया।

श्री पाटिल : कृपया क्षमा करें, मुझे याद आ गया कि वास्कोडिगामा 1498 ई० में भारत आया था और इसके बाद ही गोवा पर कब्जा हो गया था।

पहला सदस्य : आपका परिवार मुम्बई कब आया?

श्री पाटिल : सन् 1970 के आस-पास मेरा परिवार मुम्बई में बसने आया था।

पहला सदस्य	:	क्या आप बता सकते हैं कि आई.ए.एस. परीक्षा में मुम्बई के अधिकांश परीक्षार्थी क्यों सफल नहीं हो पाते?
श्री पाटिल	:	मेरी समझ में अच्छे प्रतिभावान युवक व्यापार तथा उद्योगों में अच्छी नौकरियों की तलाश करते हैं। वहाँ उन्हें आई॰ ए॰ एस॰ के वेतन से कहीं अधिक ऊंचा वेतन मिल जाता है।
दूसरा सदस्य	:	पाटिल जी, आप यह बताइए कि महाराष्ट्र की राजनीति में केवल एक ही जाति का वर्चस्व क्यों रहता है?
श्री पाटिल	:	दुर्भाग्य से 1947 के बाद महाराष्ट्र की राजनीति में जातीय प्रभाव बढ़ गया है। सन् 1920 तक और उसके आस-पास महाराष्ट्र की राजनीति ब्राह्मणों के हाथ में रही जो कि वहां की जनसंख्या का केवल 3% ही है। महाराष्ट्र के महान् नेता मुख्य रूप से ब्राह्मण ही थे। इतिहास को देखने से भी पता चलता है कि ब्रिटिश साम्राज्य की सुदृढ़ स्थापना हो जाने के बाद उच्च शिक्षा प्राप्त करने के लिए सर्वप्रथम ब्राह्मण ही विलायत गए और उन्होंने वहां शासन के सभी सूत्र हृदयंगम कर लिए। फिर भी ग्रामीण क्षेत्र में बहुत-सी कृषि भूमि मराठों के पास रही। इन लोगों ने समय की गति को पहचाना। दूसरी कृषक जाति कुम्बिस थी। दोनों मिलकर कुल जनसंख्या का 40% हो जाती है। इन लोगों का विधान सभा, ग्राम पंचायतों आदि में बहुमत हो गया है। अनेक मंत्री राजनेता तथा अधिकारी आज इस वर्ग से संबंध रखते हैं। इन्होंने कपास तथा गन्ने की खेती करके अच्छा पैसा कमाया है।
दूसरा सदस्य	:	1969 में कितने बैंकों का राष्ट्रीयकरण किया गया तथा दूसरी बार राष्ट्रीयकरण किस वर्ष में किया गया?
श्री पाटिल	:	1969 में 14 मुख्य बैंकों का राष्ट्रीयकरण किया गया तथा अन्य बैंकों का राष्ट्रीयकरण 1980 में दूसरे चरण में हुआ।
तीसरा सदस्य	:	आप सांख्यिकी के भी विद्यार्थी रहे हैं। भारत की आर्थिक-स्थिति विषयक आंकड़ों से आप कहाँ तक सहमत हैं?
श्री पाटिल	:	यह स्थिति ऐसी है जिसके बारे में राज्यों तथा केन्द्र के आंकड़ों का विधिवत् अध्ययन करने के पश्चात् ही कोई मन्तव्य प्रकट किया जाता है। राष्ट्रीय स्तर पर एकत्र की जाने वाली सूचनाएं निराधार नहीं कही जा सकती।
तीसरा सदस्य	:	भारत सरकार गरीबी की रेखा से नीचे रहने वाले लोगों के बारे में जो आंकड़े बताती है क्या आप उन पर विश्वास करते हैं?

| श्री पाटिल | : | कुछ साल पहले बताया गया था कि भारत की आबादी का 48% भाग गरीबी की रेखा से नीचे रह कर अपना जीवनयापन करता है लेकिन अब यह संख्या कम करके बताई जा रही है और कहा जाता है कि अब स्टैण्डर्ड बढ़ गया है। यहाँ आंकड़ों की सच्चाई संदेहास्पद है। हमारे यहाँ प्रति व्यक्ति केवल 2% वार्षिक आय में वृद्धि होती है। इस दर से आय में वृद्धि हो जाने से भारतीय जनसंख्या का स्तर नाटकीय ढंग से ऊँचा हो गया और वे गरीबी की रेखा से ऊपर आकर अच्छा जीवनयापन करने लग गये। यह कुछ विचित्र-सी बात लगती है। इसके अतिरिक्त राष्ट्रीय सम्पत्ति के असमान वितरण के कारण गरीब और अमीर के बीच का अन्तर प्रतिवर्ष बढ़ता जा रहा है। इसलिए मुझे विश्वास नहीं हो पाता कि गरीबी की रेखा से नीचे जीवन जीने वालों की संख्या में कमी हुई है। |

| चौथा सदस्य | : | क्या आप ऐसा नहीं सोचते कि पाकिस्तान हमारे लिए समस्याएं पैदा कर रहा है? |

| श्री पाटिल | : | पाकिस्तान बहुत ही परिष्कृत और आधुनिकतम कोटि के शस्त्रास्त्र बड़ी तेजी के साथ प्राप्त कर रहा है। इस प्रकार यह हमारे ऊपर दबाव डाल रहा है कि हम भी शस्त्रास्त्रों के संग्रह में अधिक धन खर्च करें। |

| चौथा सदस्य | : | यदि आप पाकिस्तान के नागरिक होते तो क्या आप भी उसी प्रकार सोचते? |

| श्री पाटिल | : | मैं कभी भी उस प्रकार नहीं सोचता और अब मैं ऐसा अनुभव करता हूं कि पाकिस्तान एक स्वतन्त्र देश है और वह जो भी पसन्द करता है उसे करने के लिए स्वतन्त्र है तथा हम भी जो पसन्द करते हैं उसे करने के लिए स्वतन्त्र हैं। |

| चौथा सदस्य | : | अमेरिका की इराक नीति को क्या आप सफल मानते हैं? अगर नहीं तो उसे अब क्या करना चाहिए? |

| श्री पाटिल | : | अमेरिका की इराक नीति पूरी तरह से असफल साबित हुई है। इसीलिए अमेरिकी राष्ट्रपति बराक ओबामा ने अगस्त 2010 में वहाँ से अपनी सेनाएं वापस बुलाकर 'ऑपरेशन इराकी-फ्रीडम' खत्म होने की घोषणा कर दी है। |

| अध्यक्ष | : | यदि आपको प्राइवेट सेक्टर में आई॰ ए॰ एस॰ से ज्यादा वेतन मिले तो क्या आप उसे वरीयता देंगे? |

श्री पाटिल : पैसे का जीवन में महत्त्व होता है, इसमें सन्देह नहीं किन्तु यह भी श्रीमान्
मानना होगा कि इस सेवा में पद की जो गरिमा है, अपने कार्य के प्रति
जो तोष है यह क्या कम है?

अध्यक्ष : धन्यवाद, अब आप जा सकते हैं।
(अभिवादन करके बाहर आ जाते हैं)

टिप्पणी : इस उम्मीदवार ने महाराष्ट्र के बारे में अपने ज्ञान का उत्कृष्ट प्रदर्शन किया किन्तु बाल्यकाल में जब वह गोवा में था उसके बारे में उसने कोई रुचि प्रदर्शित नहीं की। सांख्यिकी और गरीबी की रेखा के बारे में उसके निःसंकोच उत्तर प्रभावी रहे किन्तु पाकिस्तान के बारे में वह बहुत अधिक विषयनिष्ठ नहीं रहा। प्राइवेट क्षेत्र के उपक्रमों तथा भारतीय प्रशासन सेवा की तुलना करते हुए उसने निःसंकोच अपना जो उत्तर दिया वह औसत उत्तर से कहीं अधिक अच्छा माना जाएगा।

☆☆☆

VIII

श्री रामेश्वर कौल का जन्म जम्मू कश्मीर में हुआ था। उनकी आरम्भिक शिक्षा श्रीनगर में हुई। बाद में दिल्ली आ गए और यहां आकर कानून की उपाधि प्राप्त की। वे ''भारतीय संविधान तथा लोक इच्छा'' पर शोध कार्य करके पी०एच०डी० की उपाधि प्राप्त करना चाहते हैं। उन्होंने सिविल सेवा परीक्षा के लिए अपना इण्टरव्यू दिया।

श्री कौल	:	श्रीमान् ! क्या मैं अन्दर आ सकता हूं?
अध्यक्ष	:	आइए कौल जी, बैठिए।
श्री कौल	:	आपने अपना शोधग्रंथ प्रस्तुत कर दिया है?
अध्यक्ष	:	बस, अब वह पूरा होने वाला है।
श्री कौल	:	संसदीय लोकतंत्र में विधायकों को लोक इच्छा का प्रतिनिधि माना जाता है। क्या आप कोई ऐसा उदाहरण दे सकते हैं जब उन्होंने लोक इच्छा की उपेक्षा की हो?
श्री कौल	:	जम्मू-कश्मीर तथा पंजाब में घटित घटनाएं इसका उदाहरण हैं।
अध्यक्ष	:	आप जम्मू-कश्मीर के निवासी हैं। क्या आप बतायेंगे कि विधायक लोक इच्छा का प्रतिनिधित्व क्यों नहीं करते?
श्री कौल	:	जब लोक हित की जगह प्रतिनिधिगण आत्म हित तथा अलगाववाद की बात सोचने लगते हैं तो वे अपने गन्तव्य से भटक जाते हैं।
अध्यक्ष	:	कैसे? बताइये।
श्री कौल	:	स्वेच्छा से भारत में जम्मू कश्मीर के विलय को नकारा जा रहा है तथा सरेआम अनर्गल बातें कहीं जा रही हैं, क्या यह देशद्रोह नहीं है?
पहला सदस्य	:	क्या आप जानते हैं कि 1947 में गांधी जी के क्या विचार थे अब तत्कालीन महाराजा ने विलय पत्र पर हस्ताक्षर कर दिए थे?
श्री कौल	:	गांधी जी के विचार बिल्कुल स्पष्ट थे। उनका मत था कि जब वहाँ की अधिसंख्य जनता मुसलमान है तो हिन्दू शासक को विलय के मामले पर अपना निर्णय देने का कोई अधिकार नहीं है। गाँधी जी तभी संतुष्ट हुए जब वहाँ के जाने-माने नेता शेख अब्दुल्ला ने भी विलय का समर्थन किया।

पहला सदस्य	:	जो हवा चली है उसका सही हल क्या हो सकता है?

पहला सदस्य : जो हवा चली है उसका सही हल क्या हो सकता है?

श्री कौल : शासन को मजबूत, दृढ़ निश्चयी तथा निष्पक्ष बनाना ही एकमात्र उपाय है।

पहला सदस्य : भारतीय संविधान से धारा 370 हटा देने की मांग के बारे में आपका क्या दृष्टिकोण है?

श्री कौल : कम से कम इस समय तो यह बहुत ही अनुचित होगा। ऐसा करने से कश्मीर घाटी के मुसलमानों का राष्ट्रवादी प्रत्ययपत्र में विश्वास घट जाएगा। इससे उनको भावात्मक धक्का भी लगेगा किन्तु इसे सदैव बनाए रखना भी भूल होगी।

दूसरा सदस्य : क्या विश्व में कोई अन्य संविधान भी है जिसमें इस बात का स्पष्ट उल्लेख किया गया है कि विधायक सदैव लोक इच्छा का प्रतिनिधित्व नहीं कर सकते?

श्री कौल : स्विट्जरलैंड के संविधान में संवैधानिक संशोधन के लिए मतदान को अनिवार्य तथा अनेक कानूनों में संशोधन के लिए वैकल्पिक बताया गया है। यह दिलचस्प बात है कि मतदान द्वारा ऐसे संशोधन अस्वीकार किए जाने की दर बहुत अधिक है।

दूसरा सदस्य : क्या यह संभव है कि संविधान में संशोधन करने के लिए मतदान कराया जाए?

श्री कौल : लोग ऐसा सोचते हैं कि भारत में वह इसलिए संभव नहीं है क्योंकि यहां जागरूक मतदाताओं तथा अनपढ़ लोगों की संख्या काफी अधिक है। फिर भी हमारे देश में मतदाता काफी परिपक्व बुद्धि के हैं और महत्त्वपूर्ण परिवर्तन करने के लिए मतदान कराया जा सकता है। जैसे संसदीय शासन प्रणाली को यदि अध्यक्षात्मक प्रणाली में बदलना हो तो इसके लिए मतदान द्वारा ही जनता की सही राय जानी जा सकती है।

तीसरा सदस्य : क्या आपको इस तथ्य की जानकारी है कि दिल्ली तथा मुम्बई के छात्रों में हीरोइन का व्यसन बढ़ रहा है?

श्री कौल : हाँ, ऐसी सूचनाएं मिली थीं किन्तु सरकार इसके प्रति सजग है और इसे तेजी से दबाया जा रहा है।

तीसरा सदस्य : क्या आपने भारत में पर्यावरण प्रदूषण से होने वाले खतरों के बढ़ने के बारे में भी कुछ जानकारी प्राप्त की है?

श्री कौल : जी हां, वन विनाश के कारण होने वाले खतरों की मुझे जानकारी है।

तीसरा सदस्य	:	केवल एक ही खतरा नहीं है। क्या आप नदियों तथा झीलों के प्रदूषण के बारे में भी जानते हैं? श्रीनगर की डल झील, गंगा तथा यमुना का पानी भी प्रदूषित हो गया है। स्वचालित वाहन भी प्रदूषण फैलाते हैं।
श्री कौल	:	जी हां, मेरे माता-पिता बताते हैं कि तीन दशक पहले नदियों तथा झीलों का पानी बहुत शुद्ध था तथा पेट्रोल आदि से चलने वाले वाहन भी अधिक नहीं थे।
तीसरा सदस्य	:	क्या वनों की कटाई रोकी जा सकती है?
श्री कौल	:	अभी तक तो कोई उम्मीद दिखाई नहीं पड़ती लेकिन अगर सरकार और स्वयंसेवी संगठन इसे एक चुनौती के रूप में स्वीकार करें तो यह असंभव भी नहीं है।
तीसरा सदस्य	:	हमारे वनों की कटाई में भी भ्रष्टाचार पनप चुका है। यह भ्रष्टाचार ठेकेदार, वन विभाग के अधिकारी तथा राजनीतिज्ञ सभी कर रहे हैं। इस बारे में आपकी क्या राय है?
श्री कौल	:	जी हां, यह तो जगजाहिर तथ्य है।
चौथा सदस्य	:	भारतीय संविधान में पहला संशोधन कब किया गया और इसमें क्या प्रावधान हैं?
श्री कौल	:	भारतीय संविधान में पहला संशोधन 1951 में किया गया। इस संशोधन में संविधान के अनुच्छेद 19 में दिए गए वाक्-स्वातंत्र्य और अभिव्यक्ति स्वातंत्र्य के अधिकार तथा कोई वृत्ति, उपजीविका, व्यापार या कारोबार करने के अधिकार पर निर्बन्धन लगाने के कतिपय नए अधिकारों की व्यवस्था है। इन निर्बन्धनों का प्रावधान सार्वजनिक व्यवस्था, विदेशी राज्यों के साथ मैत्रीपूर्ण संबंधों अथवा वाक्-स्वातंत्र्य के अधिकार के संदर्भ में अपराध-उद्दीपन और व्यावसायिक या तकनीकी अर्हताएं विहित करने, अथवा कोई व्यापार या कारोबार चलाने के अधिकार के संदर्भ में राज्य आदि द्वारा कोई व्यापार, कारोबार, उद्योग अथवा सेवा चलाने के संबंध में किया गया है।
अध्यक्ष	:	आप कभी जाड़े में गुलमर्ग गए हैं।
श्री कौल	:	जी हां, जब मैं बच्चा था, एक बार अपने पिता जी के साथ वहां गया था।
अध्यक्ष	:	वहां बर्फ कितनी मोटी थी?

श्री कौल	:	बहुत मोटी, जाड़े के खेलों का उस पर खूब आनन्द लिया जा सकता है।
अध्यक्ष	:	धन्यवाद, अब आप जा सकते हैं।
श्री कौल	:	धन्यवाद, (बाहर आ जाते हैं।)

टिप्पणी : कानून के और वह भी विशेष रूप से सांविधिक कानून के विद्यार्थी होने के नाते लोक इच्छा तथा विद्यालयों से संबंधित विवादपूर्ण मामलों का उन्होंने गंभीरता से अध्ययन किया है। जम्मू और कश्मीर के बारे में जहां के वे स्वयं निवासी हैं उनका ज्ञान उत्कृष्ट है। कुछ ऐसे क्षेत्र हैं जिनके बारे में उनका ज्ञान अधूरा है किन्तु उन्होंने इस बात को बेझिझक स्वीकार किया है। अपर्याप्त उत्तर देने के बावजूद भी इस इण्टरव्यू की समाप्ति काफी अच्छी रही है।

✩✩✩

IX

श्री शैलेन्द्र मुखर्जी का जन्म कोलकाता में हुआ था। उन्होंने कलकत्ता विश्वविद्यालय से अर्थशास्त्र में एम॰ए॰ किया। दो वर्ष तक वे लन्दन स्कूल ऑफ इकोनोमिक्स के विद्यार्थी रहे तथा इस वर्ष के आरंभ में भारत वापस आए। उनका इण्टरव्यू भारतीय आर्थिक सेवा के लिए लिया गया।

श्री मुखर्जी	:	क्या मैं अन्दर आ सकता हूं?
अध्यक्ष	:	आइए, बैठिए।
श्री मुखर्जी	:	धन्यवाद (बैठते हैं)।
अध्यक्ष	:	आपका लन्दन स्कूल ऑफ इकोनोमिक्स में पढ़ने का विचार क्यों हुआ?
श्री मुखर्जी	:	श्रीमान् वह अर्थशास्त्र के अध्ययन के लिए विश्व में एक जानी मानी संस्था है। मेरा विचार ब्रिटेन में शिक्षा कार्य करने का था।
अध्यक्ष	:	आपने अपना इरादा बदल क्यों दिया?
श्री मुखर्जी	:	मैंने देखा और अनुभव किया कि वहां पर अश्वेतों के प्रति ईर्ष्या का भाव दिनों-दिन बढ़ता जा रहा है और वहां आसानी से अध्यापन का कार्य पाना भी कठिन है।
पहला सदस्य	:	लन्दन में आपके विशेष अध्ययन का कौन-सा क्षेत्र था?
श्री मुखर्जी	:	'सांस्कृतिक क्रान्ति के दशक के दौरान चीन की अर्थव्यवस्था''।
पहला सदस्य	:	क्या आपने भारत तथा चीन की अर्थव्यवस्था पर कोई तुलनात्मक अध्ययन किया था?
श्री मुखर्जी	:	यद्यपि यह मेरा विषय नहीं था फिर भी मैं भारतीय होने के नाते यह जानने के लिए उत्सुक रहा हूं कि हमारे देश की चीन के साथ कहां तक तुलना की जा सकती है।
पहला सदस्य	:	क्या आप उद्योग तथा कृषि की वृद्धि दर में तुलना कर सकते हैं?
श्री मुखर्जी	:	चीन की तुलना में भारतीय कृषि में कुछ अधिक प्रगति हुई है लेकिन चीन में उद्योग धंधों की प्रगति ज्यादा हुई है।
पहला सदस्य	:	वार्षिक 1.5 प्रतिशत की प्रगति यद्यपि अधिक नहीं है लेकिन लगभग 40-50 वर्ष की अवधि में भुखमरी व अर्द्धनग्नता तो समाप्त हो ही जानी चाहिए थी?

श्री मुखर्जी : इसका कारण बहुत दुर्भाग्यपूर्ण है। हमारे देश में राष्ट्रीय आय का वितरण बहुत असमान है। मैं पूरे आंकड़े तो नहीं दे सकता लेकिन भारत की शीर्षस्थ 20% जनसंख्या राष्ट्रीय आय का 50% से अधिक भाग हड़प जाती है और अन्त की 20% जनसंख्या को अपने भरण-पोषण के लिए मुश्किल से 5% भाग ही मिल पाता है।

पहला सदस्य : चीन की क्या स्थिति है?

श्री मुखर्जी : वहां भी शीर्षस्थ तथा निम्नतम लोगों के बीच काफी अन्तर है किन्तु यह अन्तर इतना अधिक नहीं है जितना भारत में देखने को मिलता है। चीन में प्रदर्शन के लिए उपभोग जैसी कोई बात नहीं है जबकि भारत में दिखावा बहुत अधिक है। यहां काले धन का आधिक्य है।

दूसरा सदस्य : यद्यपि आपने अर्थशास्त्र का अध्ययन किया है लेकिन मैं आपसे एक राजनीतिक प्रश्न करना चाहता हूं। क्या चीन का साम्यवाद भारत के लोकतंत्र से श्रेष्ठ है?

श्री मुखर्जी : महाशय! हमें यह नहीं भूलना चाहिए कि चीन में सरकार के समर्थन से हुई हिंसा में कई लाख लोग मारे गए। भारत में मानवीय मूल्यों की रक्षा की गई जो मानव की सुख शान्ति के लिए आवश्यक है। अतः निश्चय ही चीन का साम्यवाद भारत के लोकतंत्र से श्रेष्ठ नहीं है।

दूसरा सदस्य : संयुक्त राष्ट्र सुरक्षा परिषद् की स्थायी सदस्यता के लिए भारत के दावे के संदर्भ में चीन की क्या राय है?

श्री मुखर्जी : इस संदर्भ में चीन की तरफ से संयुक्त वक्तव्य में यह उल्लेख किया गया है कि भारत एक महत्त्वपूर्ण विकासशील देश है जिसका प्रभाव अन्तर्राष्ट्रीय जगत में निरंतर बढ़ता जा रहा है तथा संयुक्त राष्ट्र और अन्तर्राष्ट्रीय मामलों में सक्रिय भूमिका निभाने की भारत की आकांक्षाओं का सम्मान किया जाना चाहिए।

तीसरा सदस्य : क्या आप सोचते हैं कि आकाशवाणी और दूरदर्शन समाचारों के प्रस्तुतीकरण में तटस्थ रहते हैं?

श्री मुखर्जी : सच तो यह है कि ये हमेशा से (पहले भी और अब भी) सरकार के दृष्टिकोण का ही समर्थन करते रहे हैं। जनता शासन के दौरान उन्होंने शासक दल का ही समर्थन किया था।

तीसरा सदस्य : लोकतंत्र के लिए क्या यह अच्छी बात है?

श्री मुखर्जी	:	श्रीमान् ऐसा होता ही रहेगा जब तक ये दोनों सूचना तथा प्रसारण मंत्रालय के अंग बने रहेंगे। यह सुखद समाचार है कि प्रसार-भारती नाम से एक स्वतंत्र निगम बनाया गया है।
तीसरा सदस्य	:	क्या सरकार को अपनी विचारधारा का प्रचार करने का अधिकार नहीं है?
श्री मुखर्जी	:	यह किसी पार्टी के अपने राजनीतिक दर्शन पर निर्भर करता है। साम्यवादी देशों में सरकार का प्रचार माध्यमों पर पूरा नियन्त्रण होता है। कई लोकतांत्रिक देशों की बहुमत वाली पार्टी इन पर नियंत्रण रखना अपना अधिकार मानती है लेकिन अमेरिका तथा ब्रिटेन में ऐसा नहीं होता।
तीसरा सदस्य	:	इसमें हर्ज भी क्या है यदि सरकार दूरदर्शन तथा आकाशवाणी पर नियंत्रण रखती है।
श्री मुखर्जी	:	इससे प्रसार-प्रचार माध्यम की विश्वसनीयता को क्षति पहुंचती है। इसी कारण लोग बी॰ बी॰ सी॰ जैसे विदेशी समाचार माध्यमों का उपयोग करने लगते हैं।
चौथा सदस्य	:	आपने देखा होगा कि लन्दन में भारत को रूस के बहुत निकट दिखाया जाता है?
श्री मुखर्जी	:	ब्रिटिश और अमेरिकन दोनों ही प्रेस भारत विरोधी रहे हैं और भारत को रूस का पिछलग्गू बताते हैं।
चौथा सदस्य	:	नवीनतम शस्त्रास्त्रों की सप्लाई के लिए रूस पर आश्रित रहने में कब तक कमी होने की सम्भावना है?
श्री मुखर्जी	:	मैं अपनी सशस्त्र सेनाओं के हथियारों के बारे में अच्छी तरह नहीं जानता।
चौथा सदस्य	:	पाकिस्तान ने जो एफ-14 जैसे विमान आयात किए हैं क्या आप उनकी कीमत जानते हैं?
श्री मुखर्जी	:	मैं इतना ही जानता हूं कि ये बहुत ही खर्चीले हैं!
चौथा सदस्य	:	क्या आप अर्थशास्त्र की व्याख्या कर सकते हैं?
श्री मुखर्जी	:	अर्थशास्त्र सामाजिक विज्ञान की वह शाखा है जिसके माध्यम से समाज सीमित उपलब्ध संसाधनों का उपभोग विकल्प के आधार पर वर्तमान तथा भविष्य में प्रयोग होने वाले उत्पादों तथा सेवाओं के लिए करता है।
अध्यक्ष	:	भारतीय आर्थिक सेवा के बारे में आपकी क्या राय है?
श्री मुखर्जी	:	जिम्मेदारियों को देखते हुए इसमें वेतन काफी कम है।

अध्यक्ष : यह सेवा किस प्रकार की होनी चाहिए?

श्री मुखर्जी : यह भी भारतीय प्रशासनिक सेवा जैसी होनी चाहिए तथा इसमें अधिक विशेषज्ञता प्राप्त लोगों को लिया जाना चाहिए।

अध्यक्ष : स्पष्ट है कि आप संतुष्ट नहीं होंगे। क्या आप भारतीय प्रशासन सेवा में भी शामिल हो रहे हैं?

श्री मुखर्जी : जी हाँ।

अध्यक्ष : धन्यवाद श्री मुखर्जी, अब आप जा सकते हैं।

(श्री मुखर्जी बाहर आते हैं)

> **टिप्पणी :** यह साक्षात्कार भारतीय आर्थिक सेवा के बारे में था। अतएव अधिकांश प्रश्न अर्थशास्त्र से संबंधित थे। उम्मीदवार को अपने विषय का अच्छा ज्ञान है, इस बात का पता इण्टरव्यू से चल चुका है। भारतीय अर्थव्यवस्था के बारे में भी उम्मीदवार को अच्छा ज्ञान है। कुल मिलाकर यह एक अच्छा इण्टरव्यू कहा जाएगा।

☆ ☆ ☆

X

श्री हरि सिंह सिंधू का जन्म अमृतसर में हुआ था। पन्तनगर कृषि विश्वविद्यालय से उन्होंने स्नातक की उपाधि प्राप्त की। वहीं पर इनके पिताजी का एक बहुत बड़ा कृषि फार्म है। वह भारतीय कृषि अनुसंधान परिषद् में काम कर रहे हैं। उनके वैकल्पिक विषय कृषि तथा इतिहास हैं।

श्री सिंधू : क्या मैं अन्दर आ सकता हूं?

अध्यक्ष : आइए सिंधू जी, बैठिए।

श्री सिंधू : धन्यवाद (बैठते हैं)।

अध्यक्ष : एक भारतीय प्रशासनिक सेवा का अधिकारी होने के बजाय क्या एक धनी किसान बनना अच्छा नहीं है?

श्री सिंधू : यह मेरे पिताजी तथा भाइयों के लिए तो ठीक है क्योंकि वे कृषि कार्य कर ही रहे हैं लेकिन मैं सेवा कार्य करना चाहता हूं।

अध्यक्ष : कृषि में स्नातक और भारतीय प्रशासनिक सेवा, क्या इन दोनों का कोई मेल है?

श्री सिंधू : कृपया क्षमा करें, यहां मेरा मतभेद है। मेरे विचार से कृषि ज्ञान सम्पन्न एक आई॰ए॰एस॰ अधिकारी भारतीय ग्रामों की अधिक अच्छी तरह देखभाल कर सकता है क्योंकि उसे कृषि की जानकारी है, वह ग्रामीण समस्याओं को अधिक अच्छी तरह जानता है। मैं ऐसे आई॰ए॰एस॰ अधिकारियों को जानता हूं जो गेहूं तथा जौ में भेद नहीं बता सकते।

पहला सदस्य : इसका मतलब यह है कि ग्रामीण समस्याओं के निराकरण हेतु प्रशासन के प्रति आपकी राय अच्छी नहीं है।

श्री सिंधू : मुख्य समस्या स्थिति ज्ञान की है। अधिकांश नौकरशाही के लोग तथा मंत्रिगण शहरी क्षेत्र से होते हैं। मैं यह बात किसी दुर्भावना से नहीं कह रहा हूं। प्रश्न अज्ञानता का है। उनमें से अधिकांश तो कभी गांवों में रहे भी नहीं।

पहला सदस्य : भारत की कृषि साख व्यवस्था में किस प्रकार के दोष हैं?

श्री सिंधू : भारत में वाणिज्यिक बैंक मुख्यतः केन्द्र द्वारा नियंत्रित हैं। ऐसे अत्यधिक मामले जो बैंकों के कार्यक्षेत्र में आते हैं उनका समाधान सरकार द्वारा

होता है। अधिकांश ऋण आवेदन राजनीतिज्ञों द्वारा प्रायोजित होते हैं। जो लाभ एक जरूरतमंद किसान को मिलना चाहिए उसका लाभ अन्य लोग उठाते हैं। ऋण प्राप्त करने वालों का निर्धारण राजनीतिक दबदबे के आधार पर होता है।

पहला सदस्य : शरद जोशी के इस कथन से आप कहां तक सहमत हैं कि कृषि उत्पादों की ऊंची कीमतें होनी चाहिएं?

श्री सिंधू : मैं उनसे सहमत हूं। जिस अनुपात से खेती में काम आने वाली चीजों के दाम बढ़े हैं उस अनुपात से कृषि उत्पादनों के मूल्य में वृद्धि नहीं हुई। यदि अनाज की कीमतें थोड़ा बढ़ जाएं तो हमें बाहर से गेहूं, चावल मंगाने की जरूरत ही नहीं पड़ेगी। भारत की जनसंख्या का 50% भाग आज भी कृषि पर निर्भर करता है। यदि इनकी आर्थिक स्थिति सुधर जाए तो निर्मित सामान की बिक्री भी बढ़ सकती है।

पहला सदस्य : क्या इसका भूमिहीनों तथा गरीब श्रमिकों पर दुष्प्रभाव नहीं पड़ेगा?

श्री सिंधू : उनकी सहायता कालाधन बाहर निकाल कर की जा सकती है। अगर 50% भी काला धन बाहर आ जाए तो कीमतों में काफी कमी आ सकती है।

दूसरा सदस्य : क्या आप अमेरिकी कृषि के साथ भारतीय कृषि की तुलना कर सकते हैं?

श्री सिंधू : भारत के राष्ट्रीय आय में कृषि का अंश करीब 46% है जबकि अमेरिका में यह प्रतिशत काफी कम है। भारत में 70% लोग कृषि कार्य करते हैं जबकि अमेरिका में मुश्किल से 5% लोग ही कृषि करते होंगे।

दूसरा सदस्य : हम अपनी खाद्य समस्या का हल कैसे करें?

श्री सिंधू : ब्रिटिश शासन काल में भारत में सर्वाधिक अकाल पड़ा करते थे जिसके कारण जनसंख्या स्वयं ही घट जाया करती थी। अब भारत में जनसंख्या की वृद्धि 82% है जबकि उसी अनुपात से कृषि उत्पादन 68% है। सन् 1950-52 में हमारा कृषि उत्पादन 550 लाख टन से बढ़कर लगभग 1400 लाख टन हो गया था। भारत में भुखमरी का कारण खाद्यान्नों की कमी नहीं है बल्कि मनुष्य की खरीदने की क्षमता कम हो गयी है। लगभग 25% जनसंख्या गरीबी की रेखा से नीचे जीवन-यापन कर रही है। इसका एक कारण दूषित वितरण प्रणाली भी है।

दूसरा सदस्य : क्या आप अगले तीन वर्षों के लिए कोई लघु कार्यक्रम तैयार कर सकते हैं जिससे ग्राम्य जीवन में सुधार लाया जा सके और भूमिहीन श्रमिकों को रोजगार उपलब्ध कराया जा सके।

श्री सिंधु	:	सबसे उपयोगी कार्यक्रम तो सड़कों का निर्माण करना होगा ताकि गांवों को बाजारों, तहसीलों, जिला मुख्यालय, स्कूलों तथा अस्पतालों से जोड़ा जा सके। इसके साथ ही साथ प्रशासन में भी सुधार करना होगा।
तीसरा सदस्य	:	आपने इतिहास के पेपर की तैयारी कैसे की है?
श्री सिंधु	:	पन्त कृषि विश्वविद्यालय में प्रवेश से पहले मैंने भारत का आरंभिक इतिहास पढ़ा था। इसके बाद मैंने कुछ ऊंचे स्तर की पुस्तकें पढ़ीं।
तीसरा सदस्य	:	आधुनिक विश्व इतिहास के बारे में आपने कौन-कौनसी पुस्तकें पढ़ी हैं?
श्री सिंधु	:	इस विषय पर कोई अच्छी पुस्तक नहीं है। मुझे अलग-अलग, मिस्र, रूस, चीन तथा इंडोनेशिया के बारे में पढ़ना पड़ा है।
तीसरा सदस्य	:	क्या आप सन् 1917 में हुई रूसी क्रान्ति में लेनिन के महत्त्व तथा भारत की स्वतंत्रता में गांधी के महत्त्व की तुलना कर सकते हैं?
श्री सिंधु	:	दोनों ने ही अपने देश में महत्त्वपूर्ण भूमिका निभाई है।
तीसरा सदस्य	:	सभी जानते हैं कि लेनिन तथा गांधी एक दूसरे से सिद्धान्ततः काफी भिन्न थे। क्या आप किसी ऐसी बौद्धिक विशेषता को बताएंगे जो दोनों में समान रूप से मिलती हो?
श्री सिंधु	:	दोनों ही अपने-अपने आन्दोलनों के अद्वितीय नेता थे, फिर भी मैं यह नहीं बता सकूंगा कि उन दोनों की बौद्धिक समानता किस बात में थी।
तीसरा सदस्य	:	क्या वे अपने लक्ष्य के लिए एक निष्ठ थे?
श्री सिंधु	:	जी हां।
तीसरा सदस्य	:	अपने साधन और साध्यों के प्रति उनमें क्या अन्तर था?
श्री सिंधु	:	श्रीमान्, मुझे ज्ञात नहीं है।
तीसरा सदस्य	:	गांधी जी साधनों की शुद्धता के पक्षधर थे जबकि लेनिन का मत था कि पूंजीवाद तथा भूपतियों को उखाड़ फेंकना, इतना जरूरी है कि किसी को साधनों की निकृष्टता की ओर ध्यान नहीं देना चाहिए।
श्री सिंधु	:	जी हां।
चौथा सदस्य	:	भारत तथा बंगला देश के बीच कौन-कौन से मुख्य विवाद हैं?
श्री सिंधु	:	जहां तक मैं जानता हूं—केवल दो मुख्य विवाद हैं—(1) गंगा जल विवाद जो बंगला देश में भी फरक्का बराज के समीप बहती है। (2) आसाम, मेघालय आदि राज्यों में बंगला देश के नागरिकों के घुसपैठ का मुद्दा।
चौथा सदस्य	:	भूटान से हमारे संबंध के कौन-कौन से आधार हैं?

श्री सिंधू	:	श्रीमान जी, मुझे ज्ञात नहीं है।
चौथा सदस्य	:	समाचार पत्रों से आभास मिलता है कि लोकतांत्रिक चुनाव होने के बाद भी पाकिस्तान में एक वर्ग बहुत ज्यादा संतुष्ट नहीं हैं।
श्री सिंधू	:	इस संभावना से इंकार नहीं किया जा सकता।
चौथा सदस्य	:	क्या कुछ और भी कारण हैं?
श्री सिंधू	:	महोदय, मुझे ज्ञात नहीं।
अध्यक्ष	:	भारतीय प्रशासनिक सेवा में शामिल होने वाले अधिकांश उम्मीदवार शहरों के होते हैं आप उन्हें ग्रामीण आधार कैसे दे सकते हैं?
श्री सिंधू	:	शुरू के कुछ वर्षों तक उन्हें मुख्यालय से दूर छोटे शहरों में रखा जाना चाहिए जिसके आस-पास अनेक गांव हों। उनको समय-समय पर कुछ दिनों के लिए गांवों में कैम्प लगाकर रहने के लिए भी मौका दिया जाना चाहिए।
अध्यक्ष	:	सिंधू जी धन्यवाद, अब आप जा सकते हैं।

(श्री सिंधू बाहर आते हैं।)

टिप्पणी : श्री सिंधू ने भारत की कृषि तथा ग्रामीण समस्याओं का अच्छा ज्ञान प्रदर्शित किया किन्तु भारत के अपने पड़ोसी देशों भूटान और पाकिस्तान के संबंधों के बारे में उनकी जानकारी औसत से भी कम थी। गांधीजी के बारे में भी उनका अध्ययन अधिक गंभीर नहीं था। इसके लिए वे क्षम्य हैं क्योंकि श्री सिंधू के ज्ञान की पृष्ठ भूमि ग्रामीण अधिक है।

✩ ✩ ✩

XI

श्री नीरद मोहन्ती का जन्म कटक में हुआ था। उनकी प्रारंभिक शिक्षा स्थानीय स्कूल में हुई तथा बाद में दिल्ली आकर उन्होंने पंचवर्षीय रूसी भाषा का अध्ययन करके एम०ए० की उपाधि प्राप्त की। अब वे अपने पिताजी के साथ मास्को में रहकर मास्को विश्वविद्यालय में इतिहास का अध्ययन कर रहे हैं।

श्री मोहन्ती : क्या मैं अन्दर आ सकता हूं?

अध्यक्ष : आइए मोहन्ती जी, बैठिए।

श्री मोहन्ती : धन्यवाद (बैठते हैं)।

अध्यक्ष : आपने भारतीय विदेश सेवा को अपना पहला विकल्प लिखा है, क्यों?

श्री मोहन्ती : विदेशों को देखने की मेरी अभिरुचि है। फिर एक विदेशी भाषा के ज्ञान से भी इसमें सहायता मिलेगी।

पहला सदस्य : मास्को विश्वविद्यालय में आप कौन-सी भाषा पढ़ रहे हैं?

श्री मोहन्ती : श्रीमान्, मैं आधुनिक विश्व का इतिहास पढ़ रहा हूं।

पहला सदस्य : क्या यह 1789 ई० से आरंभ होता है?

श्री मोहन्ती : मार्क्सवादी इसका आरम्भ 7 नवम्बर, 1917 से मानते हैं।

पहला सदस्य : शायद विश्व का सम्पूर्ण इतिहास मार्क्स के नजरिये से देखा जाता है?

श्री मोहन्ती : इसमें कोई संदेह नहीं।

पहला सदस्य : क्या आप मार्क्स के विचारों से सहमत हैं?

श्री मोहन्ती : जी नहीं किन्तु मैं पश्चिमी इतिहासकारों से भी सहमत नहीं हूं।

पहला सदस्य : आप किस भाषा में इतिहास की पुस्तकें पढ़ते हैं?

श्री मोहन्ती : केवल अंग्रेजी में। मैंने ब्रिटिश तथा अमेरिकन लेखकों की पुस्तकें भी पढ़ी हैं।

पहला सदस्य : आप इन पुस्तकों में क्या बुराई पाते हैं?

श्री मोहन्ती : वे उस अवधि को अवांछित महत्त्व देते हैं जिसके दौरान चीन, भारत, जापान, इंडोनेशिया और बांग्ला देश पर उनका आधिपत्य था जबकि विश्व

के अन्य इतिहास ग्रंथों में इस पर 10% से अधिक पृष्ठ नहीं लिखे गए।

पहला सदस्य : रूसी इतिहासकारों द्वारा लिखे गए विश्व के इतिहास में सोवियत रूस को अधिक महत्त्व दिया गया होगा।

श्री मोहन्ती : जी हां, यह सच है।

दूसरा सदस्य : यदि आप विदेशी भाषा में दक्ष होने के इच्छुक हैं तो आपने फ्रेंच, जर्मन, स्पैनिश या अन्य कोई विदेशी भाषा क्यों नहीं सीखी, रूसी भाषा ही क्यों सीखी?

श्री मोहन्ती : मेरे पिता विदेश सेवा (ख) में हैं। उन्होंने रूसी सीखी है क्योंकि वे कई बार मास्को में रह चुके हैं। अतएव मेरे लिए सोवियत भाषा, कला तथा संस्कृति को समझना आसान हो गया। अन्य भाषा सीखने के लिए यह संभव नहीं हो पाता।

दूसरा सदस्य : यह तो कोई तर्क नहीं है। मान लीजिए आपके पिताजी की तैनाती इंडोनेशिया में हो जाती है तो क्या आप वहां की भाषा सीखने इंडोनेशिया जाएंगे?

श्री मोहन्ती : जी नहीं, मैं अपनी बात में थोड़ा और जोड़ना चाहता हूं—रूसी भाषा संसार की एक महत्त्वपूर्ण भाषा है। अंग्रेजी के बाद इसका ही दूसरा स्थान है।

दूसरा सदस्य : विदेश सेवा में आने के बाद अगर विदेश मंत्रालय आपसे कहे कि आप रूसी भाषा के अलावा कोई और विदेशी भाषा सीख लें तब आप कौन-सी भाषा सीखना चाहेंगे?

श्री मोहन्ती : मैं चीनी भाषा सीखना पसन्द करूंगा।

दूसरा सदस्य : ऐसा क्यों?

श्री मोहन्ती : मुझे अंग्रेजी, रूसी और हिन्दी आती है। चीनी भाषा सीख लेने के बाद विश्व की जनसंख्या के 50% भाग को अपने भाषा ज्ञान द्वारा समझने के योग्य बन जाऊंगा।

दूसरा सदस्य : मुझे यकीन है कि आप अपनी मातृ-भाषा 'उड़िया' भूले नहीं होंगे?

श्री मोहन्ती : मैंने जानबूझ कर उसका नाम नहीं लिया क्योंकि वह एक क्षेत्रीय भाषा है। मैं उड़िया अच्छी तरह जानता हूं।

तीसरा सदस्य : क्या किसी देश की भाषा सीख लेने मात्र से एक राजनयिक उस देश को समझने के योग्य हो जाता है?

श्री मोहन्ती	:	भाषा का सीखना काफी महत्त्वपूर्ण होता है किन्तु इतना ही पर्याप्त नहीं होता। उसे उस देश के इतिहास, भूगोल अर्थशास्त्र, राजनीति विज्ञान और सामाजिक जीवन का भी अध्ययन करना चाहिए।
तीसरा सदस्य	:	क्या आप अपने राज्य के बारे में बताएंगे–वह उत्तर प्रदेश और बिहार से किन बातों में भिन्न है?
श्री मोहन्ती	:	स्वतंत्रता से पूर्व इस राज्य का लगभग आधा भाग तो स्थानीय राजाओं के स्वामित्व में था।
तीसरा सदस्य	:	यह तो पुरानी बात हो गई। इसमें क्या कोई भौगोलिक अन्तर भी है?
श्री मोहन्ती	:	जी हां, इसके पास विस्तृत समुद्री तट है।
तीसरा सदस्य	:	इसके अलावा अन्य कोई संरचनात्मक विशेष बात है? जंगलों के बारे में आप क्या जानते हैं?
श्री मोहन्ती	:	जी हां, विस्तृत वन प्रदेश हैं।
तीसरा सदस्य	:	पूर्वोत्तर भाग को छोड़कर अन्य कौन से राज्यों में सर्वाधिक आदिवासियों की जनसंख्या है?
श्री मोहन्ती	:	झारखंड तथा उड़ीसा।
तीसरा सदस्य	:	आपने मध्य प्रदेश, छत्तीसगढ़ तथा गुजरात को क्यों छोड़ दिया? उड़ीसा का अत्यन्त दर्शनीय स्थान बताइए।
श्री मोहन्ती	:	चिल्का झील।
तीसरा सदस्य	:	यह झील कैसे बनी?
श्री मोहन्ती	:	श्रीमान् यह तो मुझे ज्ञात नहीं?
तीसरा सदस्य	:	क्या आप जानते हैं कि समुद्र के तट पर स्थित बड़े-बड़े बालू के टीले क्या करते हैं?
श्री मोहन्ती	:	वे नए द्वीप बना सकते हैं।
तीसरा सदस्य	:	इन बालू के टीलों के कारण ही चिल्का झील बनी है। बंगाल की खाड़ी का एक भाग कट गया और इन टीलों ने उसे समुद्र की ओर से बन्द कर दिया। उड़ीसा के इतिहास में ईसा पूर्व तीसरी शताब्दी में कौन-सी महत्त्वपूर्ण घटना घटित हुई?
श्री मोहन्ती	:	शायद आपका संकेत कलिंग युद्ध की ओर है। कलिंग को विजित करने के लिए सम्राट अशोक ने एक विशाल सेना वहां भेजी थी। उसके सैनिक वीरता से लड़े, परिणामतः बहुत बड़ी संख्या में लोगों का विनाश किया

गया। अशोक पर इसका कारुणिक प्रभाव पड़ा और वह बौद्ध हो गया। इसके कारण भारत का इतिहास ही बदल गया।

चौथा सदस्य : आप मास्को में करीब दो वर्ष से रह रहे हैं। आपने क्या वहां पर कोई उल्लेखनीय परिवर्तन देखा?

श्री मोहन्ती : दमित्री मेदवेदेव ने वहां पुराने तंत्र में काफी परिवर्तन किए हैं।

चौथा सदस्य : लिथुआनिया कहाँ स्थित है?

श्री मोहन्ती : लिथुआनिया रूस के उत्तर-पश्चिम में निरुमन नदी की घाटी में बसा हुआ है।

अध्यक्ष : क्या आप दिल्ली केवल इण्टरव्यू देने आए हैं।

श्री मोहन्ती : जी नहीं, मैं मई में आया था और यहां अपनी आरंभिक तथा मुख्य परीक्षा देने के लिए ठहरा हुआ हूं।

अध्यक्ष : दिल्ली के कुछ प्रमुख दर्शनीय स्थलों के नाम बताइए।

श्री मोहन्ती : दिल्ली में वैसे तो बहुत से दर्शनीय स्थल हैं लेकिन इनमें लाल किला, जामा मस्जिद, संसद भवन, राष्ट्रपति भवन, रेलवे म्यूजियम, कुतुबमीनार, राजघाट, लोटस टैम्पल और अक्षरधाम मंदिर आदि सबसे ज्यादा महत्त्वपूर्ण हैं।

अध्यक्ष : धन्यवाद, अब आप जा सकते हैं।

(श्री मोहन्ती बाहर आते हैं)।

टिप्पणी : श्री मोहन्ती ने रूसियों तथा सोवियत यूनियन के बारे में बहुत अच्छा ज्ञान प्रदर्शित किया। विभिन्न भाषाओं का क्या महत्त्व हो सकता है इस बारे में भी उन्होंने बहुत अच्छे विचार व्यक्त किए। अपने राज्य (उड़ीसा) के बारे में अद्यतन जानकारी का न होना, यह एक गलती अवश्य थी। फिर भी कुल मिलाकर यह एक अच्छा इण्टरव्यू था।

✩ ✩ ✩

XII

श्री अकबर अली खान हैदराबाद के निवासी हैं। उन्होंने उस्मानिया विश्वविद्यालय से अंग्रेजी में एम॰ ए॰ किया और बाद में जवाहरलाल नेहरू विश्वविद्यालय आ गए। वे जवाहरलाल नेहरू विश्वविद्यालय के समीप बनी दिल्ली विकास प्राधिकरण की एक बस्ती में रहते हैं।

श्री खान : क्या मैं अन्दर आ सकता हूं?

अध्यक्ष : आइए खान साहब, बैठिए।

श्री खान : धन्यवाद (बैठते हैं)।

अध्यक्ष : आपके पते से लगता है कि आप दि॰ वि॰ प्रा॰ के फ्लैट में रहते हैं। इन फ्लैटों के बारे में आपकी क्या राय है?

श्री खान : दिल्ली विकास प्राधिकरण ने दिल्लीवासियों को आवास की सुविधा देकर एक बहुत अच्छा कार्य किया है किन्तु इसमें काफी मात्रा में घटिया सामान का उपयोग किया गया है। जिसके कारण फ्लैट मालिकों को काफी पैसा दुबारा पलस्तर और अन्य साज-सामान पर खर्च करना पड़ा, कई जगह रद्दोबदल भी करना पड़ गया है।

अध्यक्ष : आप इसके कारण बता सकते हैं?

श्री खान : दुर्भाग्य से इसका मुख्य कारण लापरवाही तथा भ्रष्टाचार है।

अध्यक्ष : इस भ्रष्टाचार को कैसे कम किया जा सकता है?

श्री खान : भ्रष्टाचार मिटाने के लिए हमें बड़े लोगों से कार्रवाई शुरू करनी होगी।

अध्यक्ष : क्या यह लोकतंत्र में संभव है?

श्री खान : यदि नेता लोग नागरिकों की सेवा करना चाहते हों तो यह संभव हो सकता है।

पहला सदस्य : शक्ति सम्पन्न लोगों के विरुद्ध भ्रष्टाचार निरोधक कार्रवाई करना क्या जोखिम का काम नहीं है?

श्री खान : बिल्कुल है, इसीलिए भ्रष्टाचार निरोधक कार्रवाई प्रभावी ढंग से नहीं की जाती है।

दूसरा सदस्य : क्या कारण है गैर अंग्रेजी भाषी देश भी अंग्रेजी सीखने के लिए लालायित दिखाई पड़ते हैं?

श्री खान	:	अंग्रेजी बोलने वालों की संख्या संसार में काफी है। अंग्रेजी के ज्ञान से लगभग सारे संसार में संचार व्यवस्था में आसानी हो जाती है।
दूसरा सदस्य	:	अंग्रेजी जानने वाले लोगों की जनसंख्या संसार में 70 करोड़ से अधिक नहीं है जबकि चीनी भाषा जानने वालों की जनसंख्या 100 करोड़ है। इसलिए चीनी विश्व की सर्वाधिक लोकप्रिय भाषा होनी चाहिए।
श्री खान	:	लेकिन अंग्रेजी का विस्तार क्षेत्र चीनी भाषा से कहीं अधिक है। अंग्रेजी जानने वाले लोग दुनिया भर में पाए जाते हैं।
दूसरा सदस्य	:	मान लीजिए संसार के हर देश में चीनी भाषा जानने वाले कुछ लोग हों जैसा कि दक्षिण-पूर्वी एशियाई देशों में मिल जाते हैं। तब क्या लोग चीनी भाषा पढ़ने लगेंगे?
श्री खान	:	मैं समझ गया, अंग्रेजी की एक बहुत बड़ी विशेषता यह है कि इस भाषा में आधुनिक विज्ञान तथा प्रौद्योगिकी का काफी साहित्य उपलब्ध है।
दूसरा सदस्य	:	यह सच है किन्तु क्या यह भी सच नहीं है कि यह अमेरिका तथा ब्रिटेन की भाषा है?
श्री खान	:	जी हां।
तीसरा सदस्य	:	क्या आपने मुस्लिम इण्डिया मैगजीन पढ़ी है?
श्री खान	:	जी हां।
तीसरा सदस्य	:	इस मैगजीन में उर्दू के बारे में क्या कहा जाता है?
श्री खान	:	इस मैगजीन का मत है कि राज्य सरकारें उर्दू के बारे में भेदभाव बरतती हैं।
तीसरा सदस्य	:	क्या यह तथ्य है कि उर्दू पढ़ने वाले छात्रों की संख्या काफी घटी है?
श्री खान	:	जी हां, यह एक तथ्य है। गत कुछ वर्षों में यह संख्या 20% तक कम हुई है तथा प्रतिवर्ष लगातार तेजी से घटती जा रही है। उत्तर प्रदेश में यह संख्या काफी घट रही है।
तीसरा सदस्य	:	क्या यह राज्य सरकार की उर्दू विरोधी नीति के कारण हो रहा है?
श्री खान	:	ऐसी बात नहीं है, असल में बिहार तथा उत्तर प्रदेश की सरकार मुसलमानों के वोट बटोरने के लिए काफी चिन्तित हैं।
तीसरा सदस्य	:	फिर क्या कारण है?
श्री खान	:	सही बात यह है कि अब उर्दू के द्वारा रोजगार नहीं मिलता है। आजकल रोजगार के लिए हिन्दी भाषी राज्यों में दो भाषाएं अंग्रेजी और हिन्दी हैं।

इनके द्वारा ही रोजगार मिल पाता है। यह भी एक तथ्य है कि पूर्णतया मुसलमानों द्वारा चलाए जाने वाले स्कूलों में भी हिन्दी और अंग्रेजी पढ़ाई जाती है वहां भी उर्दू विषय पढ़ने वालों की संख्या घट रही है।

तीसरा सदस्य	:	विद्यार्थी-उर्दू और हिन्दी दोनों भाषाएं क्यों नहीं पढ़ सकते।
श्री खान	:	यदि दो भाषाएं पढ़ते हैं तो उत्तर प्रदेश में छात्र हिन्दी और अंग्रेजी पढ़ना पसन्द करते हैं। आंध्र प्रदेश में वे तेलुगु तथा अंग्रेजी पढ़ते हैं। वहां पर भी उर्दू नहीं पढ़ते।
चौथा सदस्य	:	यदि आपका चयन भारतीय विदेश सेवा के लिए हो जाता है तो क्या आप सऊदी अरब में राजदूत होना पसन्द करेंगे?
श्री खान	:	सरकार मेरे मुसलमान होने के कारण पुरातन पंथी मुसलमान देशों में तैनात करने की बात सोच सकती है। लेकिन व्यक्तिगत रूप से मैं इसे पसन्द नहीं करुंगा। मैं हमेशा केवल भारतीय विदेश सेवा में अधिकारी होने की बात पहले सोचता हूं। मैं नहीं चाहता कि इस बारे में मेरे धर्म का विचार किया जाए।
चौथा सदस्य	:	इराक की नवीनतम घटनाओं के बारे में आप क्या जानते हैं?
श्री खान	:	इस बारे में मेरे जानकारी नगण्य-सी है। लगता है वहां अभी भी गतिरोध जारी है।
चौथा सदस्य	:	क्या आपने पढ़ा है कि इराक के बारे में अमेरिका ने कोई दीर्घकालीन उपाय किया है?
श्री खान	:	जी नहीं।
चौथा सदस्य	:	क्या आप जानते हैं कि पाकिस्तान में कितने अफगान शरणार्थी हैं?
श्री खान	:	लगभग दस लाख।
चौथा सदस्य	:	नहीं, ये करीब 35 लाख हैं। जो अब काफी घट चुके हैं।
अध्यक्ष	:	धन्यवाद, खान साहब, अब आप जा सकते हैं। (श्री खान बाहर जाते हैं)

टिप्पणी : श्री खान के उत्तर उर्दू तथा भ्रष्टाचार निरोधक जैसे विषयों पर भी बहुत संतुलित और वस्तुनिष्ठ थे। अंग्रेजी की लोकप्रियता के बारे में उनके उत्तर बहुत विश्लेषणात्मक नहीं थे। इराक और अफगानिस्तान के बारे में तथ्यात्मक जानकारी न होने पर भी इण्टरव्यू अप्रभावी नहीं रहा। कुल मिलाकर यह अच्छा इण्टरव्यू था।

☆☆☆

XIII

श्री श्रीकान्त बरुआ का जन्म तेजपुर में हुआ था। इनकी आरम्भिक शिक्षा तेजपुर में हुई। इनकी विश्वविद्यालयी शिक्षा गौहाटी में तथा एम॰एस-सी॰ उपाधि (फिजिक्स) उन्होंने कलकत्ता विश्वविद्यालय, कोलकाता से प्राप्त की।

श्री बरुआ : क्या मैं अंदर आ सकता हूं?

अध्यक्ष : आइए बरुआ जी, बैठिए।

श्री बरुआ : धन्यवाद (बैठते हैं)।

अध्यक्ष : आप एम॰एससी॰ करने गौहाटी से कोलकाता गए इसका कोई खास कारण था?

श्री बरुआ : कलकत्ता विश्वविद्यालय, कोलकाता की अपेक्षा गौहाटी विश्वविद्यालय काफी नया है। इसके अलावा कलकत्ता विश्वविद्यालय का स्तर विज्ञान के अध्ययन के लिए काफी ऊंचा है। इसके अलावा गौहाटी विश्वविद्यालय में लगातार आन्दोलन होते रहते हैं जिसके कारण अध्ययन में बाधा पहुंचती है। सन् 1996 से गौहाटी विश्वविद्यालय में उत्पात होते आ रहे हैं यद्यपि अब स्थिति में काफी सुधार हुआ है।

पहला सदस्य : क्या कोलकाता में असमियों के प्रति कोई दुर्भावना है?

श्री बरुआ : दुर्भाग्य से असमी तथा बंगाली विरोधी हैं, किन्तु इसके कारण व्यक्तिगत रूप से मुझे कोई परेशानी नहीं हुई। मेरे कई बंगाली दोस्त हैं।

पहला सदस्य : क्या आपको पता है कि आपके बंगाली मित्रों को असोम के बारे में पूरी-पूरी जानकारी है?

श्री बरुआ : जी नहीं। उनकी अज्ञानता व्यापक है तथा वह उनके अपने पुराने साहित्य पर आधारित है। वह विस्तार से प्रचारित अंध-विश्वासों से भरी हुई हैं। वास्तव में उनका कोई आधार नहीं है।

पहला सदस्य : क्या आप उन विश्वासों में से कुछ के बारे में बता सकते हैं?

श्री बरुआ : असोम पर उनकी अपनी किताब में श्री बरकटकी महात्मा गांधी की सबसे बड़ी गलती यह बताते हैं कि उन्होंने असमियों को कोल, भील तथा संथालों के समान कहा है। सन् 1940 तक बंगालियों का यह विश्वास था कि

कामरूप में (जो कि प्राचीन असम का ही नाम है) औरतें, आदमियों को भेड़ और बकरा बना देती हैं। कुछ का विश्वास है कि ब्रह्मपुत्र के उस पार लोग कपड़े नहीं पहनते हैं। कुछ यह भी मानते हैं कि असमी भाषा बंगाली की ही उपबोली है। सन् 1962 में चीन आक्रमण के बाद इस प्रकार की अज्ञानता का लोप हुआ है। असम आन्दोलन का एक अच्छा परिणाम निकला है कि लोगों को हमारे राज्य के बारे में काफी जानकारी मिल गई है।

दूसरा सदस्य : कुछ समय पहले सिविल सेवा परीक्षा में विज्ञान के बहुत ही कम छात्र सफल हुए थे। क्या अब स्थिति बदल गई है?

श्री बरुआ : सिविल सेवा परीक्षा की नई प्रणाली से निश्चित रूप से परिस्थितियों में परिवर्तन हुआ है। सफलता के अनुपात में सुधार हुआ है। पहले यह संख्या काफी कम थी।

दूसरा सदस्य : क्या आप संसार के तीन बड़े वैज्ञानिकों के नाम बता सकते हैं?

श्री बरुआ : तीन तो नहीं, दो के बारे में सभी एक मत हैं—इनके नाम हैं—न्यूटन तथा आईंस्टीन। तीसरे के बारे में मतों में भिन्नता है।

दूसरा सदस्य : कहा जाता है, कि वैज्ञानिक अनुसंधान का कार्य मुक्त वातावरण में ही हो सकता है। यह कथन कहां तक सत्य है?

श्री बरुआ : द्वितीय विश्व युद्ध तक इस बात को स्वयं सिद्ध सत्य के रूप में कहा जाता था क्योंकि तब वैज्ञानिक खोजें ज्यादातर अमेरिका तथा ब्रिटेन द्वारा की गई थीं किन्तु यह सिद्धांत नाजी जर्मनी तथा सोवियत रूस द्वारा समान स्तर की वैज्ञानिक खोजें किए जाने पर निराधार सिद्ध हो गया। सोवियत रूस में वैज्ञानिक अपने क्षेत्र में पूर्णतया स्वतन्त्र हैं तथा उनको सभी उपयोगी सुविधाएं तथा साधन तब तक उपलब्ध कराए जाते हैं जब तक कि वे स्वयं को राजनीति में नहीं डाल लेते।

तीसरा सदस्य : म्यांमार (बर्मा) द्वारा असोम (असम) पर आक्रमण करने के बारे में आप क्या जानते हैं?

श्री बरुआ : असोम (असम) पर अहोमों ने विजय प्राप्त की थी जो कि म्यांमार (बर्मा) के इनवेडी घाटी में बसे आदिवासी थे। अहोमों ने शीघ्र ही असमी भाषा और संस्कृति ग्रहण कर ली और असम के मूल निवासियों ने भी उन्हें स्वीकार कर लिया। बर्मियों ने फिर हमला किया और अहोमों ने ब्रिटिश सरकार से मदद करने के लिए अपिल की। अंग्रेजों ने बर्मियों को युद्ध

में हरा दिया तथा यान्दवू की संधि के अनुसार सन् 1826 में बर्मियों ने असम को जिस पर अंग्रेजों का कब्जा था, खाली कर दिया।

तीसरा सदस्य : क्या उस समय तक म्यांमार (बर्मा) भारत का एक भाग था?

श्री बरुआ : श्रीमान्, इसकी मुझे जानकारी नहीं है।

तीसरा सदस्य : ठीक है, म्यांमार (बर्मा) 1937 तक भारत का एक भाग था। म्यांमार (बर्मा) सैनिक तानाशाही के अधीन क्यों रहा?

श्री बरुआ : श्रीमान् मुझे यह ज्ञात नहीं है।

चौथा सदस्य : ओबामा के राष्ट्रपति चुने जाने से भारत पर क्या प्रभाव पड़ा है?

श्री बरुआ : ओबामा का रवैया भारत के प्रति बहुत सकारात्मक लग रहा है। कश्मीर के बारे में वे शिमला समझौते की वकालत करते रहे हैं।

चौथा सदस्य : अमेरिका की भारत से अधिक पाकिस्तान से मैत्री का क्या कारण है?

श्री बरुआ : मेरे विचार से अमेरिका के लिए पाकिस्तान एक अच्छा बाजार तथा पिछलग्गू देश है जबकि भारत की अपनी राजनीति है जो कई बार अमेरिका को रास नहीं आती।

चौथा सदस्य : अमेरिका खुलकर इजराइल की मदद कर रहा है जिसने अरब देशों को (जो इस्लाम का दिल कहलाते हैं) काफी क्षति पहुंचाई है, क्यों?

श्री बरुआ : अमेरिका में बसे यहूदियों की शह पर वह ऐसा कर रहा है।

चौथा सदस्य : मान लीजिए इजराइल भी रूस का मित्र बन जाए तो क्या होगा?

श्री बरुआ : श्रीमान्, मैं समझ गया, अमेरिका इसलिए पाकिस्तान तथा इजराइल का मित्र है क्योंकि ये दोनों मिलकर रूस के विरोधी बने रहे हैं जो कि विश्व में उनका सबसे बड़ा शत्रु है।

चौथा सदस्य : भारत अपनी तटस्थता की नीति का परित्याग नहीं करेगा, इसलिए हमारा ख्याल है कि अमेरिका के संबंध शायद ही भारत के साथ प्रगाढ़ होंगे।

श्री बरुआ : ऐसा ही प्रतीत होता है।

अध्यक्ष : क्या बड़े-बड़े शहरों में मेट्रो द्वारा आवागमन की समस्या को हल किया जा सकता है?

श्री बरुआ : जी हां।

अध्यक्ष : मेट्रो की लागत पर काफी खर्च आता है। क्या भारत जैसा निर्धन देश, इस व्यय को वहन कर सकता है?

श्री बरुआ   : निश्चित रूप से वहन कर सकता है। यद्यपि हमारे पास इतना धन नहीं
                 है कि भारत के महानगरों में मेट्रो की व्यवस्था की जा सके लेकिन
                 कोलकाता के बाद दिल्ली में मेट्रो की शुरुआत निश्चित रूप से
                 उत्साहवर्धक है। इससे प्रदूषण की समस्या से मुक्ति मिल सकेगी।

अध्यक्ष   : धन्यवाद बरुआ जी, अब आप जा सकते हैं।

                 (श्री बरुआ जी बाहर जाते हैं)

टिप्पणी : श्री बरुआ को अपने राज्य के बारे में उत्कृष्ट जानकारी है। कोलकाता में रहने पर उन्हें पता चलता है कि कैसी झूठी बातें उनके राज्य के बारे में फैलाई जाती है। उनकी रुचि विज्ञान का अध्ययन करने के बारे में स्पष्ट है। म्यांमार (बर्मा) के बारे में उन्होंने अधिक जानकारी प्राप्त करने का प्रयास नहीं किया जिसके कारण असम के साथ उनके नजदीकी संबंध थे। अन्तर्राष्ट्रीय राजनीति के बारे में उनकी जानकारी अधिक गम्भीर दिखाई नहीं पड़ी। मेट्रो के बारे में उनके निष्कर्ष काफी सही थे।

✩ ✩ ✩

XIV

श्री चन्द्रकांत सिंह का जन्म इम्फाल में हुआ था। उनकी आरम्भिक शिक्षा इम्फाल में तथा विश्वविद्यालयी शिक्षा उत्तर पूर्व हिल यूनिवर्सिटी शिलांग में हुई। वे समाज शास्त्र में एम॰ए॰ करने के लिए जवाहरलाल विश्वविद्यालय, नई दिल्ली आए और यहीं पर भाषा विज्ञान में अनुसंधान कार्य किया।

श्री सिंह : क्या मैं अन्दर आ सकता हूं?

अध्यक्ष : आइए सिंह साहब, बैठिए।

श्री सिंह : धन्यवाद (बैठते हैं)।

अध्यक्ष : आप मणिपुर के किस जिले के रहने वाले हैं और आपके जिले की आबादी कितनी है?

श्री सिंह : मणिपुर सेन्ट्रल, इसकी आबादी मणिपुर की कुल आबादी का 2/3 भाग है।

अध्यक्ष : पहाड़ों और मैदानों में जनसंख्या का क्या अनुपात है?

श्री सिंह : मैदानी भाग केवल आठ प्रतिशत है। इसमें कुल आबादी का 2/3 भाग रहता है। पहाड़ों और जंगलों वाला भाग 92% है किन्तु इसमें कुल जनसंख्या का 1/3 भाग ही रहता है।

पहला सदस्य : मानव क्लोनिंग के बारे में आप के क्या विचार हैं?

श्री सिंह : डॉली नामक भेड़ विश्व की सर्वप्रथम क्लोन थी। यह क्लोनिंग के क्षेत्र में एक बड़ी उपलब्धि थी। इसके बाद कई और जानवरों पर भी यह प्रक्रिया अपनाई गई है परन्तु मानव क्लोनिंग एक चिंताजनक प्रश्न है। इसके पक्ष में वैज्ञानिकों का मत है कि क्लोनिंग प्रकृति का ही एक अंग है जिसका उदाहरण जुड़वां बच्चे हैं। अतः सामाजिक, नैतिक, स्वास्थ्य एवं कानूनी स्तरों पर यह एक चिन्ता का विषय है तथा इसका प्रयोग बहुत सोच समझ कर करना चाहिए। यदि मानव क्लोनिंग से जुड़ी आर्थिक, सामाजिक, नैतिक व कानूनी समस्याओं का हल मिल जाता है तो पूरी मानवता को इस दिशा में कदम बढ़ाने पर कोई ऐतराज नहीं होगा।

दूसरा सदस्य : टी.वी., फिल्म तथा साहित्य में अश्लीलता पर आपके क्या विचार हैं?

श्री सिंह : अश्लीलता चाहे वह किसी भी प्रकार की हो चाहे मीडिया में या साहित्य में, मैं इसके खिलाफ हूं। जहां तक कला और संस्कृति का सवाल है एक कलाकार अपनी आकृति को केवल कला की दृष्टि से देखता है परन्तु वह भी इसी समाज का एक भाग है इसलिए कलाकार को अपनी कला की प्रस्तुति में हर चीज का ध्यान रखना चाहिए।

पहला सदस्य : भारत ने कृषि में काफी प्रगति की है, फिर भी कहा जाता है कि परिणाम प्रयासों के अनुपात में बहुत कम हैं। इसके क्या कारण हैं?

श्री सिंह : भारत की जनसंख्या का एक बड़ा भाग कृषि संबंधित कार्यों से जुड़ा है। परन्तु इस सबके बावजूद सफलता आशा के अनुरूप नहीं है। इसका प्रमुख कारण यह है कि किसानों के पास समुचित कृषि योग्य भूमि का अभाव है। इसके अतिरिक्त सरकारों की इच्छाशक्ति में कमी तथा पक्षपातपूर्ण बर्ताव भी कृषक समुदाय के विकास में बाधक है। इन सबके अतिरिक्त सबसे महत्त्वपूर्ण कारण किसानों द्वारा अभी भी पारंपरिक कृषि का प्रयोग करना है जो कि आधुनिक संयंत्रों द्वारा कृषि की तुलना में आशानुरूप सफलता नहीं प्राप्त कर सकती है। सरकारी विभागों तथा किसानों के बीच सही तालमेल का न होना भी किसानों को आधुनिक तकनीकों तथा विधियों की जानकारी से वंचित करता है। साथ ही अशिक्षा तथा निर्धनता भी किसानों के विकास में बाधक हैं।

दूसरा सदस्य : क्या आप इसका कोई समाधान बता सकते हैं?

श्री सिंह : इसमें कोई शक नहीं कि भारत ने कृषि के क्षेत्र में काफी उन्नति की है। इसमें सबसे बड़ा सहयोग कृषि विश्वविद्यालयों की स्थापना से हुआ। जहां कृषि से संबंधित कई प्रकार के शोध तथा विकास कार्यों का कर पाना संभव हो सका। इन विश्वविद्यालयों ने इस संदर्भ में महत्त्वपूर्ण भूमिका निभाई है। भाखड़ा तथा हीराकुड जैसे बांधों का निर्माण एक महत्त्वपूर्ण उपलब्धि है लेकिन हरित क्रान्ति से, जो इन विश्वविद्यालयों के प्रयासों का परिणाम है, इसका अधिक लाभ छोटे किसानों को नहीं हो सका।

पहला सदस्य : तब इन गरीब किसानों को क्या करना चाहिए?

श्री सिंह : इसका समाधान यह है कि इन किसानों को सामूहिक कृषि व्यवस्था अपनानी चाहिए।

दूसरा सदस्य : आपने भाषा विज्ञान को अपने अध्ययन का विषय क्यों चुना?

श्री सिंह : उत्तर-पूर्वी भाग मानवीय भाषाओं की प्रयोगशाला है। सम्पूर्ण विश्व में बोली जाने वाली 800 भाषाओं तथा बोलियों में 100 केवल भारत के उत्तर-पूर्वी

भाग में बोली जाती हैं। यद्यपि यहां पर रहने वाली जनसंख्या सारे विश्व की जनसंख्या का 1/2 प्रतिशत भी नहीं है।

दूसरा सदस्य : वहां इतनी भाषाएं और बोलियां क्यों हैं?

श्री सिंह : सड़कों के निर्माण से पूर्व इन उत्तर-पूर्वी पहाड़ियों पर आवागमन बड़ा कठिन था। बड़े गांवों में भी सड़के नहीं थीं। 20-20 मील तक वीरान इलाके थे। एक दूसरे से मिलना-जुलना मुश्किल था। इसीलिए हर कबीले की अपनी भाषा अपना अलग रहने का ढंग होता था।

दूसरा सदस्य : क्या यह सच है कि असम, मणिपुर और त्रिपुरा भारत में ब्रिटिश शासन के उपरान्त भारत के अंग बने।

श्री सिंह : ऐतिहासिक दृष्टि से यह गलत विचार है। ये इलाके केन्द्रीय शासन के अधीन न रहे होंगे किन्तु भारत का अभिन्न भाग तो अवश्य थे। असम, मणिपुर और त्रिपुरा की सांस्कृतिक जड़ें भारत में ही रहीं हैं। भावात्मक दृष्टि से ये प्रदेश फाह्यान तथा ह्वेनसांग के समय में भी भारत से ही जुड़े थे। धुर दक्षिणी प्रदेश भी एक समय उत्तरी शासन के अधीन नहीं था। इसका यह मतलब नहीं कि दक्षिण भारत संपूर्ण भारत का एक अंग नहीं था।

तीसरा सदस्य : श्री सिंह, रेड क्रस सोसाइटी की स्थापना के बारे में कुछ बताइए।

श्री सिंह : इसकी स्थापना फ्रैंच "हेनरी डुनान्ट" ने की थी। डुनान्ट एक बैंक संचालक तथा एक कम्पनी का संस्थापक था। 24 जून, 1859 को अपनी एक व्यावसायिक यात्रा के समय उसने बड़ी संख्या में सैनिकों को घायल अवस्था में देखा जो सलफेरिनो के युद्ध में घायल हो गए थे। यह युद्ध सार्डीनिया और फ्रांस ने आस्ट्रिया के विरूद्ध लड़ा था। डुनान्ट वह दृश्य देखकर बहुत दुखी हुआ। वे पड़ोस के गाँव के कुछ लोगों को बुलाकर लाया और उनके साथ मिलकर घायलों की मरहम-पट्टी की। बाद में इस घटना का उल्लेख उसने अपनी पुस्तक A Memory of Solferino में किया। तब उसके साथ कुछ प्रसिद्ध व्यक्ति भी जुड़ गए। इस तरह इस आन्दोलन ने रेड क्रास का चिह्न अपनाया। आज रेड क्रास एक अन्तर्राष्ट्रीय संस्था है जो घायल सैनिकों तथा युद्ध बंदियों के लिए एक महत्त्वपूर्ण भूमिका निभाती है। भारत तथा अन्य कई देशों में यह ब्लड बैंकों से भी संबंधित है।

चौथा सदस्य : क्या आपने भारत के राष्ट्रीय विद्यार्थियों का नाम सुना है?

श्री सिंह : जी हां, ये कांग्रेस (इ) के युवक स्कन्ध के लोग हैं।

चौथा सदस्य : क्या आप इस प्रकार के निकायों के गठन के पक्ष में हैं?

श्री सिंह : मैं राजनीतिक दलों द्वारा युवा शक्ति को दिग्भ्रमित करके उसका लाभ उठाने का विरोध करता हूं। ये युवकों के संगठन राजनीतिक दलों की चुनावों के दौरान मदद करते हैं और बदले में राजनीतिक दल उनके द्वारा किए जाने वाले उत्पातों और गुण्डागर्दी का समर्थन करते हैं। इन युवा दलों के नेताओं की राजनीतिक दलों से सांठ-गांठ होती है और उन्हें पढ़ाई करने से कोई मतलब नहीं होता। वस्तुतः ये पेशेवर राजनीतिज्ञ होते हैं।

चौथा सदस्य : क्या छात्र संगठनों पर रोक लगा देनी चाहिए?

श्री सिंह : मैं यह तो नहीं कह सकता कि किन विनिर्दिष्ट उपायों का प्रयोग करना चाहिए किन्तु यह जरूर कहना चाहूंगा कि राजनीतिक दलों द्वारा छात्र संगठनों के दुरुपयोग पर जरूर अंकुश लगाना चाहिए।

अध्यक्ष : आप कौन-सा अखबार पढ़ते हैं?

श्री सिंह : मैं स्टेट्समैन पढ़ता हूं।

अध्यक्ष : इसे ही क्यों पढ़ते हैं?

श्री सिंह : यह समाचार-पत्र कोलकाता पर आधारित समाचार पत्र है जो इम्फाल और शिलांग तक की खबरें छापता है और वहां शीघ्रता से मिल जाता है। इसके अतिरिक्त यह भारत के श्रेष्ठतम समाचार पत्रों में से एक है। दिल्ली में मैं दूसरे समाचार पत्र भी पढ़ता हूं–जैसे टाइम्स ऑफ इण्डिया आदि।

अध्यक्ष : क्या आप अन्तर्राष्ट्रीय गतिविधियों की जानकारी के लिए कोई पत्रिका भी पढ़ते हैं?

श्री सिंह : मैं अन्तर्राष्ट्रीय गतिविधियों की जानकारी दैनिक समाचार पत्रों से प्राप्त कर लेता हूं।

अध्यक्ष : धन्यवाद श्री सिंह, अब आप जा सकते हैं। (श्री सिंह बाहर आते हैं)

टिप्पणी : इस उम्मीदवार ने अपने राज्य मणिपुर तथा पूर्वोत्तरीय राज्यों के बारे में खास तौर से अपने विचार व्यक्त किए हैं। श्री सिंह के उत्तरों से ऐसा लगता है कि इनकी मनोव्यथा इन्हें भारत के प्रति मूल रूप से वफादार बने रहने के लिए झकझोर देती है। राजनीतिक दलों द्वारा छात्र शक्ति का दुरुपयोग इन्हें अखरता है। विदेशी अथवा अन्तर्राष्ट्रीय गतिविधियों के बारे में उनका ज्ञान सराहनीय है। निःसन्देह यह एक उच्च कोटि का साक्षात्कार है।

☆☆☆

XV

श्री श्रीकान्त नायर का जन्म केरल में हुआ था। उनकी समस्त शिक्षा भी केरल में हुई। उन्होंने एम॰ए॰ परीक्षा अन्तर्राष्ट्रीय संबंधों, को लेकर उत्तीर्ण की और मध्य पूर्व का विशेष अध्ययन किया।

श्री नायर : क्या मैं अन्दर आ सकता हूं?

अध्यक्ष : आइए नायर जी, बैठिए।

श्री नायर : धन्यवाद (बैठते हैं)।

अध्यक्ष : आपने मध्य पूर्व का विशेष अध्ययन क्यों किया?

श्री नायर : भारत में ऐसा कोई राज्य नहीं है जिसके इतने अधिक लोग मध्य पूर्व में हों जितने केरल के हैं।

अध्यक्ष : केरल के ये लोग क्या किसी विशेष समुदाय के हैं?

श्री नायर : जी हां, मुसलमान अधिक संख्या में हैं किन्तु दूसरे समुदायों के लोग भी काफी संख्या में पाए जाते हैं।

पहला सदस्य : क्या आपने केरल की सन् 2001 की जनगणना रिपोर्ट पढ़ी है?

श्री नायर : जी हां।

पहला सदस्य : कौन-सी ऐसी बातें हैं जो इस राज्य को भारत के अन्य राज्यों से अधिक महत्त्वपूर्ण बनाती हैं।

श्री नायर : यहां पढ़े-लिखे लोगों की संख्या सर्वाधिक अर्थात् 92.92% है। यहाँ पर सुशिक्षित महिलाओं की संख्या काफी अधिक अर्थात् 87.86% है। कहीं-कहीं पढ़े-लिखे पुरुषों की संख्या भी अधिक है। केरल में महिलाओं की संख्या पुरुषों से अधिक अर्थात् पुरुष 1000 तो नारियां 1058 हैं।

पहला सदस्य : क्या शिक्षा साम्प्रदायिकता को रोकती है?

श्री नायर : जी नहीं, शिक्षा की उच्च स्थिति होने पर भी यहां की राजनीति काफी साम्प्रदायिक है। मुसलमान, ईसाई, नायर, इजहावा सभी के अपने राजनैतिक संगठन हैं। ये लोग स्पष्ट रूप से साम्प्रदायिक हैं अथवा धर्म निरपेक्षता के लेबल के अधीन कठपुतली बने हुए हैं। अब वे यह जान

गए हैं कि शिक्षा-उन्नति का मार्ग है, इसलिए अपनी जात-बिरादरी के उत्थान के लिए स्कूल, कॉलेज खोल रहे हैं।

दूसरा सदस्य : आपने मध्य पूर्व का विशेष अध्ययन किया है, क्या आप बता सकते हैं कि जापान का प्रधानमंत्री कौन है?

श्री नायर : जापान के वर्तमान प्रधानमंत्री नाओतो केन हैं।

दूसरा सदस्य : क्या आप बता सकते हैं कि मध्यपूर्व उन्नीसवीं तथा बीसवीं सदी के पूर्वार्द्ध में मुस्लिम देश पिछड़े क्यों रहे?

श्री नायर : अरब वासियों की मनोवृत्ति ही ऐसी रही है युद्धकाल में तो वे बहादुर रहते हैं किन्तु शान्ति के समय अकर्मण्य हो जाते हैं।

दूसरा सदस्य : पैगम्बर मुहम्मद के बाद यह जाति पहली कुछ शताब्दियों तक एशिया तथा अफ्रीका के अधिक भू-भागों को भी जीत नहीं सकी थी। क्या आप बता सकते हैं कि अठारहवीं शताब्दी के मध्य में पश्चिमी यूरोप क्यों श्रेष्ठ रहा है?

श्री नायर : धन्यवाद श्रीमान् मैं समझ गया, पश्चिमी यूरोप की प्रगति का श्रेय वहां विकसित विज्ञान तथा प्रौद्योगिकी को जाता है।

दूसरा सदस्य : क्या अब मध्य पूर्व में जागृति आई है?

श्री नायर : खनिज तेल की वजह से कई देश सम्पन्न हो गए हैं किन्तु विज्ञान तथा प्रौद्योगिकी की दृष्टि से वहां कोई संतोष-जनक प्रगति नहीं हुई।

तीसरा सदस्य : क्या आप बता सकते हैं कि उपोलु द्वीप कहाँ स्थित है?

श्री नायर : दक्षिणी प्रशांत महासागर के पश्चिमी समोआ का यह द्वीप सर्वाधिक घनी आबादी वाला द्वीप है। लगभग 1174 वर्ग किलोमीटर क्षेत्रफल वाला उपोलु द्वीप की लम्बाई 74 कि.मी. और चौड़ाई 25.7 कि.मी. है। वनाच्छादित इस द्वीप पर वाई फेतु सबसे ऊंचा पर्वत है जिसकी ऊंचाई 1100 मीटर है। यहाँ पर नारियल, केला, रबड़, कोको, कॉफी बहुत पैदा होती है। यहाँ के प्रमुख बन्दरगाह का नाम 'ऑपिया' है।

तीसरा सदस्य : आजकल पर्यावरण सुधार की काफी चर्चा हो रही है। क्या आप इस बारे में कुछ बताएँगे?

श्री नायर : जी हां, पर्यावरण प्रदूषण की समस्या अन्तर्राष्ट्रीय बन चुकी है। यदि वायु, जल, वन, पशु-पक्षियों की सुरक्षा की ओर समुचित ध्यान न दिया गया तो स्थिति भयावह हो सकती है।

तीसरा सदस्य	:	क्या यह सच नहीं है कि इजराइल द्वारा लेबनान पर हमला किए जाने के कारण अमेरिका तथा इजराइल, अरब देशों में काफी बदनाम हो चुके हैं?

तीसरा सदस्य : क्या यह सच नहीं है कि इजराइल द्वारा लेबनान पर हमला किए जाने के कारण अमेरिका तथा इजराइल, अरब देशों में काफी बदनाम हो चुके हैं?

श्री नायर : जी हाँ, इसीलिए परिस्थितियों में परिवर्तन हो सकता है।

तीसरा सदस्य : कजाकिस्तान कहाँ है?

श्री नायर : यह रूस (पूर्व सोवियत संघ) का एक गणराज्य है जिसकी जलवायु काफी शुष्क है।

चौथा सदस्य : आपके केरल राज्य में पढ़े-लिखे बेकारों की समस्या काफी सोचनीय है लेकिन ऐसी ही समस्या तो पूरे भारत में है। क्या इस समस्या का कोई हल भी है?

श्री नायर : अपने संसाधनों का अधिक अच्छा उपयोग करके हम रोजगार के अवसर बढ़ा सकते हैं।

चौथा सदस्य : कौन से संसाधन?

श्री नायर : हमारे वित्तीय संसाधनों को काफी सीमा तक भ्रष्टाचार खाए जा रहा है। यदि इस भ्रष्टाचार का मुकाबला सख्ती से किया जाए तो काफी धनराशि बचाई जा सकती है। इस धनराशि का उपयोग उन परियोजनाओं पर किया जा सकता है जिनमें गहन श्रम की आवश्यकता होती है।

चौथा सदस्य : सड़कें तथा इमारतों के निर्माण द्वारा अर्द्ध-कुशल और अकुशल मजदूरों की बेरोजगारी तो घटाई जा सकती है किन्तु सुशिक्षित बेरोजगार लोगों की समस्या को कैसे हल किया जाए?

श्री नायर : उच्चतर माध्यमिक शिक्षा के बाद अधिकतर तकनीकी प्रकार की शिक्षा होनी चाहिए ताकि लोग स्वयं भी लघु उद्योगों की स्थापना कर सकें।

अध्यक्ष : आप दिल्ली में कितने दिनों से हैं?

श्री नायर : मैं यहाँ पर गत 20 दिनों से हूं तथा अपने एक नजदीकी रिश्तेदार के यहां ठहरा हुआ हूं।

अध्यक्ष : दिल्ली में यातायात के बारे में आपका क्या अनुभव है?

श्री नायर : दिल्ली की सड़कों पर अत्यधिक दुर्व्यवस्था दिखाई पड़ती है। यह स्थिति दफ्तरों के आने-जाने के समय में और भी अधिक बढ़ जाती है।

अध्यक्ष : क्या तिरुवनन्तपुरम में यहाँ से भी खराब स्थिति नहीं है?

श्री नायर : प्राइवेट मोटर कारों में वृद्धि हो जाने के कारण स्थिति में गिरावट आई है।

अध्यक्ष   : धन्यवाद, नायर अब आप जा सकते हैं।

(श्री नायर बाहर आते हैं।)

टिप्पणी : श्री नायर को अपने राज्य केरल के बारे में अच्छा ज्ञान है। इसके अतिरिक्त जिस विषय में उनका विशेष अध्ययन है अर्थात् मध्य पूर्व के बारे में, निश्चय ही उनकी जानकारी सराहनीय है। सदस्य के संकेत पर वे वस्तुस्थिति को समझने में भी कुशल दिखाई पड़े। बेरोजगारी के निराकरण के लिए यद्यपि उनके पास ठोस कार्यक्रम नहीं था, फिर भी उनके उत्तर काफी सूझ-बूझ वाले माने जा सकते हैं। कुल मिलाकर इसे हम एक अच्छा साक्षात्कार मान सकते हैं।

☆ ☆ ☆

XVI

श्री विपिनचन्द्र राम बिहार के छपरा जिले के निवासी हैं। इनका जन्म ग्राम्य परिवेश में हुआ था। आरम्भिक शिक्षा मिशनरी स्कूल में हुई तथा विज्ञान में ग्रेजुएशन उन्होंने पटना से किया। एम॰ए॰ समाजशास्त्र में करने के बाद वे बिहार सरकार की सेवा में पदासीन हैं। वर्तमान समय में सीवान जिले के एक तहसील में हाकिम परगना (एस॰डी॰ओ॰) हैं।

श्री विपिनचन्द्र : नमस्कार!

अध्यक्ष : आइए, विपिन जी, नमस्कार!

श्री विपिनचन्द्र : धन्यवाद, श्रीमान् (बैठते हैं)।

अध्यक्ष : आपने समाजशास्त्र विषय लेकर एम॰ए॰ किया किन्तु, ग्रेजुएशन आपने विज्ञान से की थी। विज्ञान विषय छोड़कर आपने 'कला' को अपनाया, इसका कोई खास प्रयोजन रहा होगा?

श्री विपिनचन्द्र : अवश्य प्रयोजन था, बल्कि दो प्रयोजन थे, विज्ञान विषयों में मैं प्रथम श्रेणी के अंक नहीं प्राप्त कर सका एक कारण, तथा समाज सेवा के प्रति सहज आकर्षण दूसरा कारण।

अध्यक्ष : अर्थशास्त्र, इतिहास आदि विषय न लेकर समाजशास्त्र विषय लेना भी शायद आपकी इसी रुचि का परिचायक है?

श्री विपिनचन्द्र : जी हाँ!

अध्यक्ष : समाज शास्त्र की ऐसी परिभाषा बताइए जो आपको सबसे ज्यादा रुचिकर और सटीक लगती हो।

श्री विपिनचन्द्र : श्रीमान्! समाजशास्त्री जिन्सवर्ग की परिभाषा मुझे सर्वाधिक तर्क संगत लगती है। उन्होंने कहा है—समाजशास्त्र, मानवीय आपसी क्रियाओं, आपसी संबंधों, दशाओं और परिणामों का अध्ययन है।*

पहला सदस्य : क्या आप किन्हीं अन्य समाजशास्त्रियों के नाम बता सकते हैं?

श्री विपिनचन्द्र : जी हाँ! दुर्खीम, मैकाइवर, गिडिंग्ज, सिमल आदि।

---

*"Sociology is the study of human interactions and inter-relations, their conditions and consequences".

—Ginsberg

दूसरा सदस्य   :   परगना अधिकारी के रूप में आपकी क्या उपलब्धियाँ रही हैं?

श्री विपिनचन्द्र   :   मेरी तैनाती के बाद किसी प्रकार का साम्प्रदायिक तनाव मेरे क्षेत्र में पैदा नहीं हुआ। पिछड़ा क्षेत्र होने पर भी मैंने वहाँ शान्ति और सुव्यवस्था की ओर अधिक ध्यान दिया है। पीने के पानी की सुविधाओं में सुधार किया। पिछड़ी जातियों, अनुसूचित जातियों तथा अनुसूचित-जनजातियों की आर्थिक समुन्नति के लिए मैंने निदेशानुसार हर सम्भव कार्य किए, जैसे–ऋण सुविधाएँ, कुपोषण से बचाव, आवास तथा जल सुविधाएँ आदि उपलब्ध कराना तथा इनके कार्यान्वयन में आने वाली कठिनाइयों का निराकरण करना।

पहला सदस्य   :   आपके क्षेत्र की प्रमुख समस्या क्या है तथा उसके बचाव के लिए क्या उपाय किए जा सकते हैं?

श्री विपिनचन्द्र   :   मेरे क्षेत्र की प्रमुख समस्या नशा खोरी की लत होना है। मैंने पुलिस को सतर्क कराया है कि लोग असावधानीवश गलत नशीले पदार्थों का उपयोग न कर सकें। साथ ही नशा विरोधी संस्थाओं द्वारा जन जागरण कराया है जिसके फलस्वरूप कुछ लोगों ने जीवन पर्यन्त नशीले पदार्थ सेवन न करने की प्रतिज्ञा की है।

अध्यक्ष   :   अच्छा विपिनजी, अब आप जा सकते हैं, धन्यवाद।

श्री विपिनचन्द्र   :   धन्यवाद श्रीमान् (श्री विपिनचन्द्र बाहर आ जाते हैं।)

टिप्पणी : कुल मिलाकर इस इन्टरव्यू को एक अच्छा इन्टरव्यू कहा जा सकता है। ज्यादातर पूछे गए प्रश्न सामान्य कोटि के थे फिर भी बोर्ड के सदस्य यह चाहते थे कि श्री विपिनचन्द्र के ज्ञान तथा उनकी कार्य कुशलता की किसी प्रकार थाह ले ली जाए। श्री विपिनचन्द्र जागरूक और ऐसे उम्मीदवार दिखाई पड़े, जिनमें जागरूकता के साथ-साथ कर्त्तव्य-बोध की भावना भी मिलती है।

☆ ☆ ☆

XVII

श्री प्रेमचन्द्र शर्मा का जन्म लखनऊ में हुआ था। वहीं रहकर उन्होंने अध्ययन किया तथा लखनऊ विश्वविद्यालय में एम॰ए॰ (हिन्दी) में स्नातकोत्तर उपाधि प्राप्त की। श्री प्रेमचन्द्र का हिन्दी के प्रति सहज अनुराग रहा है। बी॰ए॰ में अंग्रेजी में अच्छे अंक प्राप्त करने के बावजूद भी उन्होंने हिन्दी में एम॰ए॰ किया और प्रथम श्रेणी प्राप्त की। सम्प्रति आप उत्तर प्रदेश के एक ब्लॉक में खण्ड विकास अधिकारी हैं तथा हिन्दी अधिकारी के साक्षात्कार हेतु नई दिल्ली आए हैं।

श्री प्रेमचन्द्र शर्मा : नमस्कार!

अध्यक्ष : नमस्कार! आइए शर्माजी, बैठिए।

श्री शर्मा : धन्यवाद, श्रीमान् (बैठते हैं)।

अध्यक्ष : आपको हिन्दी का कौन-सा कवि सबसे अधिक प्रिय लगता है, और क्यों?

श्री शर्मा : मैं सबसे अधिक गोस्वामी तुलसीदास को अपना श्रेष्ठ कवि मानता हूं क्योंकि उनकी कविता ही जन-जन तक पहुँचने में सफल रही है।

अध्यक्ष : गोस्वामी तुलसीदास को ब्राह्मणों का समर्थक, शूद्रों तथा नारियों के प्रति अनुदार बताया जाता है। क्या इस बारे में आप कुछ कहना चाहेंगे?

श्री शर्मा : किसी कवि और उसकी कविता का मूल्यांकन देश, काल और परिस्थितियों से असम्पृक्त होकर नहीं करना चाहिए। तुलसी साहित्य का जो लोग गम्भीर अध्ययन नहीं करते वे तुलसी की आत्मा को नहीं समझ सकते। दो-चार चौपाइयों को आधार बनाकर तुलसी के विषय में कोई निर्णय लेना महाकवि के प्रति अन्याय है। वस्तुतः तुलसीदास राष्ट्रवादी, महान् चिन्तक और युगान्तरकारी महाकवि थे।

अध्यक्ष : रामचरितमानस के पश्चात् उनकी दूसरी सर्वोत्कृष्ट रचना किसे मानते हैं?

श्री शर्मा : निश्चय ही विनय पत्रिका को।

पहला सदस्य : शर्माजी, हिन्दी को संविधान के किस अनुच्छेद के अनुसार राजभाषा का पद दिया गया है?

श्री शर्मा : भारत के संविधान के अनुच्छेद 343 में यह व्यवस्था दी गई है कि "संघ की सरकारी कामकाज की भाषा देवनागरी लिपि में लिखी हिन्दी हो।"

दूसरा सदस्य   : राजभाषा नियम कब और क्यों बनाए गए थे?

श्री शर्मा   : सन् 1976 में ये नियम भारत के राजपत्र भाग II खण्ड-3 [उपखण्ड (I)] में प्रकाशित हुए थे तथा इनके बनाने का उद्देश्य था कि केन्द्र के सरकारी काम-काज को हिन्दी में करने की गति को तेज किया जाए तथा पत्र व्यवहार शत-प्रतिशत हिन्दी में ही करने के लिए जोर दिया जाए।

दूसरा सदस्य   : क्या इन नियमों के बन जाने से केन्द्र का सरकारी काम-काज हिन्दी में होने लगा है?

श्री शर्मा   : मेरे विचार से शायद नहीं। वस्तुस्थिति का पता तो पद पर नियुक्त होने के बाद ही चल पाएगा।

सभी सदस्य   : मुस्कराने लगते हैं।

अध्यक्ष   : आप प्रखण्ड विकास अधिकारी हैं। इस पद पर रहकर आपने कौन-सा उल्लेखनीय कार्य किया है?

श्री शर्मा   : महोदय, खण्ड विकास अधिकारी कुछ ग्राम सभाओं के विकास को दिशा देता है जिसमें कृषि, शिक्षा, स्वास्थ्य और सफाई का विशेष महत्त्व होता है। मैंने प्रत्येक गाँव में ऐसे स्थानों पर पीने के पानी की व्यवस्था कराई है जहां जलस्तर नीचा होने के कारण गाँव वालों को पानी की समस्या का सामना करना पड़ता था। इसके अलावा बारिश के दिनों में गाँव की महिलाओं के लिए मैंने कुछ शौचालय भी बनवाए हैं जिनकी अधिकारियों तथा ग्रामवासियों ने काफी प्रशंसा की है।

अध्यक्ष   : ठीक है, शर्मा जी, अब आप जा सकते हैं।

                   (धन्यवाद देकर बाहर आ जाते हैं।)

टिप्पणी : श्री शर्मा ग्रामीण परिवेश के अधिकारी हैं। हिन्दी अधिकारी के पद के साक्षात्कार में उनके द्वारा दिए गए उत्तर काफी सटीक तथा अच्छे रहे किन्तु उनका अन्तिम उत्तर बहुत अच्छा नहीं रहा। खण्ड विकास अधिकारी के रूप में वे अन्य उपयोगी कार्यों का निष्पादन करने का उल्लेख करते तो अच्छा रहता। यह साक्षात्कार मध्यम श्रेणी का कहा जाएगा।

☆ ☆ ☆

XVIII

श्री राजेश शुक्ल मूल रूप से रायबरेली जिले के निवासी हैं। उनकी शिक्षा-दीक्षा कानपुर में हुई। वहीं से उन्होंने अर्थशास्त्र विषय लेकर एम०ए० परीक्षा पिछले वर्ष उत्तीर्ण की। वे सम्प्रति कानून का अध्ययन कर रहे हैं तथा पहली बार वे इन्टरव्यू देने के लिए दिल्ली आए हैं।

श्री शुक्ल	:	क्या मैं अन्दर आ सकता हूं?
अध्यक्ष	:	आइए शुक्ल जी, बैठिए।
श्री शुक्ल	:	धन्यवाद (बैठते हैं)।
अध्यक्ष	:	भारतीय जनसंख्या के नियमन के लिए आप सबसे अधिक उपयोगी तरीका बताइए।
श्री शुक्ल	:	मेरे विचार से बिना किसी प्रकार का जातीय, धार्मिक और सामाजिक विचार किए परिवार नियोजन को अनिवार्य कर देना चाहिए तथा एक सन्तान वाले व्यक्ति को राष्ट्रीय सम्मान दिया जाना उचित होगा।
अध्यक्ष	:	अनिवार्य परिवार नियोजन का कुपरिणाम गत वर्षों में एक शासक दल ने देखा था, ऐसी परिस्थिति में कोई भी सत्ताधारी सरकार ऐसा कोई जोखिम क्यों उठाना चाहेगी कि उसे सत्ता से ही वंचित रह जाना पड़े।
श्री शुक्ल	:	यही कारण है कि हमारे देश की जनसंख्या में चिन्तनीय वृद्धि हो रही है।
पहला सदस्य	:	राष्ट्रीय आय की परिभाषा आप संक्षेप में बताइए।
श्री शुक्ल	:	राष्ट्रीय आय से आशय है कि किसी देश की अर्थव्यवस्था में एक अवधि विशेष (साधारणतया एक वर्ष) में उत्पादित सब अन्तिम (final) वस्तुओं तथा सेवाओं का कुल मुद्रा मूल्य। वस्तुतः राष्ट्रीय आय किसी अवधि में उत्पादित होने वाली वस्तुओं और सेवाओं का जोड़ है।
दूसरा सदस्य	:	आप रामनोहर लोहिया के नाम से तो परिचित होंगे। उन्होंने पं० नेहरू के जमाने में राष्ट्रीय आय के प्रसंग में प्रति व्यक्ति आय के जो आँकड़े दिए थे वे काफी चौंकाने वाले थे। भारत सरकार ने कालान्तर में प्रति व्यक्ति आय बढ़ाने के लिए कई उपाय किए किन्तु अब भी भारत सामान्य व्यक्ति को गरीबी से उबारने में बहुत कुछ सफल नहीं हो सका है। आपके विचार से इसका क्या रहस्य है?
श्री शुक्ल	:	मेरे विचार से इसका सबसे जोरदार कारण एक ही है और वह कारण है—भारत की आर्थिक नीतियों का कार्यान्वयन ठीक प्रकार से न हो पाना।

अध्यक्ष : आप इसे कैसे ठीक करने का प्रयास करेंगे?

श्री शुक्ल : काफी मुश्किल काम है, मैं नहीं कह सकता इसका सही समाधान खोजने में मैं क्या कुछ कर पाऊँगा। इसके लिए पूरे तंत्र को बदलना पड़ेगा।

पहला सदस्य : आप कानून का अध्ययन कर रहे हैं। ऐसा करने का उद्देश्य क्या है?

श्री शुक्ल : मेरा उद्देश्य कानून की बारीकियों को समझना तथा मौका मिलने पर जहां तक बन पड़े निर्दोष लोगों को बचाना जो कभी-कभी बेकार ही कसूरवार ठहराए जाते हैं।

अध्यक्ष : आपने हिन्दी माध्यम से स्नातकोत्तर परीक्षा उत्तीर्ण की है। एम॰ए॰ में अर्थशास्त्र की क्या सभी पुस्तकें हिन्दी में उपलब्ध हैं?

श्री शुक्ल : सभी पुस्तकें भले ही उपलब्ध न हों किन्तु काफी पुस्तकें हिन्दी में मिल जाती हैं। अंग्रेजी में अच्छी पुस्तकें पढ़ लेने के बाद उनके आशय की अभिव्यक्ति करना हिन्दी में मुश्किल नहीं है।

दूसरा सदस्य : गांधी जी, कुटीर उद्योगों के समर्थक थे तथा पं॰ नेहरू ने ज्यादा जोर भारी उद्योगों को प्रोत्साहित करने में दिया था। आपके विचार से इन दोनों में से कौन-सा रास्ता भारत के लिए हितकर हो सकता है।

श्री शुक्ल : मेरे विचार से भारत जैसे विकासोन्मुखी देश के लिए दोनों ही व्यवस्थाएं आवश्यक हैं। भारत के पास इतने साधन अभी नहीं हैं कि वह व्यापक स्तर पर औद्योगीकरण को बढ़ावा दे सके। इसलिए गांधी जी की परिकल्पना के अनुसार हमें अपने पुराने उद्योग धन्धों का विकास तो करना ही होगा। परम्परा से चले आ रहे इन उद्योग-धन्धों में मामूली फेरबदल करने के अलावा अतिरिक्त निवेश (Investment) की आवश्यकता नहीं पड़ेगी किन्तु भारी उद्योग लगाने में हमें निश्चय ही परमुखापेक्षी बनना पड़ता है क्योंकि स्वदेशी निवेश के लिए हमारे देश में इतनी गुँजाइश नहीं है कि उससे भारी उद्योग लगाए जा सकें।

अध्यक्ष : ठीक है शुक्ल जी, अब आप जा सकते हैं।

श्री शुक्ल : धन्यवाद (कहने के पश्चात् श्री शुक्ल कक्ष से बाहर आ जाते हैं।)

टिप्पणी : श्री राजेश शुक्ल का यह साक्षात्कार सामान्य श्रेणी का साक्षात्कार है जिसमें उन्होंने किसी प्रकार का भी गम्भीर उत्तर न देकर सदस्यों को असन्तुष्ट किया। फिर भी, उनकी निर्भयता इस प्रकार की थी जिसके कारण बोर्ड के सदस्य जरूर उनसे प्रभावित हुए होंगे।

✩ ✩ ✩

XIX

श्री अमियरंजन दास कोलकाता के निवासी हैं। अंग्रेजी माध्यम से शिक्षा प्राप्त श्री दास उच्च मध्यमवर्गीय परिवार के सदस्य हैं। उनकी चाल-ढाल वेशभूषा से पता चलता है कि उनमें अभिजात्य संस्कृति का प्रभाव प्रचुर है। फर्राटेदार अंग्रेजी बोलने में निष्णात् श्री दास के साथ जो साक्षात्कार हुआ उसका हिन्दी रूपान्तर यहां दिया गया है। श्री दास इतिहास में एम॰ए॰ हैं तथा कलकत्ता विश्वविद्यालय, कोलकाता में रिसर्च स्कॉलर हैं।

श्री दास   :   क्या मैं अन्दर आ सकता हूँ?

अध्यक्ष   :   आइए! बैठिए।

श्री दास   :   धन्यवाद (आसन ग्रहण करते हैं)।

अध्यक्ष   :   आप इतिहास का अध्ययन कर रहे हैं तथा शोध भी इसी विषय पर कर रहे हैं। क्या आप बताएंगे कि भारत एक लम्बी अवधि तक गुलाम रहा इसके क्या कारण हैं? जबकि भारतीय लोगों में वीरता की कमी नहीं थी।

श्री दास   :   श्रीमान्! मेरे विचार से इसके एक नहीं अनेक कारण रहे हैं। मैं इसका सर्वप्रमुख कारण आपसी विद्वेष मानता हूँ। इसके अतिरिक्त सुसंगठित सेना का अभाव, शस्त्रास्त्रों का समयानुकूल न होना, राजाओं का आपसी सहयोग न होना, व्यक्तिवादी तथा आत्म तोषी मनोवृत्ति, जातिप्रथा आदि अन्य अनेक कारण हो सकते हैं।

अध्यक्ष   :   एक लम्बी गुलामी के अभिशाप से मुक्ति के बाद क्या अलगाववादी वातावरण में अन्तर आया है?

श्री दास   :   मैं कहना चाहूँगा, शायद नहीं आया है। एक बार जो कुर्सी से चिपक गया वह उसे छोड़ना नहीं चाहता। लोकतन्त्र प्रचारतंत्र बनता जा रहा है। इसे बदलने की मनोवृत्ति रखने वालों को हतोत्साहित और बदनाम किया जाता है। यही कारण है कि सार्वदेशिक दलों से ज्यादा क्षेत्रीय राजनैतिक दल उभर रहे हैं और वे सीमित रहने में ही आत्मतोष कर रहे हैं। समस्त भारत को एकता के सूत्र में पिरोए रखने की भावना लुप्त होती जा रही है।

पहला सदस्य   : आप इसे एकता के सूत्र में बांधे रखने के लिए क्या करना चाहेंगे?

श्री दास   : विशुद्ध देशभक्ति का प्रचार जैसा कि जापान, ब्रिटेन, चीन, रूस आदि देशों में है।

पहला सदस्य   : यह कार्य यहाँ कुछ राष्ट्रीय स्तर के संगठन कर रहे हैं।

श्री दास   : जो संगठन यह कार्य कर रहे हैं निःसन्देह वे प्रशंसनीय हैं किन्तु कुछ ऐसे हैं जिनको समग्र नागरिकों का प्रतिनिधि नहीं माना जाता। मैं चाहता हूँ भेद-भाव से रहित, जाति, वर्ग, भाषा और हठधर्मिता तथा प्रान्तवाद से ऊपर उठकर सार्वदेशिक संगठन बने जिसमें सभी देशभक्त नागरिक भागीदार बनें।

दूसरा सदस्य   : आप किसी एक ऐसे बंगला साहित्यकार का नाम बताइए जिसने ऐतिहासिक नाटक लिखे हों।

श्री दास   : श्री द्विजेन्द्रलाल राय जिन्हें डी॰एल॰ राय के नाम से भी जाना जाता है।

दूसरा सदस्य   : क्या आप पं॰ जवाहरलाल नेहरू की दो प्रमुख ऐतिहासिक कृतियों के नाम बता सकेंगे?

श्री दास   : अवश्य, ''ग्लिम्पसेज ऑफ वर्ल्ड हिस्ट्री'' तथा ''डिस्कवरी ऑफ इण्डिया'' (हिन्दी में दोनों पुस्तकें विश्व इतिहास की झलक तथा हिन्दुस्तान की कहानी के नाम से सस्ता साहित्य मण्डल, नई दिल्ली ने छापी हैं।)

पहला सदस्य   : ऐसी कौन-सी बड़ी घटना थी जिसके कारण अशोक का हृदय परिवर्तन हुआ था?

श्री दास   : करीब 265 वर्ष ई॰ पू॰ अशोक ने कलिंग पर चढ़ाई करके उसे विजित किया था। कहा जाता है इस युद्ध में एक लाख व्यक्ति मारे गए थे, डेढ़ लाख बन्दी बनाए गए थे। इस भीषण हत्याकाण्ड से अशोक का हृदय परिवर्तन हो गया था।

पहला सदस्य   : 'भारत में अंग्रेजी राज' पुस्तक के लेखक के बारे में आप कुछ बता सकेंगे।

श्री दास   : यह पुस्तक मूलतः हिन्दी में लिखी गई थी, जिसे मैंने नहीं देखा। इसके लेखक पं॰ सुन्दरलाल हैं।

अध्यक्ष   : हिस्ट्री में ऐसा कौन-सा राजा अथवा नायक है जिसे आप सबसे अच्छा मानते हैं।

श्री दास   : अपनी-अपनी जगह कई राजा और सम्राट ऐसे हुए हैं जो काफी प्रतापी थे किन्तु मैं महाराणा प्रताप को सबसे अधिक महान व्यक्ति मानता हूं जिन्होंने विषम परिस्थितियों में भी अकबर की अधीनता स्वीकार नहीं की थी।

अध्यक्ष   : ठीक है श्री दास, अब आप जा सकते हैं।

श्री दास   : धन्यवाद श्रीमान् (श्री दास बाहर आ जाते हैं।)

टिप्पणी : इस साक्षात्कार को समीक्षात्मक न मानकर विवरणात्मक साक्षात्कार कहना अधिक समीचीन लगता है। श्री दास को हिन्दी का ज्ञान नहीं था इसीलिए उन्होंने ''भारत में अंग्रेजी राज'' पुस्तक नहीं पढ़ी किन्तु वे इस पुस्तक तथा इसके लेखक के बारे में जानते थे। इतिहास के विद्यार्थी होने के नाते श्री दास का अध्ययन प्रशंसनीय कहा जाएगा।

☆ ☆ ☆

XX

कुमारी रजनी मेहता गुजराती तरुणी हैं। उनकी शिक्षा-दीक्षा अहमदाबाद में हुई तथा उन्होंने राजनीति विज्ञान में एम०ए० प्रथम श्रेणी में उत्तीर्ण किया। जागरूक तथा आकर्षक व्यक्तित्व वाली कुमारी मेहता वर्तमान समय में अहमदाबाद के ही एक कॉलेज में लेक्चरर हैं तथा अपने विषय का अच्छा ज्ञान रखती हैं। अपने साक्षात्कार के संबंध में वे दिल्ली आई हैं।

कुमारी रजनी मेहता : क्या मैं अन्दर आ सकती हूं?

अध्यक्ष : आइए कुमारी मेहता, बैठिए।

कुमारी रजनी : धन्यवाद (बैठ जाती हैं)।

अध्यक्ष : आजकल आप क्या करती हैं?

कुमारी रजनी : अभी तक तो परीक्षा की तैयारी ही करती रही हूँ।

अध्यक्ष : राजनीति विज्ञान पढ़ने के लिए आप कैसे प्रेरित हुई?

कुमारी रजनी : यह विषय मुझे अच्छा लगा क्योंकि इसके द्वारा देश-विदेश की शासन प्रणालियों तथा सांविधिक विकास का पता चलता है।

अध्यक्ष : अब्राहम लिंकन ने लोकतांत्रिक शासन की परिभाषा बताई है। क्या आप उसके बारे में कुछ बताएँगी?

कुमारी रजनी : जी हां। अब्राहम लिंकन ने कहा था–जनता की सरकार, जनता के लिए कार्यरत सरकार, जनता के द्वारा संचालित सरकार ही लोकतांत्रिक सरकार है।

अध्यक्ष : लोकतांत्रिक शासन को किसी ने बेवकूफों की सरकार भी कहा है?

कुमारी रजनी : जी हाँ, बेवकूफों की सरकार यह तब बन जाती है जब भोली-भाली अनपढ़ जनता मतदान के महत्त्व को नहीं समझती तथा अपात्र लोगों को अपना प्रतिनिधि चुन लेती है। ऐसे प्रतिनिधि लोकहित की बात छोड़कर आत्महित को सोचने लग जाते हैं।

पहला सदस्य : भारतीय संविधान में क्या ऐसी सम्भावनाएँ हैं जिसके कारण राष्ट्रपति को अपरिमित शक्तियाँ मिल गई हों?

कुमारी रजनी : भारतीय संविधान किसी को भी अपरिमित शक्तियाँ नहीं देता। संकटकालीन समय में उसे कुछ विशिष्ट अधिकार अवश्य मिल जाते हैं किन्तु

राष्ट्रपति को संकटकालीन अवस्था बनाए रखने के अपरिमित अधिकार
नहीं हैं।

पहला सदस्य : संकटकालीन शक्तियों के अन्तर्गत राष्ट्रपति को अधिकार है कि वह किसी
भी राज्य के शासन की बागडोर अपने हाथ में ले ले। क्या जम्मू कश्मीर
के बारे में भी उसे यह अधिकार प्राप्त है?

कुमारी रजनी : जी हां। संकटकालीन स्थिति की घोषणा करके राष्ट्रपति जम्मू कश्मीर के
शासन को भी अपने हाथ में ले सकता है।

दूसरा सदस्य : ''राज्य के नीति निदेशक सिद्धान्त'' से क्या आशय है?

कुमारी रजनी : हमारे देश के संविधान की यह विशेषता है कि इसमें आयरलैण्ड के
संविधान की तरह ऐसे सिद्धान्तों का समावेश किया गया है ताकि केन्द्र
तथा राज्य सरकारें कानून बनाते समय उन लोकहित के सिद्धान्तों को
ध्यान में रखते हुए कानून का निर्माण करें। संविधान की प्रस्तावना
(Preamble) में निहित भावों को साकार रूप देने के लिए इन सिद्धान्तों
को संविधान में शामिल किया गया है। ये सिद्धान्त एक प्रकार से
कार्यपालिका तथा विधान-मण्डल के लिए निर्देश हैं।

दूसरा सदस्य : मूलाधिकार तथा राज्य के नीति निदेशक सिद्धान्तों में क्या अन्तर है?

कुमारी रजनी : मूलाधिकार तथा नीति निदेशक सिद्धान्त में मुख्य अन्तर यह है कि
मूलाधिकारों को न्यायालय द्वारा चुनौती दी जा सकती है तथा उनको लागू
करने के लिए शासन को विवश किया जा सकता है किन्तु राज्य के
नीति निदेशक तत्त्वों को कानून द्वारा लागू नहीं कराया जा सकता। इनके
पीछे केवल नैतिक बल होता है। सरकार चाहे तो इनका पालन करे और
यदि न चाहे तो उसे मजबूर नहीं किया जा सकता।

अध्यक्ष : अच्छा रजनी जी, अब आप जा सकती हैं।

कुमारी रजनी : (उठ खड़ी होती है) धन्यवाद,

(ऐसा कहकर कुमारी रजनी बाहर आ जाती है।)

> **टिप्पणी :** कुमारी रजनी का यह साक्षात्कार काफी अच्छा जान पड़ता है। भले
> ही इसमें कुछ दुरूह मुद्दे न उठाए गए हों किन्तु कुल मिलाकर रजनी द्वारा दिए
> गए उत्तर काफी अच्छे, विषय सापेक्ष तथा तर्क संगत रहे हैं।

☆ ☆ ☆

XXI

नरेन्द्र सिंह चौहान मैनपुरी के निवासी हैं। उनकी आरम्भिक शिक्षा हाईस्कूल तक मैनपुरी में हुई तथा इन्टर और कॉलेज की शिक्षा उन्होंने लखनऊ में पूरी की जहां उनके पिता एक अधिकारी हैं। श्री नरेन्द्र सिंह समाज-शास्त्र में एम॰ए॰ हैं तथा उन्होंने प्रथम श्रेणी में एम॰ए॰ की डिग्री प्राप्त की है। उन्होंने 8 महीने तक एक डिग्री कॉलेज में तदर्थ आधार पर प्रवक्ता (Lecturer) के पद पर कार्य भी किया है। उनका यह साक्षात्कार नियमित प्रवक्ता के पद से संबंधित है।

श्री नरेन्द्र सिंह : क्या मैं अन्दर आ सकता हूँ?

अध्यक्ष : आइए नरेन्द्र जी! बैठिए।

श्री नरेन्द्र सिंह : धन्यवाद, (आसन ग्रहण करते हैं।)

अध्यक्ष : समाजशास्त्र विषय से संबंधित कुछ अन्य सेवाएँ भी हैं फिर आपने शिक्षा का क्षेत्र ही क्यों चुना?

श्री नरेन्द्र सिंह : मेरी सहज रुचि अध्यापन की ओर ही है। यही कारण है कि थोड़े समय के लिए ही सही मैंने प्रवक्ता के पद पर कार्य किया है तथा मुझे अच्छा लगा कि मैंने अपने विचारों से अपने विद्यार्थियों को लाभान्वित करने की चेष्टा की है।

अध्यक्ष : आपका महाविद्यालय ग्रामीण अंचल में था तथा आपने अपनी शिक्षा एक प्रदेश की राजधानी में पूरी की। इन दोनों जगहों के विद्यार्थियों में क्या आपको कोई अन्तर लगा?

श्री नरेन्द्र सिंह : अवश्य अन्तर दिखाई पड़ा। लखनऊ विश्वविद्यालय में छात्रों का ध्यान अन्य बातों के साथ-साथ संगठन आदि के कार्यों में भी रहता है। कभी-कभी छात्र आन्दोलन भी होते हैं किन्तु जहाँ तक मुझे पता चला था मैंने जहां कार्य किया है वहां छात्रों में कोई असन्तोष नहीं देखा गया। वे अपनी पढ़ाई की ओर अधिक केन्द्रित रहते हैं। साथ ही जो तड़क-भड़क और राजनैतिक प्रभाव लखनऊ के छात्रों में देखा जाता है वह ग्रामीण अंचल के हमारे विद्यालय में नहीं था।

पहला सदस्य : छात्रों का राजनीति में भाग लेना क्या आप अनुचित मानते हैं?

श्री नरेन्द्र सिंह : राजनीति पढ़ना या समझना तो मैं बुरा नहीं मानता किन्तु राजनीति के माया जाल में पड़कर छात्र अपना भविष्य बिगाड़ लें यह मैं अनुचित जरूर मानता हूँ।

पहला सदस्य : नरेन्द्रजी, शायद आपने पढ़ा होगा कि अंग्रेजी जमाने में जो आन्दोलन हुए थे उसमें छात्रों तथा युवावर्ग का काफी सहयोग रहा था।

श्री नरेन्द्र सिंह : वह गुलामी का जमाना था। आज हमें युवा शक्ति का उपयोग विध्वंस नहीं, निर्माण के लिए करना चाहिए। आखिर भारत को हर क्षेत्र में तरक्की करनी है—विज्ञान, टेक्नोलॉजी, चिकित्सा, उद्योग-व्यापार आदि क्षेत्र हैं जहाँ देश को आगे ले जाना है। ये कार्य हमारे नवयुवकों को ही तो करने होंगे।

दूसरा सदस्य : आपके विचार से छात्रों के असन्तोष का क्या कारण है?

श्री नरेन्द्र सिंह : छात्रों के असन्तोष का मुख्य कारण बेकारी की समस्या है। उच्च शिक्षा प्राप्त करने के बावजूद हमारा युवावर्ग रोजगार से विमुख रह जाता है केवल कुछ लोग ही रोजगार पाने में सफल रहते हैं। नतीजा यह होता है कि छात्र आन्दोलन करते हैं तथा जो राजनैतिक दल उनकी समस्याओं का निराकरण करने का आश्वासन देता है उसके वे पक्षधर बन जाते हैं।

पहला सदस्य : संयुक्त राष्ट्र संघ के सदस्यों से—विशेष रूप से उनके कर्त्तव्यों के बारे में कुछ अपेक्षाएँ की जाती हैं क्या आप इस बारे में कुछ बता सकेंगे?

श्री नरेन्द्र सिंह : क्षमा करें श्रीमान्, मुझे इस बारे में अधिक ज्ञान नहीं है।

पहला सदस्य : संयुक्त राष्ट्र संघ का मुख्यालय कहाँ है?

श्री नरेन्द्र सिंह : न्यूयार्क में मैनहट्टन द्वीप में।

दूसरा सदस्य : क्या हिन्दी भी संयुक्त राष्ट्र संघ के काम-काज की भाषा है?

श्री नरेन्द्र सिंह : नहीं है।

अध्यक्ष : संयुक्त राष्ट्र संघ में 'वीटो का अधिकार' से आप क्या समझते हैं?

श्री नरेन्द्र सिंह : संयुक्त राष्ट्र संघ में प्रक्रिया संबंधी मामलों को छोड़कर अन्य सभी मामलों में उसके 9 सदस्यों की स्वीकृति से निर्णय किए जाते हैं शर्त यह है कि उसके स्थायी पाँच सदस्यों में से किसी ने उस निर्णय का विरोध न किया हो। स्थायी सदस्यों में से किसी का भी नकारात्मक मत 'वीटो' कहा जाता है। 'वीटो' के अधिकार का प्रयोग करने पर प्रस्ताव पास नहीं होता।

अध्यक्ष : अच्छा नरेन्द्रजी, अब आप जा सकते हैं।

श्री नरेन्द्र सिंह : धन्यवाद। (कक्ष से बाहर आ जाते हैं।)

टिप्पणी : समग्र रूप से नरेन्द्र सिंह का यह साक्षात्कार मध्यम कोटि का है फिर भी जो उन्हें अज्ञात था उसके विषय में उन्होंने विनम्रतापूर्वक जो क्षमायाचना की है उसका सदस्यों पर अच्छा प्रभाव पड़ा होगा किन्तु इसके साथ ही उन्होंने संयुक्त राष्ट्र संघ के बारे में अन्य प्रश्न करने के लिए सदस्यों को मौका भी दे दिया जिससे उनके सामान्य ज्ञान का भी परीक्षण हो गया। यह उनके लिए आशाप्रद हो सकता है।

✩ ✩ ✩

XXII

श्री गोविन्द वाजपेयी इलाहाबाद के निवासी हैं। उन्होंने अपनी शिक्षा इलाहाबाद में रहकर प्राप्त की तथा वहाँ स्थित विश्वविद्यालय में उन्होंने विज्ञान में एम॰एस-सी॰ परीक्षा द्वितीय श्रेणी में उत्तीर्ण की। वे विज्ञान के स्नातकोत्तर शिक्षा का इन्टरव्यू देने लखनऊ आए हैं। यहां उनके साक्षात्कार का ब्यौरा दिया जाता है।

श्री वाजपेयी : श्रीमानु, क्या मैं अन्दर आ सकता हूँ?

अध्यक्ष : आइए वाजपेयी जी, बैठिए।

श्री वाजपेयी : धन्यवाद (बैठ जाते हैं)।

अध्यक्ष : आजकल आप क्या कर रहे हैं?

श्री वाजपेयी : गत वर्ष ही मैंने अपनी पढ़ाई समाप्त की है अतएव मैं कोई कार्य तो नहीं कर रहा हूँ किन्तु पुस्तकालय मैं अवश्य दोनों समय (प्रातः और सायं) जाता हूँ।

अध्यक्ष : पुस्तकालय में आप कैसी पुस्तकें पढ़ते हैं?

श्री वाजपेयी : ज्यादातर अपने विषय से संबंधित किन्तु कभी-कभी मैं अच्छे लेखकों के उपन्यास भी पढ़ लेता हूं?

पहला सदस्य : आपके कौन-कौन से प्रिय उपन्यासकार हैं?

श्री वाजपेयी : मैंने शुरू में देवकीनन्दन खत्री के उपन्यास पढ़े थे, बाद में प्रेमचन्द तथा वृन्दावनलाल वर्मा के उपन्यास मुझे ज्यादा अच्छे लगे।

पहला सदस्य : प्रेमचन्द का कौन-सा उपन्यास आपको प्रिय है?

श्री वाजपेयी : गोदान।

दूसरा सदस्य : देवकीनन्दन खत्री के किसी उपन्यास का नाम बताएं।

श्री वाजपेयी : भूतनाथ।

अध्यक्ष : हवाई जहाज में उड़ते समय फाउंटेन पेन की स्याही को निकाल देने के लिए क्यों कहा जाता है?

श्री वाजपेयी : पृथ्वी की अपेक्षा ऊंचे स्थानों पर वातावरण का दबाव कम होता है। इसलिए जब हम ऊंचाई की ओर बढ़ते हैं तो पेन के भीतर का दबाव

वातावरण के दबाव से अधिक हो जाता है, इसे समान करने के लिए पेन से स्याही निकलने लगती है।

अध्यक्ष : फोटोग्राफी की फिल्म पर रोशनी पड़ते ही वह बेकार हो जाती है। इसका क्या कारण है?

श्री वाजपेयी : सूर्य की किरणें सिल्वर ब्रोमाइड घोल में सक्रिय होकर आक्सीडाइज्ड हो जाती हैं और फिल्म खराब हो जाती है।

पहला सदस्य : क्या कारण है कि जंग लगने पर लोहे की कील का भार अधिक हो जाता है?

श्री वाजपेयी : मुझे इस बारे में ठीक ज्ञात नहीं है। कृपया क्षमा करें।

दूसरा सदस्य : मच्छर के काटने से जलन क्यों होती है?

श्री वाजपेयी : जब मच्छर काटता है तो उसका मुंह हमारी खाल के भीतर घुस जाता है और मच्छर खून चूस लेता है। इस समय मच्छर अपने मुंह से थूक या लार जैसी चीज हमारे शरीर में प्रविष्ट कर देता है। इसी थूक या लार जैसी वस्तु के कारण जलन होने लगती है।

दूसरा सदस्य : तारा और ग्रह में क्या अन्तर होता है?

श्री वाजपेयी : तारा एक ऐसा आकाशीय पिंड है जो अपना प्रकाश रखता है किन्तु ग्रह का अपना कोई प्रकाश नहीं होता। वह केवल सूर्य के प्रकाश को प्रतिबिंबित करता है। तारा स्थिर होता है जबकि ग्रह सूर्य के चारों ओर अपनी कक्षा में घूमता रहता है।

पहला सदस्य : प्रकाश के वेग का पता लगाने वाले वैज्ञानिक का क्या नाम था?

श्री वाजपेयी : फीजियो, वह फ्राँस का रहने वाला था।

पहला सदस्य : तड़ित संवाहक का पता किसने लगाया था?

श्री वाजपेयी : बेन्जामिन फ्रैंकलिन ने, वह अमेरिका के निवासी थे।

अध्यक्ष : ऑक्सीजन के क्या गुण हैं?

श्री वाजपेयी : यह एक रंग और गंधरहित प्राणदायिनी तथा ज्वलनशील गैस होती है। यह पानी में किंचित घुल सकती है। यह एक प्रतिक्रियाशील पदार्थ है।

अध्यक्ष : छात्र असन्तोष और आन्दोलन के बारे में आप कुछ बता सकेंगे?

श्री वाजपेयी : श्रीमान्, यह एक वाद-विवाद का विषय है फिर भी मैं यह कहना चाहूँगा कि छात्र भी स्वयं को देश, काल तथा परिस्थितियों से अपने आपको अलग नहीं रख सकते। देश में असन्तोष है, विदेश में असन्तोष है,

प्रतिक्रियावादी तत्त्व प्रखर हैं। सर्वत्र एक त्याज्य, गर्हित एवं अलगाववादी भावना की आग सुलगाई जा रही है। आत्महित सर्वोपरि मानकर लोग लक्ष्मी की आराधना में रत हैं। ऐसी स्थिति में छात्र क्या करें?

अध्यक्ष : ठीक है, वाजपेयी जी, अब आप जा सकते हैं।

श्री वाजपेयी : धन्यवाद (श्री वाजपेयी बाहर आ जाते हैं)।

> **टिप्पणी :** कुल मिलाकर यह एक अच्छा इंटरव्यू था। एक-दो जगह उम्मीदवार का अटपटा जाना अस्वाभाविक नहीं था। उसने अपनी जानकारी न होने की बात कह कर साक्षात्कार के सदस्यों को प्रभावित ही किया है। गलत उत्तर देने का कोई औचित्य नहीं होता है।

☆ ☆ ☆

XXIII

कुमारी इला ने प्रथम श्रेणी में अंग्रेजी साहित्य से एम॰ ए॰ किया था। वह बैंक में काम करती हैं तथा बैंकों में प्रोबेशनरी अधिकारी के साक्षात्कार हेतु वह दिल्ली आई हैं। कुमारी इला की शिक्षा-दीक्षा कानपुर में हुई। सामान्य मध्यम श्रेणी परिवार में जैसा कि प्रायः होता है शुरू में वे मातृभाषा के माध्यम से पढ़ीं किन्तु अपनी लगन, परिश्रम तथा योग्यता से वे प्रथम श्रेणी में हमेशा पास होती रहीं। यहां प्रस्तुत हैं उनके साक्षात्कार के कुछ अंश।

कु॰ इला : क्या मैं अन्दर आ सकती हूँ?

अध्यक्ष : आइए, इलाजी बैठिए।

कु॰ इला : धन्यवाद (बैठ जाती हैं)।

अध्यक्ष : आप कानपुर से आज ही आ रही हैं?

कु॰ इला : जी हाँ, मैं प्रातः 6 बजे आ गई थी तथा अपने एक परिचित के घर ठहरी हुई हूँ।

अध्यक्ष : वरिष्ठता क्रम से अधिकारी बनने में आपको कितना समय लगेगा?

कु॰ इला : श्रीमान्, बिल्कुल ठीक तो बताना मुश्किल होगा किन्तु 8-10 साल तो लग ही जाएँगे।

अध्यक्ष : तब तो आपका प्रोबेशनरी परीक्षा में बैठना ही तर्क-संगत लगता है, आप प्रतिभाशाली छात्रा रही हैं अतः आई॰ ए॰ एस॰ आदि में क्यों नहीं प्रयास किया?

कु॰ इला : मेरी पारिवारिक स्थिति ऐसी नहीं थी कि मैं ज्यादा समय तक किसी अच्छी सर्विस की प्रतीक्षा कर पाती।

अध्यक्ष : अंग्रेजी साहित्य में आपको गद्य से ज्यादा रुचि रही है, अथवा पद्य से?

कु॰ इला : रुचि तो मेरी दोनों ओर थी किन्तु पद्य पढ़ने में मुझे आसानी दिखाई पड़ती थी। अच्छी पंक्तियां मुझे स्वतः ही याद हो जाती थीं।

अध्यक्ष : पद्य में आपके प्रिय कवि कौन-कौन रहे हैं?

कु॰ इला : वर्ड्सवर्थ, टेनीसन, कीट्स, जॉन बायरन किन्तु इन सबमें मुझे वर्ड्सवर्थ ज्यादा अच्छे लगे। उन्होंने औरों की अपेक्षा प्रकृति को अधिक समीप से देखा है।

पहला सदस्य	:	अवमूल्यन किसे कहते हैं तथा किन परिस्थितियों में अवमूल्यन आवश्यक हो जाता है?
कु॰ इला	:	किन्हीं दो या दो से अधिक देशों में प्रचलित मुद्रा के आधार पर समानता स्थापित की जाती है। इस निर्धारित समानता को जब कोई देश कम कर देता है तो उसे अवमूल्यन कहा जाता है।

जब मुद्रास्फीति, उत्पादन में कमी आदि के कारण अपने ही देश में मुद्रा का मूल्य गिर जाता है तो दूसरे देश भी अधिक कम मूल्य लेकर विनिमय करना पसन्द नहीं करते। ऐसी परिस्थिति में जिस देश की मुद्रा का आन्तरिक मूल्य घट जाता है उसे विवश होकर अपनी मुद्रा का वैदेशिक मूल्य कम करना पड़ता है। इसे मुद्रा का अवमूल्यन कहा जाता है।

पहला सदस्य	:	भारतीय रिजर्व बैंक के शासन-प्रबंध के बारे में क्या आप कुछ बता सकेंगी?
कु॰ इला	:	रिजर्व बैंक प्रशासन एक निदेशक मण्डल (Board of Directors) द्वारा किया जाता है जिसके 15 सदस्य होते हैं। इनमें से एक गवर्नर तथा तीन सहायक गवर्नरों की नियुक्ति भारत सरकार द्वारा पाँच वर्षों के लिए की जाती है। पाँच वर्ष के लिए एक-एक निदेशक की नियुक्ति मुम्बई, कोलकाता, चेन्नई तथा दिल्ली के लिए भी की जाती है। इस निदेशक मण्डल की बैठकें तीन महीने में एक बार तथा वर्ष में छह बार अवश्य होनी चाहिए। इस बैंक का मुख्य कार्यालय मुम्बई में है और सारे देश में इसकी 21 शाखाएँ हैं। रिजर्व बैंक के गवर्नर का कार्यकाल सामान्यतया पाँच वर्ष का होता है।
दूसरा सदस्य	:	चेक कितने प्रकार के होते हैं, तथा कौन-सा चेक सर्वाधिक निरापद माना जाता है?
कु॰ इला	:	चेक चार प्रकार के होते हैं : (1) धारक चेक, (2) आदिष्ट चेक, (3) रेखांकित चेक, (4) पावक खाता चेक। इसमें सर्वाधिक निरापद पावक खाता चेक (Accounts Payee Cheque) माना जाता है।
अध्यक्ष	:	अच्छा इला जी, अब आप जा सकती हैं।

(अभिवादन करके वापिस आ जाती हैं।)

टिप्पणी : कुमारी इला जी का यह इंटरव्यू काफी अच्छा तथा प्रभावोत्पादक रहा। अपनी सेवा से संबंधित विषयों का उन्हें अच्छा ज्ञान है तथा उनकी अंग्रेजी साहित्य की अभिरुचि भी प्रशंसनीय है।

✩ ✩ ✩

XXIV

श्री प्रवीण अग्रवाल दिल्ली के निवासी हैं। उनकी शिक्षा-दीक्षा दिल्ली के स्कूल तथा कॉलेजों में हुई। उन्होंने समाज शास्त्र विषय लेकर एम॰ ए॰ किया तथा बी॰ ए॰ में उन्होंने अर्थशास्त्र, अंग्रेजी, हिन्दी तथा समाजशास्त्र विषय लिए थे। फिलहाल वे एक मंत्रालय में समाज सेवा के कामकाज से सम्बद्ध हैं। उनका यह साक्षात्कार व्याख्याता के पद के लिए है। यहाँ प्रस्तुत हैं साक्षात्कार के कुछ अंश।

श्री प्रवीण : क्या मैं अन्दर आ सकता हूं?

अध्यक्ष : आइए, प्रवीण जी बैठिए।

श्री प्रवीण : धन्यवाद, कहकर आसन ग्रहण करते हैं।

अध्यक्ष : आप समाज शास्त्र के छात्र रहे हैं। क्या आप बता सकते हैं कि 'समाज' की अवधारणा से क्या मतलब होता है?

श्री प्रवीण : एडम स्मिथ (Adam Smith) के मतानुसार : ''पारस्परिक अर्थव्यवस्था के कृत्रिम उपकरण का नाम समाज है।'' जबकि राइट (Wright) के कथनानुसार-समाज केवल व्यक्तियों का समूह नहीं है वरन् समूह के प्रत्येक व्यक्ति के बीच संबंधों की जो व्यवस्था विद्यमान है, उसे समाज कहा जाता है।

अध्यक्ष : समाज को आप मूर्त्त मानते हैं अथवा अमूर्त्त, क्या आप इसे स्पष्ट करेंगे?

श्री प्रवीण : अवश्य ही समाज को हम अमूर्त्त मानते हैं क्योंकि समाज को प्रत्यक्ष रूप में नहीं दिखा सकते जहाँ सामाजिक संबंध व्यवस्थित रूप में मौजूद हों, वहीं समाज की सत्ता को स्वीकार करना होगा। मैकाइवर ने भी इस बात की पुष्टि करते हुए कहा है कि—''सामाजिक संबंध का नाम समाज है।''

अध्यक्ष : सामुदायिकता तथा सामाजिकता के बीच के अन्तर को संक्षेप में समझाइए।

श्री प्रवीण : मनुष्य की स्वभाविक सामाजिकता की भावना समुदाय की आधारभूत ऐक्य भावना को जन्म देती है, यही सामाजिकता (Sociability) समुदाय की ऐक्य भावना का मनोवैज्ञानिक कारण है।

पहला सदस्य : भारतीय अर्थव्यवस्था के बारे में आपकी क्या राय है?

श्री प्रवीण : भारतीय अर्थव्यवस्था एक ओर तो अल्प विकसित है और दूसरी ओर जो तत्त्व उभर कर सामने आ रहे हैं उनके आधार पर इसे विकासशील

कहा जा सकता है। विश्व के इस सातवें बड़े देश में विगत कुछ वर्षों में आर्थिक प्रगति हुई है लेकिन इसके बावजूद अभी यहां काफी साधन और स्रोत बेकार पड़े हैं जिनका कोई उपयोग नहीं हो पा रहा है जिसके कारण देश में गरीबी और भूखमरी का राज्य है, फिर भी देश ने प्रगति का एक रास्ता पकड़ा है जिसकी गति काफी मंथर है।

पहला सदस्य : आर्थिक रूप से पिछड़े और आर्थिक रूप से सम्पन्न व्यक्तियों के बीच जो भारी अन्तर है उसको समाप्त करने के लिए आप क्या उपाय सुझाते हैं?

श्री प्रवीण : मेरे विचार से ईमानदारी के साथ उद्योग धंधों का राष्ट्रीयकरण किया जाए। लाभांश का सही वितरण हो तथा देश में विद्यमान संसाधनों तथा स्रोतों का सही उपयोग और दोहन किया जाए तो समस्या का समाधान हो सकता है।

दूसरा सदस्य : आइए कुछ साहित्य की बात भी कर लें। आपने अंग्रेजी भी पढ़ी है और हिन्दी भी। क्या आप बताएँगे कि दोनों भाषाओं के कवियों में आप क्या साम्य पाते हैं और क्यों?

श्री प्रवीण : मैंने साहित्य का अध्ययन बहुत गहराई से नहीं किया है। स्वीकृत पाठ्यक्रम के अलावा मुझे कुछ ज्यादा पढ़ने का समय नहीं मिला, फिर भी मैं यह बता सकता हूं कि मानवीय अनुभूतियों का जहां तक प्रश्न है दोनों भाषाओं में बहुत कुछ साम्य हम पाते हैं। देश, काल और परिस्थितियों का इनमें अभूतपूर्व मेल है।

दूसरा सदस्य : क्या हिन्दी में ऐसा कोई एक कवि है जिसके बारे में आप यह कह सकते हैं कि वह भी किसी एक अंग्रेजी कवि की भांति समय सापेक्ष रहा हो।

श्री प्रवीण : मैं तुलसीदास तथा शेक्सपियर के जीवन में ऐसा पाता हूं।

अध्यक्ष : ठीक है प्रवीण जी, अब आप जा सकते हैं।

(अभिवादन करके श्री प्रवीण बाहर आ जाते हैं।)

टिप्पणी : श्री प्रवीण का यह साक्षात्कार काफी अच्छा कहा जा सकता है। उन्होंने अपने विचार बड़ी योग्यता तथा विषयानुरूप व्यक्त किए हैं। साहित्य के बारे में भी उन्होंने जो कुछ कहा वह वस्तुपरक है तथा उनकी सहजता का परिचायक है। कुल मिलाकर उनका इंटरव्यू काफी सराहनीय कहा जाएगा।

☆ ☆ ☆

XXV

श्री राजेन्द्र जोशी पंजाब के रहने वाले हैं। इनकी आरंभिक शिक्षा-दीक्षा अमृतसर में हुई। एम॰ए॰ राजनीति विज्ञान में इन्होंने दिल्ली से किया। आकर्षक व्यक्तित्व के धनी श्री जोशी महत्त्वाकांक्षी व्यक्ति हैं तथा भारतीय पुलिस सेवा में रहकर वे अपनी सेवाएं देश को समर्पित करना चाहते हैं। श्री जोशी के दूसरे शौक हैं, क्रिकेट खेलना तथा हिन्दी की पत्र-पत्रिकाएँ पढ़ना। अंग्रेजी साहित्य से भी इन्हें काफी रुचि है। इनके साक्षात्कार के कुछ अंश यहाँ दिए जाते हैं।

श्री जोशी : क्या मैं अन्दर आ सकता हूँ?

अध्यक्ष : आइए श्री जोशी, बैठिए। (एक बार सभी सदस्य उन्हें देखते हैं)

श्री जोशी : धन्यवाद श्रीमान् (बैठ जाते हैं)।

अध्यक्ष : आपने पुलिस सेवा में जाने का निश्चय क्यों किया?

श्री जोशी : मैं देखता हूं आजकल कानून और व्यवस्था की हालत बहुत अच्छी नहीं है। कश्मीर का हाल आप जानते ही हैं। ऐसी ही परिस्थितियां कुछ न कुछ अन्य सीमावर्ती राज्यों में हैं। यह सब देख समझकर मैंने निश्चय किया कि मुझे पुलिस विभाग में जाना चाहिए ताकि जहां तक संभव हो सके मैं शान्ति और सुव्यवस्था के क्षेत्र में कुछ कर सकूं।

अध्यक्ष : आपने जिस विषय में एम॰ ए॰ किया है, क्या उसका आपके भावी व्यवसाय से कुछ मेल बन पाएगा?

श्री जोशी : श्रीमान्! मेल बना है, राजनीति विज्ञान हमें शासन तंत्र का बोध कराता है। नागरिक के अधिकारों तथा कर्त्तव्यों का ज्ञान कराता है। अधिकारों का उपयोग किया जाए और कर्त्तव्यों की अवहेलना हो ऐसी अवस्था में पुलिस की भूमिका शुरू हो जाती है कि नागरिक अपने कर्त्तव्यों के प्रति भी जागरूक रहें।

पहला सदस्य : दुनिया में बहुत तेजी से परिवर्तन हो रहे हैं। धर्म, जिसकी कभी प्रमुख भूमिका होती थी अब गौण पड़ता जा रहा है। ऐसी दशा में भारत में जहां साम्प्रदायिकता का जहर काफी ज्यादा है और छोटी-छोटी बातों को लेकर धर्मोन्माद शुरू हो जाता है शान्ति और सुव्यवस्था को स्थायी कैसे बनाया जा सकता है?

श्री जोशी	:	मैं यह मानता हूं कि मनुष्य स्वभावतः एक शान्तिप्रिय जीव है और वह सह-अस्तित्त्व में विश्वास करता है किन्तु परिस्थितियां तथा स्वार्थ उसे पथभ्रष्ट करते हैं। ऐसी परिस्थितियों में उसे यदि कर्त्तव्य बोध करा दिया जाए तो सुधार की संभावनाएँ बढ़ जाती हैं तथा शान्ति और सुव्यवस्था को होने वाला खतरा टल सकता है।
पहला सदस्य	:	आपको क्रिकेट का खेल पसन्द है। भारतीय खिलाड़ी विश्व में बहुत अधिक चमक नहीं पाते। इसका क्या कोई राजनीतिक कारण भी हो सकता है?
श्री जोशी	:	हो सकता है, मैं इस बारे में ज्यादा कुछ कहना नहीं चाहता। मेरे विचार से समुन्नत देशों में खिलाड़ियों को जो सुविधाएं प्राप्त हैं वे भारतीय खिलाड़ियों को प्राप्त नहीं हैं। इसके अलावा कुछ देशों में खिलाड़ियों को बकायदा प्रशिक्षण दिया जाता है तथा गुणों के आधार पर उन्हें विश्व स्तर पर खेलने के लिए भेजा जाता है।
दूसरा सदस्य	:	आप हिन्दी की पत्र-पत्रिकाएँ पढ़ते हैं? क्या आप यह बताएँगे कि आपको सबसे ज्यादा कौन-सी पत्रिका पसंद है, और क्यों?
श्री जोशी	:	मैं ज्यादातर इंडिया टुडे पढ़ता हूं, किन्तु मुझे सबसे अधिक कादम्बिनी पसन्द है। कारण यह है कि इंडिया टुडे मुझे हर सप्ताह मिल जाती है जब कि कादम्बिनी मिलते ही मैं और पत्रिकाएं छोड़ देता हूँ। इसमें काफी सामग्री समेकित मिल जाती है, कानूनी भी। इसके अलावा इसका आकार काफी सोच समझकर तय किया गया है। बड़ी हैंडी आकार की पत्रिका है।
दूसरा सदस्य	:	अंग्रेजी का क्या कोई विशेष लेखक या कथाकार आपको प्रिय है?
श्री जोशी	:	जी नहीं, अंग्रेजी के प्रचलित लेखक या कथाकार ही मुझे प्रिय हैं। खास कर मैं जासूसी उपन्यासों को पसन्द करता हूं। एडगर एलन पो मुझे प्रिय हैं।
अध्यक्ष	:	अच्छा जोशीजी, अब आप जा सकते हैं।

(श्री जोशी धन्यवाद देते हैं, अभिवादन करते हैं, सभी सदस्य फिर उन्हें एक बार देखते हैं, वे बाहर आ जाते हैं।)

टिप्पणी : श्री जोशी जी का व्यक्तित्व आकर्षक है, ऐसा प्रतीत होता है कि पुलिस सेवा में शामिल होने की उनकी रुचि में उनका व्यक्तित्व सहायक सिद्ध होगा। अपनी बात उन्होंने बिना झिझक के कही। जो आता है उसे निःसंकोच होकर व्यक्त किया तथा जो नहीं आता उसके लिए विनम्रता-पूर्वक 'न' कह दिया। यह स्पष्टवादिता तथा चिन्तन की निश्चिन्तता शायद उनके लिए हितकर सिद्ध होगी।

★ ☆ ☆

XXVI

हरिपद बंद्योपाध्याय कोलकाता के निवासी हैं तथा वहीं रहकर उन्होंने आरंभिक तथा स्नातकोत्तर शिक्षा पूर्ण की है। सम्प्रति श्री बंद्योपाध्याय कानून के छात्र हैं तथा कलकत्ता विश्वविद्यालय, कोलकाता में ही तदर्थ आधार पर वे व्याख्याता के पद पर कार्य कर रहे हैं। श्री बंद्योपाध्याय ने प्रथम श्रेणी में अर्थशास्त्र विषय लेकर एम०ए० किया है। स्नातक साइंस विषय से हैं। श्री बंद्योपाध्याय आरंभ से ही मेधावी छात्र रहे हैं। यह साक्षात्कार रेलवे सेवा से संबंधित है।

श्री बंद्योपाध्याय : क्या मैं अन्दर आ सकता हूं?

अध्यक्ष : अवश्य आइए, बंद्योपाध्याय जी, आसन ग्रहण कीजिए।

श्री बंद्योपाध्याय : धन्यवाद, कहकर बैठ जाते हैं।

अध्यक्ष : आजकल आप व्याख्याता हैं। क्या आप अपने वर्तमान पद से सन्तुष्ट नहीं हैं?

श्री बंद्योपाध्याय : यहाँ पर मेरी नियुक्ति तदर्थ आधार पर हुई है तथा संभव है कि मुझे आगामी गर्मियों की छुट्टी में नोटिस मिल जाए, क्योंकि इस पद पर कार्यरत् नियमित व्याख्याता आजकल विशिष्ट अध्ययन के लिए लंदन स्कूल ऑफ इकोनॉमिक्स गए हुए हैं। जहाँ तक संतोष की बात है, मैं जो कार्य करता हूं उसे तल्लीन होकर करता हूं। अतएव असन्तोष की तो कोई बात नहीं है। फिर भी मैं सरकारी सेवा, विशेष रूप से रेलवे सेवा को अच्छा मानता हूं।

अध्यक्ष : रेलवे की वर्तमान कार्यप्रणाली के प्रति क्या आप विचार रखते हैं?

श्री बंद्योपाध्याय : रेलवे के बारे में जब मैं विकासोन्मुखी या अल्प विकासशील देशों के साथ भारत की तुलना करता हूं तो मुझे तसल्ली होती है कि हमारे देश में रेलवे का विकास द्रुत गति से हो रहा है किन्तु जब मैं इस बारे में दूसरे विकसित देशों की अवस्था देखता हूं तो मुझे जरूर दुःख होता है कि हमारे देश को उस स्थिति तक पहुंचने में शायद काफी समय लग जाएगा।

अध्यक्ष : आपको यदि रेलवे में सुधार का मौका मिले तो सबसे पहले आप क्या सुधार करना चाहेंगे?

श्री बंद्योपाध्याय : सबसे पहले मैं चाहूँगा कि रेलें समय पर चलें तथा समय पर गन्तव्य स्थान तक पहुंचे। दूसरी बात यह है कि मैं रेलवे क्षमता में विस्तार करना चाहूंगा। तीसरी बात मैं यह चाहूंगा कि रेल यात्राएँ ज्यादा खर्चीली और विलसितापूर्ण न हों। एक गरीब देश में अमीर देशों की अंधाधुंध नकल शोभा नहीं देती।

पहला सदस्य : ग्रेशम के नियम के बारे में आप कुछ बताएँगे।

श्री बंद्योपाध्याय : टामस ग्रेशम महारानी एलिजाबेथ (प्रथम) के आर्थिक सलाहकार थे। महारानी ने उन्हें ब्रिटेन में अच्छी मुद्रा के चलन से गायब हो जाने का कारण पूछा था। विधिवत् अध्ययन के पश्चात् टामस ग्रेशम इस निष्कर्ष पर पहुंचे थे कि यदि किसी देश में घटिया और बढ़िया मुद्राएं एक साथ चलन में हों तो घटिया मुद्रा बढ़िया मुद्रा को चलन से बाहर कर देगी। (Bad money drives good money out of circulation.)

पहला सदस्य : अच्छी मुद्रा से ग्रेशम का क्या तात्पर्य था?

श्री बंद्योपाध्याय : ग्रेशम के मत से बढ़िया मुद्रा वह मुद्रा कहलाती है जिसमें शुद्ध धातु की मात्रा पूरी हो तथा अपकर्ष और घिसावट से जिसका मूल्य कम न हुआ हो।

दूसरा सदस्य : भारत में पहली मेट्रो (भूमिगत) रेल कब चली थी?

श्री बंद्योपाध्याय : भारत में प्रथम भूमिगत रेल 24 अक्टूबर, 1984 को कलकत्ता (कोलकाता) में शुरू की गई। इस प्रकार की सेवा चलाकर भारत-एशिया का पांचवां एवं संसार का 82वाँ देश बन गया।

दूसरा सदस्य : ''पैलेस ऑन ह्वील'' से आप क्या समझते हैं? इस पर कुछ प्रकाश डालने का कष्ट करें।

श्री बंद्योपाध्याय : पर्यटकों के लिए पैलेस ऑन ह्वील का उद्घाटन जहां तक मुझे याद है 26 जनवरी, 1982 को किया गया था। यह कार्य तत्कालीन रेल मंत्री श्री पी॰ सी॰ सेठी ने किया था। यह गाड़ी रेलवे तथा राजस्थान पर्यटन विकास निगम का संयुक्त उपक्रम है। 13 जनवरी को परीक्षण के तौर पर इसे चलाया गया। यह परीक्षण नई दिल्ली से जयपुर तक हुआ। यह गाड़ी कुछ चुने हुए मार्गों यथा—नई दिल्ली, जैसलमेर, आगरा, जयपुर आदि जाएगी। इसमें सात दिन तथा सात रातों का किराया एक लाख से ऊपर है। इस किराये में रेल में खाने का खर्च, रहने तथा आने जाने, घूमने-फिरने का खर्च शामिल किया गया है। इसमें सब मिलाकर 124 बर्थों की व्यवस्था

की गई है। यह गाड़ी लम्बी यात्रा में डीज़ल से चलती है तथा छोटी यात्राएं भाप के इंजन से तय करती है।

अध्यक्ष : ठीक है बंद्योपाध्याय जी, अब आप जा सकते हैं। (अभिवादन करके कमरे से बाहर आ जाते हैं।)

टिप्पणी : इस साक्षात्कार में सवालों का जवाब कुछ लम्बे हो गए हैं परन्तु इसमें उम्मीदवार का कोई कसूर नहीं है क्योंकि उससे प्रश्न ही ऐसे पूछे गए थे जिनके उत्तर सटीक तथा विवरणात्मक देने की जरूरत थी। रेलवे सेवा के प्रति अपनी इच्छा बताते हुए उम्मीदवार ने सही काम किया है। कुल मिलाकर हम इसे एक अच्छा साक्षात्कार मान सकते हैं।

☆ ☆ ☆

XXVII

कुमारी सारिका गुप्ता दिल्ली में रहती हैं उनकी शिक्षा-दीक्षा भी दिल्ली में हुई। लेडी श्रीराम कॉलेज से उन्होंने हिन्दी विषय लेकर एम॰ ए॰ किया है। शुरू से उन्होंने अच्छे अंक प्राप्त किए हैं। बी॰ ए॰ में उनके पास हिन्दी ऑनर्स विषय था। कुमारी सारिका का विचार रेलवे सेवा में जाने का है। पर्यटन में अभिरुचि रखनेवाली कुमारी सारिका हिन्दी पत्र-पत्रिकाएँ पढ़ने में भी अपनी काफी रुचि रखती हैं तथा उन्होंने कुछ कविताएं भी लिखी हैं। यहां प्रस्तुत हैं उनके साक्षात्कार के अंश।

कु॰ सारिका : क्या मैं अन्दर आ सकती हूं?

अध्यक्ष : आइए सारिका जी, बैठिए।

कु॰ सारिका : अभिवादन करती हैं, धन्यवाद कह कर बैठ जाती हैं।

अध्यक्ष : आप दिल्ली की रहने वाली हैं। क्या बता सकती हैं कि जहां पर कुतुबमीनार है, वहीं एक लोहे का स्तम्भ भी है, पहले यह सारा परिसर क्या था?

कु॰ सारिका : यह सारा परिसर पहले एक विष्णु मन्दिर था। कहा जाता है कि अलाउद्दीन खिलजी ने इस मन्दिर को तोड़वाकर मस्जिद बनवाई थी जिसका नाम कुव्वते-इस्लाम रखा था। लोहे के स्तम्भ को गरुड़-स्तम्भ कहा जाता था। आज भी दीवारों पर लगी टूटी फूटी मूर्तियां उसके मन्दिर होने का साक्ष्य देती हैं।

अध्यक्ष : महाकवि सूरदास की प्रमुख कृतियों तथा उनके कथानकों के बारे में आप संक्षेप में बताइए।

कु॰ सारिका : मैं तुलसीदास के पश्चात् सूरदास जी को हिन्दी का सबसे बड़ा कवि मानती हूं। इनकी सबसे बड़ी कृति सूर-सागर है, सूर सारावली, नल दमयन्ती, दशम स्कंध आदि सहित सूर-विरचित 25 पुस्तकें बताई जाती हैं। इनमें से सूर-सारावली, साहित्य लहरी और सूर-सागर का विशेष महत्त्व है।

पहला सदस्य : मैथिलीशरण गुप्त को राष्ट्रकवि क्यों कहा जाता था।

कु॰ सारिका : गुप्त जी को राष्ट्रकवि मानने के पीछे केवल उनकी लोक प्रियता ही मुख्य कारण थी। सरकार की तरफ से इन्हें ऐसा कोई खिताब नहीं मिला था।

गुप्त जी भारतीय संस्कृति एवं राम कथा के अर्वाचीन गायक थे, और अपने इसी गुण के कारण वे राष्ट्रकवि कहे जाने लगे।

पहला सदस्य : रामधारी सिंह दिनकर की किस कृति पर उन्हें ज्ञानपीठ पुरस्कार मिला था?

कु॰ सारिका : संभवतः उर्वशी पर।

पहला सदस्य : आप ठीक कहती हैं, दिनकर जी को 1972 में उर्वशी पर ज्ञानपीठ पुरस्कार मिला था।

दूसरा सदस्य : आप रेल सेवा में जाने की इच्छुक हैं। क्या आप बता सकेंगे कि भारतीय रेलों को कितने गेजों में बांटा गया है?

कु॰ सारिका : जी हाँ, भारतीय रेलों के तीन गेज हैं जिन्हें क्रमशः ब्रॉड गेज, मीटर गेज तथा नैरो गेज कहा जाता है। लगभग सभी मेन लाइनें ट्रंक रूट बड़ी लाइनों के हैं। मेन लाइनों को जोड़ने वाली सहायक लाइनें छोटी लाइनें हैं। पहाड़ी अथवा विषम क्षेत्रों में चलने वाली ट्रेनें नैरो लाइनें हैं। बड़ी लाइनों का प्रतिशत 52 है। कुछ ढोये जाने वाले माल का 87% इसी से ढोया जाता है तथा 78% यात्री इसी से सफर करते हैं।

दूसरा सदस्य : भारत में सबसे पहली रेल कहां से कहां तक और कब चली थी?

कु॰ सारिका : भारत में पहली रेल बम्बई और थाना के बीच 21 मील की लम्बाई में चलाई गई थी। यह 16 अप्रैल, 1853 को चली थी। यह भारत की ही नहीं वरन् एशिया की सबसे पहली रेल थी।

दूसरा सदस्य : आपका सबसे प्रिय कवि कौन-सा है और क्यों आप उसे पसन्द करती हैं?

कु॰ सारिका : मैं अपना सबसे प्रिय कवि तुलसीदास को मानती हूं। गीतावली, विनय पत्रिका सभी मुझे अच्छे लगते हैं। वे हमें समन्वयवादी, समझौतावादी तथा भारतीय संस्कृति के महान् उद्गाता जान पड़ते हैं। इसीलिए उन्हें मैं अपना सर्वाधिक प्रिय कवि मानती हूं।

अध्यक्ष : सारिका जी, क्या आपको खेलों से रुचि है?

कु॰ सारिका : मुझे खेल खेलने में तो रुचि नहीं है किन्तु खेल देखने में मजा जरूर आता है। मैं क्रिकेट मैच देखने का प्रयत्न अवश्य करती हूं।

अध्यक्ष : भारत में कई राज्य अभी भी ऐसे हैं जहां रेलवे लाइन नहीं गई। क्या आप बता सकेंगी?

कु॰ सारिका   :   जी हाँ, अरुणाचल प्रदेश, मणिपुर, मेघालय, मिजोरम तथा सिक्किम में रेलवे लाइन नहीं है। इनके अलावा हमारे देश में 63 ऐसे जिले हैं जहाँ रेलवे लाइन नहीं है।

अध्यक्ष   :   अच्छा सारिका जी, अब आप जा सकती हैं।

                     (अभिवादन करके, कक्ष से बाहर आ जाती हैं।)

> **टिप्पणी :** कुमारी सारिका का यह साक्षात्कार काफी अच्छा बन पड़ा है। उन्होंने लगभग सभी उत्तर सही दिए। केवल ज्ञानपीठ पुरस्कार के बारे में वे शंकालू थीं किन्तु उन्होंने जो उत्तर दिया वह पूर्ण सही था। सारिका जी का यह साक्षात्कार काफी अच्छा रहा।

✩ ✩ ✩

XXVIII

श्री प्रेम मंजुल रायबरेली के निवासी हैं तथा वहीं इनकी शिक्षा-दीक्षा हुई। अनुसूचित जाति से संबंधित श्री मंजुल की रुचि बाल्यकाल से ही हिन्दी भाषा की ओर थी। उन्होंने एम॰ ए॰ हिन्दी विषय लेकर किया तथा कानून से भी स्नातक डिग्री ;स्तण्द्ध प्राप्त की। श्री मंजुल की रुचि रेलवे सेवा में जाने की है। अपने इण्टरव्यू के संबंध में वह साक्षात्कार मण्डल के सामने आए हैं। यहां प्रस्तुत है उनके साक्षात्कार की एक झांकी।

श्री मंजुल   : क्या मैं अन्दर आ सकता हूं?

अध्यक्ष   : आइए मंजुल जी, बैठिए।

श्री मंजुल   : धन्यवाद, कह कर अपना आसन ग्रहण करते हैं।

अध्यक्ष   : हिन्दी भाषा के बारे में लोगों का विचार है कि वह एक सीमित क्षेत्र में बोली जाती है। आप इस कथन से कहां तक सहमत हैं?

श्री मंजुल   : हिन्दी भाषा के संबंध में जो कुछ कहा जा रहा है मैं उससे कतई सहमत नहीं हूं। हिन्दी का एक राष्ट्रीय स्वरूप आज से करीब 100-150 साल पहले ही विकसित हो चुका था। भारतेन्दु बाबू हरिश्चन्द्र, राजा लक्ष्मण सिंह जैसे हिन्दी सेवी उसके कर्णधार थे। आज मध्य प्रदेश, राजस्थान, हरियाणा, उत्तर प्रदेश, हिमाचल प्रदेश, दिल्ली, बिहार, यहां तक कि अंडमान निकोबार द्वीप समूह की हिन्दी में कोई अन्तर नहीं रहा। भारत सरकार के प्रयास से अब हिन्दी को एक क्षेत्रीय भाषा कहना राज भाषा/राष्ट्र भाषा का अपमान करना है।

अध्यक्ष   : जिन राज्यों का आपने नाम लिया है, उनमें से कई ऐसे हैं, जिनकी अपनी क्षेत्रीय बोलियाँ भी हैं। जैसे—बिहार में भोजपुरी और मैथिली बोली जाती है। राजस्थान की भाषा राजस्थानी है। इसी प्रकार हरियाणवी और कौरवी हरियाणा में बोली जाती है।

श्री मंजुल   : जी हां! मैं आपके कथन से सहमत हूं। इस प्रकार तो उत्तर प्रदेश में कई क्षेत्रीय बोलियां, ब्रजभाषा, अवधी, भोजपुरी, बैसवारी, कन्नौजी आदि बोली जाती हैं किन्तु उत्तर प्रदेश ने हिन्दी की खड़ी बोली को अंगीकार

किया है, आत्मसात् किया है। यही बात अन्य राज्यों के साथ भी है। उन सभी ने हिन्दी को आत्मसात् करके उसके राष्ट्रीय स्वरूप को अपनाया है, मान्यता दी है।

पहला सदस्य : कबीर दास को आप समाज सुधारक, कवि और सन्त में से क्या मानते हैं?

श्री मंजुल : मैं कबीर दास जी के तीनों स्वरूपों को मान्यता देता हूं किन्तु मैं उनके 'सन्त' स्वरूप को सर्वोपरि मानता हूं। कबीरदास जी ने स्वयं कहा है–

जाति न पूछो साधु की पूछ लीजिए ज्ञान।

मोल करो तलवार का पड़ी रहन दो म्यान।।

कबीर दास सच्चे सन्त थे जिन्होंने हिन्दू और मुसलमानों दोनों को सही रास्ता दिखाने का युगानुरूप कार्य किया।

पहला सदस्य : कबीर जैसा कार्य और किस सन्त ने किया आप कुछ बता सकेंगे?

श्री मंजुल : एक पूरी परम्परा है जिसने कबीर की विचारधारा को आगे बढ़ाया। सन्त रैदास, गुरुनानक देव, सुन्दरदास, दरियासाहब, गरीब दास, पलटू दास, धरनी दास, तुलसी साहब आदि कबीर की परम्परा के सन्त हुए जिन्होंने भूली भटकी जनता को सच्चाई का रास्ता दिखाया।

दूसरा सदस्य : तुलसी अगर रामचरित मानस का प्रणयन न करते तो भी वे महाकवि माने जाते। इस विषय में आप केवल अपना अभिमत बताइए।

श्री मंजुल : गोस्वामी जी की दूसरी महत्त्वपूर्ण रचना विनय पत्रिका है जिसका प्रणयन गोस्वामी जी ने काफी बाद में किया था। शायद यह रामचरित मानस के बाद लिखी गई होगी। इस रचना में तुलसी ने अपने मन की व्यथा और चाह का जैसा उत्कृष्ट वर्णन किया है वैसा बहुत कम देखा जाता है। इसलिए भाव पक्ष तथा कला पक्ष की दृष्टि से भी यह ग्रंथ श्रेष्ठ है। इसके अलावा गीतावली, कवितावली, दोहावली, पार्वती मंगल, जानकी मंगल आदि भी बहुत उत्तम रचनाएं हैं जो उन्हें हिन्दी का सर्वोत्कृष्ट कवि सिद्ध करती हैं।

दूसरा सदस्य : क्या कोई ऐसा रेलवे स्टेशन है जहाँ पर सौर उर्जा का प्रयोग किया जाता है?

श्री मंजुल : कर्नाटक राज्य में विसनट्टम रेलवे स्टेशन में सौर उर्जा का उपयोग सिगनल की बत्तियाँ जलाने, ट्रेन ट्रैक कन्ट्रोल करने तथा इंटरलॉकिंग व्यवस्था संचालित करने के लिए किया जाता है।

अध्यक्ष : आर॰ ए॰ सी॰ रिजर्वेशन व्यवस्था का क्या अर्थ होता है?

श्री मंजुल : आर॰ ए॰ सी॰ रिजर्वेशन व्यवस्था का अर्थ है—कैंसिल होने वाले रिजर्वेशन के स्थान पर नए लोगों को दिया जाने वाला आरक्षण। यह व्यवस्था रिजर्वेशन के गैर-कानूनी हस्तान्तरण को रोकने के लिए की गई है। इस व्यवस्था के अधीन हर गाड़ी में प्रथम, द्वितीय, वातानुकूलित, शयनयान और द्वितीय श्रेणी शयनयान में कुछ यात्रियों को इस आशा के आधार पर बैठने की जगह के लिए रिजर्वेशन दिया जाता है कि ऐन वक्त पर जो लोग अपना रिजर्वेशन कैंसिल कराएँगे या जो यात्रा नहीं करेंगे उनके स्थान पर यात्रियों को रिजर्वेशन दे दिया जाएगा। इसलिए हर डिब्बे में आठ अतिरिक्त यात्रियों को सफर करने की अनुमति दी जाती है। ताकि उनकी मौजूदगी में रेलवे कर्मचारी भ्रष्टाचार करने से डरें।

अध्यक्ष : अच्छा मंजुल जी, अब आप जा सकते हैं।

श्री मंजुल : धन्यवाद (कहकर कमरे से बाहर आ जाते हैं।)

> **टिप्पणी :** श्री मंजुल का यह साक्षात्कार आशा से अधिक उत्तम माना जा सकता है। ग्रामीण परिवेश और एक छोटे से जिले के निवासी मंजुल का ज्ञान उच्च स्तरीय लगता है तथा उन्होंने पूछे गए सभी प्रश्नों का उत्तर काफी सोच विचार कर दिया है। हिन्दी भाषा के प्रति उनके मन में अनुराग है तथा रेलवे संबंधी उनकी जानकारी भी उत्तम है।

✰ ✰ ✰

XXIX

श्री सी॰बी॰ बालचन्द्रन चेन्नई के निवासी हैं तथा मद्रास विश्वविद्यालय, चेन्नई से उन्होंने समाज शास्त्र में एम॰ए॰ किया था। सामाजिक व्यवस्थाओं के अध्ययन में उनकी काफी रुचि रही है तथा उन्होंने अनुसूचित जातियों तथा अनुसूचित जनजातियों के अध्ययन में अच्छा काम किया है। सम्प्रति वे तमिलनाडु सरकार के अनुसूचित जाति तथा अनुसूचित जनजाति निदेशालय में अनुसंधान अधिकारी हैं तथा रेलवे विभाग में रिक्त कल्याण अधिकारी के पद के लिए वे अपना साक्षात्कार देने दिल्ली आए हैं। श्री बालचन्द्रन का हिन्दी ज्ञान अत्यल्प है। यहां प्रस्तुत है उनके साक्षात्कार का अंग्रेजी से हिन्दी में अनुवाद।

श्री बालचन्द्रन : क्या मैं अन्दर आ सकता हूं?

अध्यक्ष : आइए बालचन्द्रन जी, बैठिए।

श्री बालचन्द्रन : अभिवादन करते हैं तथा अपना आसन ग्रहण करते हैं।

अध्यक्ष : आजकल आप अनुसूचित जातियों तथा जन जातियों के विभाग से संबंधित हैं। इनकी प्रमुख समस्याएँ क्या हैं?

श्री बालचन्द्रन : मैं तमिलनाडु सरकार के उक्त विभाग से जुड़ा हुआ हूं, इसलिए केवल यहां के लोगों के बारे में बताना चाहूंगा। वास्तविकता यह है कि गरीबी और अशिक्षा दो प्रमुख समस्याएँ हैं जो इन जातियों को आगे बढ़ने नहीं देतीं। इन लोगों के बीच कुछ मिशनरियां सक्रिय हैं जो एक निहित उद्देश्य को लेकर इनके उत्थान का काम करती हैं किन्तु यह कार्य भी सब तक नहीं पहुंच पाता, निहित उद्देश्य इसका कारण है। भारत सरकार ने कुछ समय पूर्व एक उच्च स्तरीय पैनल बनाया था जिसमें कहा गया था कि केन्द्र सरकार की आर्थिक नीतियों का लाभ अनुसूचित जातियों तथा जन जातियों तक नहीं पहुंच पाता। इन नीतियों को उन तक पहुंचाने के लिए व्यापक उपाय करने के मार्ग में आने वाली बाधाओं का पता लगाया जाए और उन्हें दूर किया जाए।

अध्यक्ष : इस समस्याओं को दूर करने का क्या कोई सुगम उपाय है?

श्री बालचन्द्रन : अवश्य है तथा केन्द्र और राज्य सरकार प्रयत्नशील है कि सरकार की नीतियों का सीधा लाभ उन्हें मिले किन्तु एक समस्या समाप्त होती है

तो दूसरी आड़े आती है। ऐसी कुछ सामाजिक कुरीतियां हैं जिनको हटाना भी जरूरी है। अतएव सरकार ने सीधे उन जातियों के सदस्यों को ऋण देने की योजना कार्यान्वित की है। समीपवर्ती क्षेत्रों में पाठशालाएँ खोली गई हैं। इसके अलावा कुछ परम्पराओं तथा रीति-रिवाजों की हानियां बताकर उन्हें जागरूक किया जा रहा है।

पहला सदस्य : मौलिक अधिकार किसे कहते हैं संविधान में इनकी सुरक्षा के लिए क्या गारंटी दी गई है?

श्री बालचन्द्रन : स्थूल रूप से संविधान में नागरिकों को छह मूल अधिकारों की रक्षा का आश्वासन दिया गया है, ये हैं—समानता, स्वतंत्रता, शोषण से मुक्ति, धर्म की स्वतंत्रता, संस्कृति एवं शिक्षा तथा संवैधानिक उपचारों संबंधी अधिकार। मूल अधिकारों की रक्षा के लिए नागरिकों के न्यायालय में जाने के इन अधिकारों को नागरिक का संवैधानिक उपचार प्राप्त करने का अधिकार (Right to Constitution Remedies) कहा जाता है। मूल अधिकारों की रक्षा का दायित्त्व संसद ने उच्चतम न्यायालय तथा उच्च न्यायालय को सौंपा है।

पहला सदस्य : क्या समाज शास्त्र तथा नीतिशास्त्र में कोई सामंजस्य है यदि है तो क्या उसे आप स्पष्ट कर पायेंगे?

श्री बालचन्द्रन : नीति शास्त्र यह प्रतिपादित करता है कि समाज के लिए नैतिक क्या है तथा अनैतिक क्या है। उचित क्या है तथा अनुचित क्या है? क्योंकि ये विषय समाज से संबंध रखते हैं और समाज शास्त्र भी प्रकारांतर से इन विषयों से जुड़ा हुआ है। अतएव दोनों विषयों में काफी तालमेल है।

पहला सदस्य : क्या इनमें कोई असमानता भी है?

श्री बालचन्द्रन : जी हां, काफी कुछ समानता होने पर भी असमानता है। नीति शास्त्र कुछ नैतिक मानदण्डों के पालन में सामाजिक हित देखता है जबकि समाज शास्त्र ऐसे मानदण्डों की परीक्षा उनकी सामाजिक उपयोगिता की दृष्टि से करता है। नीतिशास्त्र नैतिक मूल्य खड़े कर देता है जबकि समाजशास्त्र उन मूल्यों को सामाजिक मूल्यों की कसौटी पर कसता है। नीतिशास्त्र नैतिक तथा अनैतिक आचरणों का मानदण्ड स्थापित करता है जबकि समाजशास्त्री ऐसे मानदण्डों को सामाजिक परिस्थितियों के परिप्रेक्ष्य में देखता है।

दूसरा सदस्य : भारत में बेकारी की समस्या बढ़ती जा रही है। आपकी राय में इसका निवारण किस प्रकार हो सकता है?

श्री बालचन्द्रन : मोटे रूप से भारत में बेकारी का सामना करने वाले लोगों को दो भागों में बांटा जा सकता है—(क) शिक्षित बेकार तथा अशिक्षित बेकार। शिक्षित बेकारों में भी दो स्थिति हैं—(1) उच्च शिक्षा प्राप्त बेकार तथा सामान्य शिक्षित बेकार। जाहिर है कि इन सबकी अलग-अलग परिस्थितियां तथा इनका हल भी अलग-अलग है। यदि ग्रामीण उद्योगों का समुचित विकास होता तो शायद शहरों की ओर लोग कम भागते। अब तो आवश्यकता यह है कि अपने अल्प संसाधनों के बल पर कृषि तथा ग्रामीण उद्योगों का विकास किया जाए तथा जनसंख्या को हर तरह से बढ़ने से रोका जाए तभी बेकारी से लोहा लिया जा सकता है।

अध्यक्ष : बड़े-बड़े उद्योग लगाकर गरीबी का निवारण क्यों नहीं हो सकता?

श्री बालचन्द्रन : श्रीमान्, भारत एक विकासशील देश है। बड़े उद्योग यहां भी कुछ थोड़े से पूंजीपतियों के हाथ में सीमित हैं। पूंजीपति हमेशा अपना बड़ा हिस्सा (Lion's Share) चाहता है। नतीजा यह होता है कि मजदूरों की हालत में कोई उल्लेखनीय सुधार नहीं हो पाता। ऐसी दशा में हमें गांधीजी के अनुसार ही ग्रामीण अर्थव्यवस्था में सुधार करना अधिक व्यावहारिक लगता है।

अध्यक्ष : अच्छा बालचन्द्रन जी, अब आप जा सकते हैं।

श्री बालचन्द्रन : धन्यवाद (कहकर कमरे से बाहर आ जाते हैं।)

> **टिप्पणी :** कुल मिलाकर श्री बालचन्द्रन का यह साक्षात्कार अच्छा माना जाएगा। श्री बालचन्द्रन ने अपने ढ़ंग से प्रश्नों का अच्छा उत्तर दिया है। भारतीय अर्थव्यवस्था के सुधार में उनका रुख गांधीवादी है। यह उनके उत्तरों से भली-भांति स्पष्ट हो जाता है। वास्तविकता भी यही है कि देश में गरीबी हटाने के लिए कुटीर उद्योगों और लघु उद्योगों का विकास करना नितान्त जरूरी है।

□ □ □

बैंकिंग संबंधित साक्षात्कार

बैंक सेवा

BANK SERVICE

राष्ट्र की समृद्धि और आर्थिक विकास में बैंकों का स्थान विशिष्ट माना जाता है। पूंजीपतियों तथा व्यापारियों के लिए बैंक मेरुदण्ड हैं। धन की वृद्धि और सुरक्षा की दृष्टि से भी बैकों के कार्य तथा दायित्त्व महत्त्वपूर्ण होते हैं। बैकों का विकास हमारी आर्थिक समृद्धि का द्योतक माना जाता है। एक समय था जब हमारे गिने-चुने शहरों में ही बैंकिंग सुविधाएं उपलब्ध होती थीं। भारत की स्वतंत्रता के पश्चात् बैंकिंग सुविधाओं का वार्द्धक्य भी द्रुत गति से हुआ है। आज समृद्ध गांवों तक में बैंक खुल गए हैं और हमारे देश के अनगिनत लोग इनसे लाभ प्राप्त कर रहे हैं।

भारत में बैंकों का इतिहास काफी पुराना बताया जाता है। कौटिल्य के अर्थशास्त्र में जिस धनागार का उल्लेख है वह बैंक का ही एक स्वरूप था जिसका उपयोग महाराजा, सेनापति, नगर सेठ तथा अन्य कुलीन वर्ग के लोग अपने धन तथा मूल्यवान आभूषणों आदि की सुरक्षा के लिए करते थे। मुसलमानों के शासन काल में मालगुजारी, लगान आदि जमा करने के केन्द्र थे किन्तु किसी ऐसी व्यवस्था का पता नहीं चलता जिससे यह जाना जा सके कि आम जनता भी सुरक्षा के लिए वहां अपना धन जमा कर सकती थी। इसका प्रमुख कारण यह था कि इस्लाम धर्म में सूदखोरी को नापाक माना गया है।

आधुनिक बैंकिंग का श्रीगणेश भारत में ईस्ट इंडिया कम्पनी की स्थापना के बाद से होता है। ईस्ट इंडिया कम्पनी ने अपनी सुविधा के लिए सन् 1770 में कलकत्ता (अब कोलकाता) में एक बैंक की स्थापना की थी जिसका नाम 'बैंक ऑफ हिन्दुस्तान' था। वस्तुतः यह बैंक इंग्लैण्ड के अलेक्जेण्डर एण्ड कम्पनी की एक शाखा थी जो सन् 1832 में समाप्त हो गई। इससे पूर्व शोलापुर में भी एक लिमिटेड बैंक खोला गया था जो अधिक दिनों तक नहीं चल पाया। कालान्तर में कई बैंकों की स्थापना की गई जिनमें से बैंक ऑफ बंगाल सन् 1840 में, बैंक ऑफ बम्बई सन् 1843 में, बैंक आफ मद्रास सन् 1843 में, इलाहाबाद बैंक सन् 1865 से 1870 के मध्य तथा पंजाब नेशनल बैंक 1895 में स्थापित किया गया। भारत में स्वाधीनता आन्दोलन के फलस्वरूप कई बैंक अस्तित्त्व में आए। भारत में बैंकिंग के इतिहास में बैंक आफ बम्बई सबसे पुराना बैंक है जिसकी स्थापना 1843 में की गई थी।

स्वाधीनता से पूर्व बैंकों का दिवालिया हो जाना साधारण बात हो गई थी क्योंकि ऐसा करना काफी लाभदायक समझा जाता था। स्वतंत्रता से पूर्व बैंक ऑफ अपर इण्डिया, गोरखपुर

बैंक, गोरखपुर, स्टैण्डर्ड बैंक, बम्बई दिवालिया हो गए थे। बैंकों पर से लोगों का विश्वास जाता रहा था किन्तु स्वतंत्रता के उपरान्त स्थिति में काफी सुधार हुआ। 19 जुलाई, 1969 को 14 बैंकों का राष्ट्रीयकरण हो जाने के फलस्वरूप बैंकों की स्थिति काफी मज़बूत हो गई और लोगों का रहा सहा भय भी जाता रहा है। 15 अप्रैल, 1980 को पुनः छह बैंकों का राष्ट्रीयकरण किया गया। उल्लेखनीय है कि स्वतंत्रता के उपरान्त केवल 'पलाई बैंक' का ही दिवाला निकला था। इस बैंक के दिवालिया हो जाने के बाद रिजर्व बैंक ने बैंकों पर ऐसे कड़े नियम लागू कर दिये हैं जिसके कारण अब बैंक का दिवालिया होना असंभव हो गया है।

स्वाधीनता से पूर्व जिन दायित्वों का निर्वहन इम्पीरियल बैंक ऑफ इण्डिया करता था वही कार्य 19 जुलाई, 1955 से भारतीय स्टेट बैंक करने लगा। इस बैंक के मुख्य कार्य इस प्रकार हैं–विनिमय पत्रों का क्रय-विक्रय, भुगतान और प्राप्ति, सरकारी प्रतिभूतियों में कार्यकारी पूंजीनिवेश, उद्योगों को उनके माल की प्रतिभूति पर ऋण प्रदान करना, पेंशन कोशों का संचालन, बंधक, प्रमाण तथा स्वत्वाधिकारी पत्रों को निवेश के रूप में स्वीकार करना आदि। यह बैंक भारतीय रिजर्व बैंक का प्रतिनिधि बैंक है। सरकारी लेन-देन का सारा कार्य इस बैंक के मार्फत ही होता है। अन्य बैंकों को यह विशेष अधिकार प्राप्त नहीं है। स्टेट बैंक की पूंजी के 55% भाग पर रिजर्व बैंक का स्वामित्त्व होता है। राष्ट्रीयकृत अन्य बैंकों की शत-प्रतिशत पूंजी पर केन्द्रीय सरकार का स्वामित्त्व हो गया है।

बैंक सेवा राष्ट्रीय अर्थव्यवस्था में अपनी महत्त्वपूर्ण भूमिका निभाती है जिसके कारण इसका महत्त्व दिनों-दिन बढ़ता जाता है। एक दिन की बैंक हड़ताल से व्यापारिक संस्थानों को काफी घाटा उठाना पड़ता है, सरकारी प्राप्तियों में व्यवधान आ जाता है इसलिए बैंकों के राष्ट्रीयकरण के पश्चात् बैंकिंग सेवा का भविष्य उन्नत और उज्ज्वल हो गया है। बढ़ते हुए वेतनमान तथा ऋण आदि की सुविधाओं को देखते हुए बैंकिंग सेवा की ओर अनेक लोग उन्मुख और आकर्षित दिखाई पड़ते हैं।

सन् 1975 में भारत सरकार ने ग्रामीण विकास की दिशा में कारगर कार्वाई करने के लिए क्षेत्रीय ग्रामीण बैंक स्थापित करने का निश्चय किया था। सन् 1976 से ये बैंक जिला स्तर पर दो छोटे-छोटे जिले मिलाकर स्थापित किए गए थे। इन बैंकों की शाखाएं बड़े.बड़े गांवों में खोली गई हैं जिनमें कर्मचारियों की नियुक्ति राष्ट्रीय बैंक प्रबंध संस्थान (National Institute of Bank Management) द्वारा संचालित परीक्षा उत्तीर्ण करने पर की जाती है। इस परीक्षा का स्तर बैंकिंग सेवा भर्ती बोर्ड की परीक्षा से किंचित न्यून होता है और इनका वेतनमान भी राष्ट्रीय बैंकों के वेतनमान से अपेक्षाकृत कम रखा गया है। इस प्रकार शहरों में ही नहीं गांवों में भी बैंकिंग सेवा के अवसर बढ़ते जा रहे हैं। हमारी आर्थिक समृद्धि के साथ बैंकिंग सेवा में वृद्धि की अनेक संभावनाएं हैं। इन सेवाओं में जाने के इच्छुक नवयुवकों को पूरी तैयारी करके परीक्षा उत्तीर्ण करनी चाहिए। साक्षात्कार हेतु मार्गदर्शन के लिए इस खण्ड में कुछ आदर्श साक्षात्कार दिए गए हैं। उम्मीदवारों को चाहिए कि वे इनका

मनोयोग से अध्ययन करें तथा उपयोगी सामग्री याद करके साक्षात्कार में सम्मिलित हों। बैंक सेवा और उसके उद्देश्यों से सम्बन्धित स्थूल बातें भी यदि याद कर ली जाएं तो साक्षात्कार के दौरान उनसे काफी सहायता मिल सकती है।

महत्त्वपूर्ण प्रश्नोत्तर
(Important Questions Answers)

प्रश्न 1 : बैंक किसे कहते हैं?

उत्तर : ऑक्सफोर्ड यूनीवर्सिटी इंगलिश डिक्शनरी के अनुसार "बैंक एक ऐसा संगठन है जो अपने ग्राहकों अथवा उनके मार्फत प्राप्त धन को अभिरक्षित रखता है। इसका मुख्य कर्त्तव्य मांग पत्रों का भुगतान करना तथा अनुपयुक्त धन पर ब्याज की वृद्धि करना है।" न्यू वेबस्टर्स डिक्शनरी के अनुसार "बैंक ऐसी संस्था है जो धन का व्यापार करती है। निक्षेप को स्वीकार करना, अभिरक्षित रखना, भेजना और लेन-देन के धनादेशों को जारी करना बैंक के मुख्य कार्य हैं।"

भारतीय बैंकों को भारतीय बैंक अधिनियम सन् 1949 के अनुसार अधिनियमित किया गया है।

विशेष : सामान्य रूप से बैंक से तात्पर्य ऐसे कार्यालय या संस्था से है जहां रुपया, नकदी आदि जमा करने तथा निकालने की सुविधा प्राप्त होती है। कई बैंक अपने यहां लाकर्स की सुविधा प्रदान करते हैं। बैंक के परिभाषा विषयक अन्य प्रश्न इस प्रकार किए जा सकते हैं, यथा–बैंक से आप क्या समझते हैं? बैंक की परिभाषा बताइए, बैंक शब्द से किस संस्था का बोध होता है? आदि।

प्रश्न 2 : बैंक के कार्य और उनकी सीमाएं बताइए।

उत्तर : बैंक के कार्य उपर्युक्त परिभाषा से स्पष्ट हो जाते हैं। इसके कार्यों का विवरण भारतीय बैंकिंग अधिनियम 1949 की धारा 5(घ) में दिए गए हैं। सभी बैंकों को रिजर्व बैंक ऑफ इण्डिया की नीति और नियमों के अनुसार चलना पड़ता है। ऋण देने तथा जमा धन राशि पर ब्याज देने संबंधी नियम सभी बैंकों पर समान रूप से लागू होते हैं।

प्रश्न 3 : बैंक के भेद तथा उनके कार्य क्षेत्र का निर्धारण कीजिए।

उत्तर : भारतीय संसद, केन्द्रीय सरकार तथा भारतीय रिजर्व बैंक द्वारा समय-समय पर बनाए गए अधिनियमों, अध्यादेशों तथा आदेशों द्वारा बैंकों का वर्गीकरण और उसके कार्यक्षेत्र का निर्धारण किया जाता है। मुख्य रूप से भारत में चार प्रकार के बैंक स्थापित किए गए हैं–

1. भारतीय रिजर्व बैंक

2. औद्योगिक विकास बैंक

3. राष्ट्रीय कृषि तथा ग्रामीण विकास बैंक

4. भारतीय आयात-निर्यात बैंक

उपर्युक्त चार शीर्षस्थ बैंकों के अतिरिक्त निम्नलिखित अन्य बैंक भी लोक-हितार्थ अपने-अपने कार्यों का निष्पादन करते हैं। इनके नाम इस प्रकार हैं—

1. व्यावसायिक बैंक (Commercial Bank)

2. ग्रामीण बैंक (Rural Bank) (कृषि कर्मी व्यापार तक सीमित)।

3. सहकारी बैंक (Cooperative Bank)

4. भूमि विकास बैंक (Land Development Bank)

इन बैंकों को वित्तीय निगम भी कहा जाता है। ये दो प्रकार के कार्यों का निष्पादन करते हैं—

क. लघु उद्योगों का विकास

ख. ग्रामीण विकास योजनाओं को प्रोत्साहन

उत्तर : भारत विकासशील देश है। इस विकास को निरंतर गतिशील बनाए रखने के लिए हमारे देश में अनेक प्रकार के बैंक स्थापित किए गए हैं जो देश की अर्थव्यवस्था में अपनी महत्त्वपूर्ण भूमिका निभाते हैं। इन बैंकों को निम्नलिखित वर्गों में विभाजित किया जा सकता है।

1. भारतीय रिजर्व बैंक (Reserve Bank of India)

2. भारतीय औद्योगिक विकास बैंक (Industrial Development Bank of India)

3. राष्ट्रीय कृषि तथा ग्रामीण विकास बैंक (National Bank for Agriculture and Rural Development)

4. भारतीय आयात-निर्यात बैंक (Export-Import Bank of India)

5. व्यावसायिक बैंक (Commercial Banks)

6. क्षेत्रीय ग्रामीण बैंक (Regional Banks)

7. सहकारी बैंक (Cooperative Banks)

8. औद्योगिक विकास बैंक, इन्हें औद्योगिक वित्त निगम भी कहा जाता है (Industrial Development Banks, these are known as Industrial Financial Corporation)

9. भूमि विकास बैंक (Land Development Banks)

उपर्युक्त सभी बैंकों के नाम ही उनके कार्यों के परिचायक हैं। जैसे—क्षेत्रीय ग्रामीण बैंक आम तौर से एक जिले अथवा दो छोटे-छोटे जिले मिलाकर स्थापित किए जाते हैं और इनकी शाखाएं, ब्लॉक या दो-चार ब्लॉकों में स्थापित की जाती है। ये बैंक ग्रामीण कृषकों, अन्य ग्रामीण अर्थव्यवस्था से जुड़े लोगों को सस्ती दर पर ऋण उपलब्ध कराते हैं। महाजनों के चंगुल से किसानों को मुक्ति दिलाने में इन बैंकों की महत्त्वपूर्ण भूमिका रही है। इसी प्रकार औद्योगिक बैंक लघु तथा कुटीर उद्योग लगाने के लिए पूंजी उपलब्ध कराते हैं तथा भूमि विकास बैंक भूमि की उर्वरा शक्ति बढ़ाने, उसे कटाव तथा क्षरण से रोकने के लिए आर्थिक सहायता देते हैं। तात्पर्य यह है कि उक्त सभी बैंकों के अपने सुनिश्चित कार्य क्षेत्र हैं।

उत्तर : भारतीय मुद्रा बाजार को सुव्यवस्थित तथा सुसंगठित बनाने के लिए सन् 1925 में हिल्टन आयोग ने रिजर्व बैंक की स्थापना के लिए अपना सुझाव रखा था जो काफी वाद-विवाद के बाद स्वीकार कर लिया गया था। सन् 1935 में 9 अप्रैल को इस बैंक की विधिवत् स्थापना की गई थी। इस बैंक का राष्ट्रीयकरण सन् 1949 में हुआ था।

यह देश की बैंकिंग प्रणाली पर नियंत्रण करता है तथा मुद्रा के निर्गमन तथा संचालन का कार्य भी करता है। मुख्य रूप से इसके कार्यों को आठ भागों में विभाजित किया जा सकता है—

1. बैंकिंग (यह बैंकों का बैंक है)।

2. मुद्रा जारी करना और उस पर नियंत्रण रखना।

3. सरकार के लिए बैंक का कार्य करता है। (Banker to the Government)

4. विनिमय नियंत्रण करना।

5. गैर बैंकिंग संगठनों, कम्पनियों पर नियंत्रण रखना।

6. आर्थिक तथा सांख्यिकीय अनुसंधान करना।

7. बैंक कार्मिकों के लिए शिक्षा तथा प्रशिक्षण का प्रबन्ध करना तथा दूसरे प्रकार के प्रोन्नति तथा विकास के काम करना।

8. भारतीय बैंकिंग, प्रणाली की देखभाल करना।

स्पष्ट है कि यह बैंक भारतीय अर्थव्यवस्था, मुद्रा तथा बैंकों के नियन्त्रण की दिशा में अपनी महत्त्वपूर्ण भूमिका निभाता है।

उत्तर : इस बैंक का प्रशासन निदेशक मण्डल (Board of Directors) के द्वारा किया जाता है। इसमें 15 सदस्य होते हैं।

इन सदस्यों में से एक गवर्नर तथा 3 सहायक गवर्नरों की नियुक्ति भारत सरकार द्वारा पाँच वर्षों के लिए की जाती है। पांच वर्ष के लिए एक-एक निदेशक की नियुक्ति मुम्बई,

कोलकाता, चेन्नई तथा दिल्ली के लिए भी की जाती है। इन निदेशक मण्डल की बैठकें तीन महीने में एक बार और वर्ष में छह बार अवश्य होनी चाहिए। इस बैंक का मुख्य कार्यालय मुम्बई में; तथा सारे देश में इसकी 21 शाखाएं हैं। रिजर्व बैंक के गवर्नर का कार्यकाल सामान्यतया पांच वर्ष का होता है।

प्रश्न 7 : भारतीय रिजर्व बैंक सर्व समर्थ नहीं है, इसकी सीमाओं का स्पष्टीकरण दीजिए।

उत्तर : भारतीय रिजर्व बैंक को 'बैंक ऑफ बैंक्स' कहा जाता है। यह सभी भारतीय बैंकों पर नियंत्रण भी रखता है फिर भी इसकी निम्नलिखित सीमाएं हैं—

1. यह बैंक प्रत्यक्ष रूप से किसी वाणिज्य, उद्योग अथवा व्यापार में न तो भाग ले सकता है और न ऋण दे सकता है।

2. रिजर्व बैंक अपने पास जमा धन पर कोई ब्याज नहीं दे सकता।

3. यह बैंक न तो कोई अचल सम्पत्ति खरीद सकता है और न ऐसी सम्पत्ति की जमानत पर कोई ऋण ही दे सकता है।

4. इसे प्रतिभूति रहित ऋण देने का अधिकार नहीं है।

5. यह बैंक किसी व्यापारिक कम्पनी के न तो शेयर ले सकता है और न ही ऐसे शेयरों के आधार पर ऋण ही दे सकता है।

6. यह बैंक न तो कोई ऐसा प्रलेख लिख सकता है और न भुना सकता है जो मांग पर शोधनीय न हो सके।

प्रश्न 8 : भारतीय स्टेट बैंक तथा दूसरे बैंकों में अन्तर स्पष्ट कीजिए।

उत्तर : भारतीय स्टेट बैंक रिजर्व बैंक के प्रतिनिधि के रूप में अपना कार्य करता है। यह एक विशेषाधिकार प्राप्त बैंक है जिसकी मारफत समस्त प्रकार के सरकारी लेन-देन किए जाते हैं। इस बैंक की पूंजी का 55% भाग रिजर्व बैंक के स्वामित्त्व में रहता है जबकि अन्य राष्ट्रीयकृत बैंकों की शत-प्रतिशत पूंजी केन्द्रीय सरकार के नियंत्रण में होती है।

प्रश्न 9 : सहकारी बैंकों के बारे में आप क्या जानते हैं?

उत्तर : भारत में सहकारिता को प्रोत्साहन देने के लिए सहकारी बैंकों की स्थापना की गई थी। ये बैंक कई प्रकार के होते हैं जैसे कुछ बैंक कृषि कार्यों के लिए ऋण देते हैं, कुछ कुटीर तथा लघु उद्योगों को बढ़ावा देने के लिए ऋण देते हैं तथा कुछ बैंक साहूकारों तथा महाजनों से छुटकारा दिलाने के लिए अपने सदस्यों को कम ब्याज दरों पर रुपया उधार देते हैं।

रिजर्व बैंक इन बैंकों को रियायती ब्याज दरों पर रुपया उधार देता है।

प्रश्न 10 : व्यापारिक बैंक किसे कहते हैं? कुछ प्रमुख व्यापारिक बैंकों के नाम बताइए।

उत्तर : सन् 1913 के भारतीय बैंकिंग कम्पनीज ऐक्ट के अधीन पंजीकृत बैंक मिश्रित पूंजी वाले बैंकों के नाम से जाने जाते हैं। ये जनता से सावधिक निक्षेप प्राप्त करते हैं और

फिर ये उद्योगपतियों तथा व्यापारियों को अल्पकालिक ऋण देते हैं। ऋण पर ब्याज की दरें रिजर्व बैंक ऑफ इण्डिया द्वारा निर्धारित की जाती हैं जो सभी बैंकों में समान रूप से लागू होती हैं।

भारत के प्रमुख व्यापारिक बैंकों के नाम इस प्रकार हैं—1. भारतीय स्टेट बैंक, 2. पंजाब नेशनल बैंक, 3. इलाहाबाद बैंक, 4. सेन्ट्रल बैंक, 5. बैंक ऑफ इंडिया, 6. इंडियन बैंक, 7. यूनियन बैंक, 8. बैंक ऑफ बड़ौदा, 9. यूनाइटेड बैंक ऑफ इंडिया, 10. सिंडिकेट बैंक आदि।

प्रश्न 11 : अनुसूचित तथा असूचीबद्ध बैंकों से आप क्या समझते हैं?

उत्तर : अनुसूचित बैंक उस बैंक को कहते हैं जिसका नाम रिजर्व बैंक अनुसूची में दर्ज होता है।

असूचीबद्ध बैंक उस बैंक को कहते हैं जिसका नाम रिजर्व बैंक की अनुसूची में दर्ज नहीं होता है।

प्रश्न 12 : मिश्रित पूंजी वाले बैंकों का संक्षिप्त इतिहास बताइए।

उत्तर : भारत में मिश्रित पूंजी वाले बैंकों का इतिहास ईस्ट इंडिया कम्पनी के शासनकाल से शुरू होता है। कलकत्ता में सन् 1770 में सर्वप्रथम एक मिश्रित पूंजी वाले बैंक की स्थापना 'बैंक ऑफ हिन्दुस्तान' के नाम से की गई थी। कालान्तर में बैंक ऑफ बंगाल, 1806 तथा बैंक ऑफ बम्बई, 1840 तथा बैंक ऑफ मद्रास की स्थापना 1843 में की गई। सन् 1924 में इन तीनों प्रेसीडेन्सी बैंकों को मिलाकर इम्पीरियल बैंक ऑफ इण्डिया बना दिया गया। 'अवध कमर्शियल बैंक' के नाम से एक बैंक 1871 में स्थापित किया गया था जिसे प्रथम भारतीय मिश्रित पूंजी का बैंक कहा गया है। इस देश में मिश्रित पूंजी वाले बैंकों को बीसवीं सदी के आरम्भ तक कोई उल्लेखनीय सफलता नहीं मिली। द्वितीय महायुद्ध के बाद तथा रिजर्व बैंक की स्थापना हो जाने पर भारतीय बैंकिंग का तीव्र गति से विकास आरम्भ हो गया किन्तु 1947 में देश के विभाजन के फलस्वरूप अनेक मिश्रित पूंजी वाले बैंक फेल हो गए। सन् 1949 में स्थिति में पुनः सुधार हुआ। रिजर्व बैंक के नियंत्रण में अब मिश्रित पूंजी वाले बैंकों की हालत सुधर गई है और ये देश की अर्थव्यवस्था में अपनी महत्त्वपूर्ण भूमिका निभा रहे हैं।

प्रश्न 13 : मिश्रित पूंजी वाले बैंकों के कार्यों का संक्षिप्त परिचय दीजिए।

उत्तर : ये बैंक सावधिक तथा सुनिश्चित निक्षेप स्वीकार करते हैं, ऋण देते हैं, ड्राफ्ट तथा चेक सुविधा प्रदान करते हैं, अपने ग्राहकों के एजेन्ट के रूप में कार्य करते हैं।

प्रश्न 14 : क्या स्टेट बैंक को मिश्रित पूंजी बैंक कहा जा सकता है?

उत्तर : स्टेट बैंक निश्चित रूप से एक मिश्रित पूंजी वाला बैंक है किन्तु इसकी स्थिति अन्य मिश्रित बैंकों की अपेक्षा भिन्न है। यह देश का सबसे बड़ा व्यापारिक बैंक भी है।

सभी सहायक कार्यालयों सहित कुल जमा पूंजी का 60% भाग तथा सम्पूर्ण बैंकिंग व्यवस्था में जमा पूंजी का 27% भाग इस बैंक के अधिकार में है। इसे भारत सरकार तथा रिजर्व बैंक के एजेन्ट के रूप में भी काम करना पड़ता है तथा कुछ कार्य केन्द्रीय बैंकिंग के भी करने पड़ते हैं। यही इसकी विशेषता है। यह बैंक व्यापारिक बैंकों के सभी कार्यों का निर्वहन करता है। रिजर्व बैंक तथा भारत सरकार के एजेन्ट के रूप में किए जाने वाले इसके कार्य अन्य बैंकों की अपेक्षा इसे विशिष्टता प्रदान करते हैं। अतएव स्टेट बैंक मिश्रित पूंजी वाला बैंक होने पर भी अन्य बैंकों की अपेक्षा अपना विशिष्ट स्थान रखता है।

प्रश्न 15 : स्टेट बैंक ऑफ इण्डिया की कुल कितनी शाखाएं हैं? इसके कार्यों का संक्षिप्त परिचय दीजिए।

उत्तर : स्टेट बैंक ऑफ इण्डिया की कुल शाखाओं की संख्या 14 हजार से ज्यादा पहुंच चुकी है। स्टेट बैंक ऑफ इण्डिया के प्रमुख कार्य इस प्रकार हैं—

विनिमय विपत्र जारी करना, कैश कराना, बेचना तथा क्रय करना; सरकारी तथा गैर-सरकारी उपक्रमों, प्रतिष्ठानों की प्रतिभूतियों को सुरक्षित रखना; उद्योगों को उनके माल तथा अचल संपत्तियों के आधार पर ऋण प्रदान करना; पेंशन कोशों आदि का संचालन करना; सावधिक, आवर्त्ती तथा सुनिश्चितकालीन धन जमा करना, जमा धन पर आँशिक ऋण देना तथा रिजर्व बैंक और केन्द्र सरकार के आदेशानुसार समय-समय पर दिए गए अन्य दायित्वों का निर्वाह करना आदि।

प्रश्न 16 : रिजर्व बैंक का एक कार्य मुद्रा को जारी करना भी है। कौन-सी ऐसी मुद्रा है जिसे रिजर्व बैंक जारी नहीं करता?

उत्तर : रिजर्व बैंक द्वारा सभी प्रकार के सिक्के तथा नोट जारी किए जाते हैं किन्तु एक रुपए का नोट भारत सरकार जारी करती है तथा इस पर वित्त सचिव के हस्ताक्षर होते हैं।

प्रश्न 17 : भारत सरकार में लिपिक वर्गीय कार्य पाने की अपेक्षा नवयुवक बैंक की लिपिक वर्गीय नौकरी प्राप्त करना अधिक अच्छा समझते हैं–इसका क्या कारण है?

उत्तर : आर्थिक दृष्टि से आजकल बैंक की नौकरी काफी अच्छी मानी जाती है। इसका न्यूनतम मूल वेतन 8000 रुपए से आरम्भ होकर 30,000 रुपए तक जाता है तथा वार्षिक वेतन वृद्धि भी भारत सरकार के अवर श्रेणी लिपिक की वार्षिक वेतन वृद्धि की अपेक्षा काफी अधिक होती है। इसके अतिरिक्त कम ब्याज पर ऋण, छुट्टियों की जगह नगद रकम का भुगतान, मकान बनाने के लिए आसानी से ऋण आदि अन्य सुविधाएं हैं जो दूसरी नौकरियों में प्राप्त नहीं होती। जहां तक आगे उन्नति की बात है, इस दृष्टि से भी बैंक में उन्नति के काफी अवसर हैं। इन सब कारणों से बैंक में लिपिक वर्गीय नौकरी में जाना तुलनात्मक दृष्टि से अच्छा समझा जाता है।

प्रश्न 18 : बैंक की नौकरी आर्थिक उपलब्धियों की दृष्टि से भले ही उत्तम हो किन्तु इसके कर्मचारियों का बौद्धिक विकास अधिक नहीं हो पाता; इस बात से आप कहां तक सहमत हैं?

उत्तर : यह बात काफी हद तक सच है। यही कारण है कि प्रतिभावान युवक प्रोबेशनरी अधिकारी नियुक्त हो जाने पर भी पी॰ सी॰ एस॰ तथा आई॰ ए॰ एस॰ जैसी प्रशासनिक नौकरियों के लिए प्रयत्नशील रहते हैं और मौका पाते ही बिना किसी संकोच के बैंक की नौकरी छोड़कर चले जाते हैं।

प्रश्न 19 : भारतीय स्टेट बैंक तथा बैंकों का राष्ट्रीयकरण किए जाने का क्या कारण था? स्पष्ट कीजिए।

उत्तर : भारत सरकार को ऐसा प्रतीत हुआ कि अनेक प्रयासों के बावजूद गांवों का द्रुतगति से विकास नहीं हो पा रहा है और शहरीकरण (नगरीकरण) बढ़ता जा रहा है। इस स्थिति को कम करने तथा गांवों की आर्थिक दशा संवारने के बारे में सरकार द्वारा एक ग्रामीण ऋण सर्वेक्षण समिति (Rural Credit Survey Committee) का गठन किया गया था। इस समिति की रिपोर्ट के आधार पर भारतीय स्टेट बैंक तथा अन्य बैंकों का राष्ट्रीयकरण किया गया।

राष्ट्रीयकरण के प्रमुख दो उद्देश्य थे—

(1) बैंकिंग सुविधाओं में वृद्धि करना तथा उनको ग्रामीण व अर्द्धग्रामीण क्षेत्रों तक फैलाना।

(2) बैंकों की पूंजीगत दशा में सुधार करके दिवालिया होने की संभावना को समाप्त करना।

प्रश्न 20 : राष्ट्रीयकृत बैंकों की कुल संख्या बताइए। इनका कब–कब राष्ट्रीयकरण किया गया?

उत्तर : वर्तमान में राष्ट्रीयकृत बैंकों की कुल संख्या 26 है। सर्वप्रथम सन् 1969 में 14 बैंकों का राष्ट्रीयकरण हुआ। दुबारा सन् 1980 में 6 बैंकों को राष्ट्रीयकृत किया गया। सन् 1955 में इम्पीरियल बैंक ऑफ इण्डिया का नाम स्टेट बैंक ऑफ इण्डिया कर दिया गया था और सरकार ने इसकी सात शाखाओं को भी अपने अधिकार में ले लिया था।

प्रश्न 21 : अप्रैल सन् 1980 में भारत सरकार ने दुबारा बैंकों का राष्ट्रीयकरण किया। इस राष्ट्रीयकरण के पीछे भारत सरकार का क्या उद्देश्य था?

उत्तर : भारत की बहुमुखी प्रगति को दृष्टिगत रख कर सन् 1980 में पुनः नए बीस सूत्री कार्यक्रम को लागू करने का सरकार ने विचार किया था। इस कार्यक्रम के लिए 200 करोड़ रुपए की अतिरिक्त धनराशि की आवश्यकता थी ताकि प्राथमिक क्षेत्र (Priority Sector) को ऋण देने की व्यवस्था की जा सके। इस कारण छह बैंकों का राष्ट्रीयकरण कर देने के बाद 945 करोड़ रुपए की धनराशि सरकार को तत्काल उपलब्ध हो गई।

इसके साथ ही सरकार के लिए बैंकिंग ऋण नीति पर अधिक कारगर तरीके से नियन्त्रण रखना संभव बन गया।

उत्तर : बैंकों का राष्ट्रीयकरण करना एक अनिवार्य आवश्यकता बन गई थी। आमतौर से बैंकों पर पूंजीपतियों का नियन्त्रण था और मिश्रित पूंजी होने के कारण बैंकों के दिवालिए होने की सम्भावना बनी रहती थी। पलाई बैंक के दिवालिया हो जाने पर सरकार सजग हो गई थी और वह चाहती थी कि बैंकों का लाभ गांव-गांव तथा आम जनता तक पहुंचे। इस महत्त्वपूर्ण उद्देश्य के कारण बैंकों का राष्ट्रीयकरण किया गया। कमजोर वर्ग के लिए अधिक वित्तीय संसाधन जुटाने हेतु भी बैंकों का राष्ट्रीयकरण उपयोगी सिद्ध हुआ।

उत्तर : बीस सूत्री कार्यक्रम के अधिकांश सूत्र ग्रामीण समुन्नति से संबंधित हैं। गाँधी जी भी चाहते थे कि हमें गांवों की ओर लौटना चाहिए। भारत के अधिकांश गांव गरीबी तथा अभाव की पीड़ा से संतप्त हैं। अब बैंकों की जमा धनराशि का एक अच्छा भाग निम्नलिखित कार्यों के लिए गांवों में खर्च किया जा रहा है—

1. सस्ती ब्याज दर तथा आसान किस्तों में ऋण की व्यवस्था।

2. कुटीर तथा लघु उद्योगों के लिए वित्त व्यवस्था करना।

3. भूमि विकास तथा कृषि उत्पादन बढ़ाने के लिए ऋण देना।

4. पशुओं, कुक्कुट तथा सुअर पालन के लिए निर्धनों को आर्थिक सहायता देना।

5. ग्राम पंचायतों को पेय जल की व्यवस्था कराने तथा लघु आकार के मकान बनाने के लिए रियायती ब्याज दर पर ऋण देना।

6. कृषि भूमि की प्रतिभूति पर ऋण उपलब्ध कराना।

इसी प्रकार के अन्य कार्य भी हैं जिनका लाभ सामान्य ग्राम्यजनों को प्राप्त हो रहा है और वे अब बैंकों की उपयोगिता समझने लगे हैं।

उत्तर : चेक एक प्रकार का विनिमय बीजक (हुंडी) है जो किसी विशेष बैंक को आदिष्ट होता है और मांग पर जिसका भुगतान किया जाता है। चेक यदि धारक नहीं है तो यह जोखिम रहित होता है। एक साधारण से कागज के द्वारा मनमानी धन राशि का लेन-देन हो जाता है तथा करेंसी नोटों के भार से बचा जा सकता है। व्यापारियों को अनावश्यक रूप से अधिक रुपया नहीं रखना पड़ता। चेक की प्रणाली से धन विनिमय निरापद तथा

सुगम हो गया है। चेक द्वारा किए गए भुगतान की रसीद लेना भी जरूरी नहीं होता। बैंकों में चेक द्वारा किए गए भुगतान का हिसाब-किताब रखा ही जाता है अतएव पार्टियों को अलग से कोई हिसाब नहीं रखना पड़ता। इसके अलावा चेक प्रणाली के और भी कई लाभ हैं।

प्रश्न 25 : चेक के कितने पक्ष होते हैं और इनकी क्या उपयोगिता होती है?

उत्तर : चेक के तीन पक्ष होते हैं—(1) भुगतान आदेशक (Drawer); जो अपनी धनराशि से भुगतान करने का आदेश देता है। (2) जिसे आदेश दिया जाता है (Drawee) यह आदेश बैंक को दिया जाता है कि अमुक व्यक्ति को या कम्पनी के प्रतिनिधि को भुगतान किया जाए। (3) भुगतान प्राप्त करने वाला (Payee) जो बैंक से चेक के द्वारा भुगतान लेता है। कभी-कभी जब ऐसी संभावना होती है कि भुगतान कहीं गलत हाथों में न पड़ जाए तो चेक के एक सिरे पर दो रेखाएं समानान्तर खींच दी जाती हैं इसे रेखांकित (क्रास्ड) चेक कहते हैं। इसमें निर्दिष्ट धनराशि, भुगतान प्राप्त करने वाले व्यक्ति के खाते में जमा कर दी जाती है। यह कार्य बैंक अपने आप करता है।

प्रश्न 26 : चेक कितने प्रकार के होते हैं, इनमें सर्वाधिक निरापद चेक आप किसे मानते हैं?

उत्तर : चेक चार प्रकार के होते हैं—(1) धारक चेक, (2) आदिष्ट चेक, (3) रेखांकित चेक, (4) पावकखाता चेक (Accounts Payee Cheque)।

धारक चेक, आदिष्ट चेक, रेखांकित चेक तथा पावकखाता चेक की अपनी-अपनी अलग विशेषताएं हैं किन्तु इनमें सर्वाधिक निरापद पावक खाता चेक (Accounts payee Cheque) माना जाता है इसके बाद दूसरा स्थान रेखांकित चेक का माना जाता है।

प्रश्न 27 : चेक द्वारा भुगतान प्राप्त करने की अवधि सीमा बताइए।

उत्तर : चेक द्वारा भुगतान प्राप्त करने की अवधि उसके जारी किए जाने की तारीख से 3 महीने तक रहती है। किसी सरकारी विभाग द्वारा जो चेक जारी किए जाते हैं, वे सामान्यतया 3 महीने तक के लिए वैध माने जाते हैं।

प्रश्न 28 : यात्री चेक (Traveller's Cheque) और करेंसी नोट में क्या अन्तर होता है?

उत्तर : यात्री चेक किसी बैंक के नाम जारी किए जाते हैं। इन चेकों पर भुगतान पाने वाले व्यक्ति के हस्ताक्षर होते हैं। बैंक से भुगतान लेते समय पुनः यात्री को चेक पर हस्ताक्षर करने पड़ते हैं दोनों हस्ताक्षरों के मिल जाने पर यात्री चेक धारक को बैंक द्वारा नकद भुगतान कर दिया जाता है। करेंसी नोट रिजर्व बैंक द्वारा जारी किए जाते हैं ये किसी को भी दिए जा सकते हैं तथा किसी से भी लिए जा सकते हैं। लेन-देन के दौरान इन पर कहीं हस्ताक्षर करने की आवश्यकता नहीं होती।

उत्तर : किसी भी बैंक में निर्धारित ड्राफ्ट शुल्क के साथ जितने रुपए का ड्राफ्ट बनवाना है वह रकम जमा करके ड्राफ्ट बनवाया जाता है। ड्राफ्ट में उल्लिखित धनराशि पाने वाले का इस पर नाम तथा उस बैंक की शाखा का कोड नम्बर लिखा जाता है जहां से भुगतान प्राप्त करना है। ड्राफ्ट को भी रेखांकित किया जा सकता है। ऐसा करने पर लिखी धनराशि का भुगतान धारक को नहीं किया जाता अपितु उसमें लिखी धनराशि उसके बैंक खाते में जमा कर दी जाती है। ड्राफ्ट में लिखी रकम बैंक में पहले जमा करानी पड़ती है तभी ड्राफ्ट बनता है। अतएव यह जिसके नाम से बनवाया जाता है उसे धन की प्राप्ति अवश्य हो जाती है। इसलिए यह एक संदेह रहित विनिमय विपत्र माना जाता है।

प्रश्न 30 : क्लियरिंग से क्या अभिप्राय है?

उत्तर : चेक या ड्राफ्टों के समाशोधन के लिए विविध बैंकों द्वारा की जाने वाली कार्रवाई को क्लियरिंग के नाम से पुकारा जाता है। मान लीजिए इंडियन बैंक, दिल्ली के खातेदार ने अपने खाते में सेन्ट्रल बैंक, कानपुर का 500 रुपए का एक चेक जमा कराया। अब यह चेक समाशोधन के लिए सेन्ट्रल बैंक, कानपुर भेजा जाएगा। उक्त बैंक द्वारा समाशोधित हो जाने पर 500 रुपए का निक्षेप (Credit) इंडियन बैंक दिल्ली को भेज दिया जाएगा और यह धनराशि खातेदार के खाते में जमा हो जाएगी। इस प्रकार समाशोधन के लिए की जाने वाली इस समग्र कार्रवाई को क्लियरिंग के नाम से पुकारा जाता है।

प्रश्न 31 : ग्रेशम के नियमानुसार ''बुरी मुद्रा अच्छी मुद्रा को प्रचलन से हटा देती है''—इससे आप क्या समझते हैं?

उत्तर : इस कथन की सबसे अधिक रोचक और ऐतिहासिक मिसाल मुहम्मद तुगलक का तांबे और चमड़े का सिक्का चलाना था जिसके कारण उसका खजाना खाली हो गया तथा सोने और चांदी के सिक्के प्रचलन से गायब हो गए। जो मुद्रा बाजार भाव से अधिक अपना मूल्य रखती है वह मुद्रा प्रचलन से हट जाती है तथा उसका स्थान मूल्यहीन मुद्रा ग्रहण कर लेती है। एक जमाना था जब चांदी के रुपयों का भारत में प्रचलन था किन्तु उसमें एक रुपया अपने मूल्य से दुगुनी चांदी प्राप्त करने में सक्षम था इसलिये वह चिरकाल तक प्रचलन में बना रहा। कालान्तर में महंगाई बढ़ने के साथ-साथ चांदी का रुपया गायब होने लगा और इसकी जगह गिलट, तांबा और लोहे आदि के सिक्के प्रचलन में आ गए। अब स्थिति यह आ गई है कि अल्युमिनियम के सिक्कों का प्रचलन हो गया है और वे भी बाजार में दिखाई नहीं पड़ते। रेजगारी की अक्सर किल्लत हो जाती है। अर्थशास्त्रियों ने इन्हीं बातों का अध्ययन करके कागजी मुद्रा (पेपर मनी) नोटों आदि के प्रचलन को शुरू कराया था, जो देश-विदेश में सभी जगह लोकप्रिय हो गई।

ग्रेशन का नियम भी यही तथ्य प्रकाशित करता है। जो मुद्रा अपने निज के मूल्य से बाजार मूल्य अधिक रखती है वह प्रचलन से हट जाती है। लोग उसे गलाना या संग्रह करना शुरू कर देते हैं और उसके स्थान पर मूल्यहीन मुद्रा शेष रह जाती है।

प्रश्न 32 : मुद्रा संकुचन तथा मुद्रा स्फीति से क्या अभिप्राय है? स्पष्ट कीजिए।

उत्तर : घाटे की अर्थव्यवस्था मुद्रा स्फीति (Inflation) का मुख्य कारण है। पहले रिजर्व बैंक को उतने ही नोट प्रचलन में लाने का अधिकार था जितने मूल्य का सोना वह पहले अपने स्टॉक में रख लेता था। कालान्तर में इस व्यवस्था में ढील दे दी गई परिणाम यह निकला कि देश में महंगाई बढ़ती चली गई और मुद्रा स्फीति दिनों-दिन अधिक होती जा रही है।

मुद्रा संकोच या कमी को मुद्रा अपस्फीति (Deflation) कहा जाता है। प्रथम और द्वितीय महायुद्ध के बाद मुद्रा का घोर संकट उत्पन्न हो गया था। चीजों के भाव एकदम गिर गए थे। मण्डियों में माल का बाहुल्य हो गया और उसका कोई खरीदार ही न रहा। व्यापारियों को काफी घाटा उठाना पड़ा था कई फर्में फेल हो गई। तात्पर्य यह है कि आवश्यकता से अधिक उत्पादन तथा सरकार के पास धन की कमी और बेरोजगारी के कारण मुद्रा का संकोच या अपस्फीति हो जाती है।

मुद्रा स्फीति जहां व्यापारिक स्थिति को मजबूत बनाती है वहां मुद्रा का अभाव उसे जर्जर कर देता है।

प्रश्न 33 : मुद्रा स्फीति का सर्वाधिक दुष्प्रभाव मध्यम वर्ग पर पड़ता है, इसे किस प्रकार नियंत्रित किया जा सकता है?

उत्तर : मुद्रा स्फीति जिस गति से होती है उसी गति से उपभोक्ताओं की आय में वृद्धि नहीं होती। परिणाम यह होता है कि अधिक मुद्रा खर्च करके उपभोग की वस्तुएं खरीदनी पड़ती हैं जिसके कारण मध्यम वर्ग के लोगों को आर्थिक संकट झेलना पड़ता है। इसके विपरीत पूंजीपति व्यापारी तथा उद्योगपति समय-समय पर अपने उत्पादन के मूल्यों पर वृद्धि करते रहते हैं इसलिए लाभांश की दर बढ़ जाने से उनकी आर्थिक स्थिति भी अधिक सुधर जाती है।

सुनियोजित कराधान तथा लाभांश का उचित विभाजन मुद्रा स्फीति के दुष्प्रभाव को कम कर सकता है। इसके अतिरिक्त घाटे की अर्थव्यवस्था को कम करने से भी मुद्रा स्फीति के दुष्प्रभाव को रोका जा सकता है।

प्रश्न 34 : काले धन से क्या अभिप्राय है? वर्तमान सरकार को इसे रोकने के लिए क्या-क्या उपाय करने चाहिए?

उत्तर : अनैतिकता से तथा आयकर की चोरी करके अर्जित किया गया धन काला धन (Black Money) कहा जाता है। इस प्रकार के एकत्रित धन से किसी देश की अर्थव्यवस्था

को काफी झटका लगता है। एक तरफ निर्धनता बढ़ती है तो दूसरी ओर मालामाल होकर लोग यह सोचने के लिए विवश हो जाते हैं कि इस धन का उपयोग किस प्रकार किया जाए।

काले धन के एकत्र होने के कई कारण हो सकते हैं जिनमें से प्रथम त्रुटिपूर्ण कर व्यवस्था, उत्पादन के घटकों में लाभांश का सम्यक् बंटवारा न किया जाना, उत्पादन तथा वितरण में तालमेल न होना तथा आवश्यक वस्तुओं के वितरण पर सरकारी नियंत्रण होना। चोरबाजारी तथा तस्करी भी काले धन के पोषक माने जाते हैं।

प्रश्न 35 : अवमूल्यन किसे कहते हैं? किन-किन परिस्थितियों में अवमूल्यन आवश्यक हो जाता है?

उत्तर : किन्हीं दो या दो से अधिक देशों में प्रचलित मुद्रा के आधार पर समानता स्थापित की जाती है, उस निर्धारित समानता को जब कोई देश घटा देता है तो उसे अवमूल्यन कहा जाता है। जैसे—भारत में प्रचलित रुपया नेपाल के दो रुपए के बराबर हो किन्तु इस मूल्यानुपात को घटा कर भारत सरकार अपने रुपये को नेपाली डेढ़ रुपए के बराबर मानने लगे तो इसे रुपए का अवमूल्यन कहा जाएगा।

सामान्यतया कोई भी देश अपनी मुद्रा का अवमूल्यन नहीं करना चाहता लेकिन जब मुद्रा स्फीति, उत्पादन में कमी आदि के कारण अपने ही देश में मुद्रा का मूल्य गिर जाता है तो दूसरे देश भी अधिक मूल्य देकर या कम मूल्य लेकर विनिमय करना पसन्द नहीं करते। ऐसी स्थिति में जिस देश की मुद्रा का आन्तरिक मूल्य घट जाता है उस देश को विवश होकर अपनी मुद्रा का वैदेशिक मूल्य भी घटाना पड़ जाता है। इसे मुद्रा का अवमूल्यन कहा जाता है। कभी-कभी ऐसा करना आयात और निर्यात के लिए भी जरूरी हो जाता है।

प्रश्न 36 : बाण्ड तथा डिबेन्चर क्या एक ही प्रकार के बन्धकपत्र हैं? यदि नहीं तो इन दोनों में अन्तर स्पष्ट कीजिए। क्या इन्हें हस्तान्तरित भी किया जा सकता है?

उत्तर : सरकार अथवा सरकारी कम्पनी द्वारा जनता से ऋण के रूप में लिए गए धन को एक निश्चित अवधि के बाद चुकाने के लिए किए गए अनुबन्ध के लिखित प्रतिज्ञापत्र को बाण्ड कहा जाता है। बाण्ड और डिबेन्चर प्रायः एक ही प्रकार के प्रलेख हैं किन्तु वर्तमान समय में डिबेन्चर उस संविदा प्रलेख को कहा जाता है जो केन्द्र अथवा राज्य सरकारों द्वारा लोक ऋण के रूप में जारी किए जाते हैं। इन प्रलेखों के पीछे हस्ताक्षर करके इन्हें किसी अन्य को हस्तान्तरित किया जा सकता है।

प्रश्न 37 : सन् 1981 में जारी किए गए बाण्डों को काला बाण्ड क्यों कहा जाता है तथा इन बाण्डों को जारी करने के पीछे सरकार का क्या उद्देश्य था?

उत्तर : केन्द्र सरकार के द्वारा 1981 में तत्कालीन वित्त मंत्री के परामर्श से काला धन बाहर निकालने के उद्देश्य से जो बाण्ड जारी किए गए थे उन्हें लोगों ने काला बाण्ड कहना

शुरू कर दिया था। वस्तुतः न तो इनका रंग काला था और न इनके जारी करने के पीछे किसी प्रकार की दुर्भावना ही थी। इन बाण्डों को जारी करने के बाद जितनी अधिक सफलता की आशा की जाती थी वह सरकार को नहीं मिल सकी और ये बाण्ड भी लोकप्रिय नहीं हुए क्योंकि इनका मूल्य कम से कम 10,000 रुपए प्रति बाण्ड रखा गया था।

प्रश्न 38 : ‘बूंद-बूंद सो घट भरे’ अल्प बचत योजनाओं को लागू करने के लिए एक आदर्श वाक्य हो सकता है। भारत जैसे विकासशील देश के लिए ऐसी योजनाएं कहां तक उपयोगी सिद्ध हो सकती हैं?

उत्तर : यह तो सर्वविदित तथ्य है कि भारत एक निर्धन देश है और यहां की जनसंख्या का एक बहुत बड़ा भाग गरीबी की रेखा से नीचे रहकर अपना जीवनयापन करता है। ऐसी विपदाग्रस्त जनता से बचत की आशा करना ‘जले पर नमक छिड़कने’ के समान है। अतएव अच्छा यह होगा कि ब्याज की ऊंची दर रखकर अल्प बचत वाली योजनाओं को लोकप्रिय बनाया जाए। जो लोग साधन सम्पन्न हैं तथा काले धन के शहंशाह बने बैठे हैं, वे भले ही बड़ी बचतों का लाभ प्राप्त कर लें किन्तु सामान्य जनता के लिए तो ऐसी बचतें करना आकाश के तारे तोड़ने जैसा कठिन कार्य है।

प्रश्न 39 : भारत सरकार ने गरीबों की दशा सुधारने तथा उन्हें तरक्की के रास्ते पर आगे बढ़ाने के लिए कई योजनाएं शुरू की हैं किन्तु उनका पूरा-पूरा लाभ आम जनता को नहीं मिल पा रहा है, आपकी समझ में इसके क्या-क्या कारण हो सकते हैं?

उत्तर : तरक्की की योजनाओं का आम जनता को लाभ न मिलने का सबसे बड़ा कारण हमारी तेजी से बढ़ती हुई जनसंख्या है। इसके अलावा कुछ राजनेता, भ्रष्टाचारी अफसर तथा कर्मचारी विकास पर व्यय की जाने वाली धनराशि का काफी बड़ा भाग खुद पचा जाते हैं।

प्रश्न 40 : भारत की अर्थव्यवस्था को समुन्नत बनाने में राष्ट्रीयकृत बैंक कहाँ तक उपयोगी सिद्ध हो सकते हैं? अपने विचार संक्षेप में व्यक्त कीजिए।

उत्तर : भारतीय अर्थव्यवस्था को बैंकों के द्वारा मजबूत नहीं बनाया जा सकता। बैंक तो जनता के धन के न्यासी (trustee) मात्र हैं। अतः जनता की समृद्धि पर बैंकों की समृद्धि निर्भर करती है। हां! बैंक में जमा धन का एक सुनिश्चित भाग उत्पादकता पर खर्च किया जाए तो उससे भारतीय अर्थव्यवस्था में आंशिक सुधार लाया जा सकता है। बैंकों का दो बार राष्ट्रीयकरण भी इसी उद्देश्य की पूर्ति के लिए किया गया था।

प्रश्न 41 : अन्तर्राष्ट्रीय तरलता के प्रमुख घटकों का स्पष्टीकरण कीजिए।

उत्तर : अन्तर्राष्ट्रीय तरलता के चार प्रमुख घटक हैं—

1. केन्द्रीय बैंकों में जमा स्वर्ण
2. केन्द्रीय बैंकों के पास रखा गया विदेशी मुद्रा कोष

3. विभिन्न योजनाओं के लिए मुद्रा कोष से प्राप्त ऋण सुविधाएं

4. अन्य उपलब्ध साख संबंधी सुविधाएं

ये सभी अंग अन्तर्राष्ट्रीय तरलता (International Liquidity) बनाए रखने में महत्त्वपूर्ण माने जाते हैं।

उत्तर : फसल बीमा योजना काफी समय से सरकार के विचाराधीन है। किसानों की गिरती हुई दशा को संभालने के लिए यह योजना वरदान सिद्ध हो सकती है। भारतीय कृषि को 'मानसून का जुआ' कहा जाता है। यदि मानसून समय से तथा भरपूर मात्रा में आ गई तो कृषक मालामाल हो जाते हैं वरना उन्हें घोर मुसीबत का सामना करना पड़ता है। इस योजना के द्वारा किन-किन परिस्थितियों में किसानों को लाभ मिल सकेगा इसका निश्चय अभी तक नहीं हो पाया है। यह एक निश्चित तथ्य है कि यदि यह योजना कारगर तरीके से लागू की गई तो सरकार को भारी मात्रा में वित्त की व्यवस्था करनी पड़ेगी तथा वर्षा, तूफान, ओले, बाढ़ एवं टिड्डी जैसी दैवी विपत्तियों से नष्ट हो जाने वाली फसलों के लिए क्षति पूर्ति की अलग-अलग व्यवस्था करनी होगी। इस प्रकार के बीमे की व्यवस्था करने के लिए यह भी ध्यान में रखना पड़ेगा कि जोखिम झेलने के लिए बीमा कम्पनियों को किसान किस दर से बीमा किश्तें अदा करेंगे। भारतीय किसानों में से अधिकांश की स्थिति ऐसी नहीं है कि वे फसल बीमा कराने पर अधिक ऊंची किश्तें कम्पनियों को दे सकें।

उत्तर : भारत में कृषि भूमि पर जनसंख्या का सर्वाधिक दबाव पड़ रहा है। उत्पादन में भूमि ऐसा घटक है जिसके आकार में वृद्धि नहीं की जा सकती। स्वतंत्रता के 64 वर्षों में भी न तो कुटीर उद्योगों का समुचित विकास हो पाया है और न लघु उद्योग ही ज्यादा पनप सके हैं। परिणामतः बढ़ती हुई जनसंख्या और संयुक्त परिवार प्रथा के कारण पीढ़ी-दर-पीढ़ी से चले आ रहे खेतों का विभाजन मेंड़ें बनाकर किया जाता है और इस प्रकार खेतों का आकार बहुत घटता जा रहा है। जमीन का काफी बड़ा भाग मेड़ों में दब जाता है जिसका प्रभाव उत्पादक पर भी पड़ता है।

खेत दूर-दूर स्थित होने के कारण किसानों का काफी समय आने जाने में खर्च हो जाता है और वे अपनी कृषि की उत्पादकता बढ़ाने व उसकी सुरक्षा के लिए अधिक समय नहीं दे पाते हैं। इन सब कारणों से किसान अपने श्रम का पूरा प्रतिफल प्राप्त करने से वंचित रह जाते हैं। किसानों को उनकी परेशानियों से मुक्त कराने के लिए ही चकबन्दी व्यवस्था गांवों में लागू की जा चुकी है ताकि उनके छोटे-छोटे खेत एक ही स्थान पर

आ जाएं और खेतों की विभाजक अनावश्यक मेड़ें हटाकर कृषि क्षेत्र का समुचित विस्तार किया जा सके।

उत्तर : सन् 1949 में कुमारप्पा समिति का गठन ऐसे किसानों की सही संख्या जानने के लिए किया गया था जो कृषि कार्य एक व्यवसाय के रूप में कर रहे हैं और उन्हें अपने श्रम का पूरा-पूरा लाभ प्राप्त हो रहा है। इस समिति के द्वारा आर्थिक जोत की जो परिभाषा दी गई थी वह इस प्रकार है—

''आर्थिक जोत भूमि की वह सीमा है जिस पर कृषि कार्य करके कृषक अपना तथा अपने परिवार का भरण-पोषण करके उचित जीवन स्तर बनाए रखता है।'' इस परिभाषा में समिति ने उचित जीवन स्तर को अलग से परिभाषित करने की चेष्टा नहीं की है।

उत्तर : मध्यस्थों के कारण किसानों (उत्पादकों) का उपभोक्ताओं (Consumers) से सीधा संबंध नहीं हो पाता जिसके कारण अपने श्रम का पूरा प्रतिफल वे नहीं ले पाते। इस दुर्व्यवस्था को हटाने के लिए किसानों को सहकारी समितियां बनाने तथा उत्पादन को अधिक समय तक संचित रखने की व्यवस्था करनी होगी। किसानों की आर्थिक दशा अच्छी न होने के कारण भी मध्यस्थ उसका अनुचित लाभ उठाते हैं।

उत्तर : चकबन्दी का मतलब है किसानों की बिखरी हुई जमीन किसी एक स्थान पर लाकर एक चक बना देना ताकि आने जाने और फसल की रखवाली करने में उसे अनावश्यक समय और श्रम न लगाना पड़े किन्तु भ्रष्टाचारी अफसरों ने किसानों को फायदा पहुंचाने के बजाय इस व्यवस्था से हानि ही अधिक पहुंचाई है। चकों का निर्माण भूमि की किस्म को आधार मानकर किया गया है। नतीजा यह निकला है कि किसी-किसी किसान के पास अब भी 2-3 चक अलग-अलग जगहों पर हैं। कहीं-कहीं तो उसकी अच्छी जमीन लेकर घटिया किस्म की जमीन दे दी गई है जिसके कारण गुजारा करना कठिन हो गया है। सम्पन्न किसानों ने पैसे के बल पर अच्छी जमीनें प्राप्त कर ली हैं। इसलिए चकबन्दी के द्वारा सामान्य रूप से किसानों को अधिक लाभ नहीं मिला है।

उत्तर : भूमि कटाव का मुख्य कारण जंगलों का द्रुत गति से विनाश किया जाना है। जंगल वातावरण में शीतलता बनाए रखते हैं, वे अधिक वर्षा का कारण होते हैं। जल के

प्रवाह से बहने वाली मिट्टी को जंगली वृक्षों की जड़ें रोके रखती हैं, इसलिए वैज्ञानिकों ने लोगों का ध्यान वनों की सुरक्षा की ओर आकर्षित किया है और सरकार भी वनों की अंधा-धुन्ध कटाई रोकने के लिए कृत संकल्प है। भूमि का कटाव तेज हवा द्वारा भी होता है।

भूमि का कटाव रुक जाने से उसकी उर्वरा शक्ति बनी रहती है, किसानों को दुबारा मिट्टी का भराव नहीं करना पड़ता है तथा उसकी फसलें भी सुरक्षित रहती हैं। इसलिए भूमि का कटाव जहां किसान को तबाह कर देता है वहां जिस भूमि का कटाव नहीं होता वहां उससे किसान को अच्छा लाभ मिल जाता है। भूमि का कटाव रोकने के लिए अधिक वृक्ष उगाना तथा जंगलों को बनाए रखना नितान्त उपयोगी है। वर्षा तथा हवा दोनों से होने वाले कटावों को रोकने में वन सक्षम होते हैं।

उत्तर : व्यापारिक बैंकों का राष्ट्रीयकरण इसी उद्देश्य को लेकर किया गया था ताकि भारतीय ग्रामों की समुन्नति के लिए आवश्यक संसाधन जुटाए जा सकें किन्तु इस बारे में जितनी आशा की जाती थी उतनी सफलता नहीं मिली। हाल ही में कुछ व्यापारिक बैंकों ने ''ग्राम अभिग्रहण योजना'' (Village Adoption Scheme) चलाई है जिसके द्वारा प्रत्येक बैंक अपनी सीमा के भीतर किसी गांव को अभिगृहीत करके उसके विकास के लिए आवश्यक धनराशि ऋण के रूप में देकर या अन्य प्रकार से आर्थिक सहायता देकर उपलब्ध कराएगा। इस योजना को यदि विस्तार से लागू किया गया तो किसानों को काफी लाभ मिल सकेगा।

उत्तर : किसानों की आर्थिक दशा खराब होने के कारण उसे प्रायः दो प्रकार के ऋणों की आवश्यकता पड़ती है। एक को हम अल्पकालीन ऋण तथा दूसरे को दीर्घकालीन ऋण की संज्ञा दे सकते हैं। अल्पकालीन ऋण फसलों की बुवाई, सिंचाई, कटाई आदि के लिए दिए जाते हैं जो फसल तैयार होने के बाद उत्पादन की बिक्री हो जाने पर चुका दिए जाते हैं; जबकि दीर्घकालीन ऋण कृषि संयंत्र खरीदने, बैल, ट्रैक्टर तथा विविध प्रकार के अन्य उपकरण प्राप्त करने के लिए जरूरी होते हैं। इस प्रकार के ऋण किसान शादी विवाह पर होने वाले खर्चों को पूरा करने के लिए भी प्राप्त करता है। भूमि बंधक बैंक किसानों को दीर्घकालीन ऋण प्रदान करता है। यह बैंक प्रायः ऐसे कामों के लिए ऋण देता है जिससे किसानों की भूमि की उत्पादकता बढ़ सके। पक्के कुएं, रहट, ट्यूबवेल बनाने के लिए जो ऋण दिए जाते हैं उनमें से एक भाग की छूट भी सरकार द्वारा दी जाती है। भूमि बंधक

बैंक किसान के भूमि संबंधी दस्तावेजों को अपने पास बंधक रखकर ऋण देता है। ऋण चुकता हो जाने पर कागजात वापस कर दिए जाते हैं।

प्रश्न 50 : कृषि साख समितियों को व्यापारिक बैंक किस प्रकार आर्थिक सहायता देते हैं? संक्षेप में अपने विचार प्रकट कीजिए।

उत्तर : कृषि साख समितियाँ वे समितियां होती हैं जो अपने सदस्यों को कृषि उत्पादन बढ़ाने के लिए अल्पकालीन ऋण की व्यवस्था करती हैं। ये ऋण किसान की कृषि योग्य भूमि को आधार मानकर दिए जाते हैं। व्यापारिक बैंक साख समितियों की जमा शेयर पूंजी को आधार मानकर उनको सस्ती दर पर ऋण उपलब्ध कराते हैं। इस प्रकार की सुविधाएं विविध राज्यों में उपलब्ध कराई जा रही हैं।

बैंक सेवा संबंधी साक्षात्कार

I

श्री विपिन गुप्ता का जन्म लखनऊ में हुआ था। आरंभिक शिक्षा स्थानीय स्कूल में प्राप्त कर लखनऊ विश्वविद्यालय से बी॰ कॉम किया। निम्नलिखित साक्षात्कार बैंक सेवा के लिए किया गया है।

श्री गुप्ता : क्या मैं अन्दर आ सकता हूं?

अध्यक्ष : आइए गुप्ता जी, बैठिए।

श्री गुप्ता : धन्यवाद (अभिवादन करके कुर्सी पर बैठते हैं)।

अध्यक्ष : लगता है बैंक सेवा में आने के लिए आपने पहले ही निश्चय कर लिया था?

श्री गुप्ता : जी हां, बी॰ कॉम मैंने इसी उद्देश्य से किया था।

अध्यक्ष : बैंकों में अभी तक अधिकाँश काम अंग्रेजी में होता है, आपने हिन्दी माध्यम से शिक्षा ग्रहण की है, अतएव अंग्रेजी में काम करने में आपको कठिनाई तो नहीं होगी?

श्री गुप्ता : जी नहीं, हाई स्कूल, इन्टर तक तो मैंने एक विषय के रूप में अंग्रेजी पढ़ी ही है। बी॰ कॉम में भी एक पर्चा अंग्रेजी का था, इसलिए अंग्रेजी में काम करने में कठिनाई होने का प्रश्न ही नहीं उठता। फिर आगे चलकर तो हिन्दी में काम करना ही होगा अतएव मैं दोनों भाषाएं अच्छी तरह जानता हूं।

अध्यक्ष : यदि आपका चयन बैंक सेवा के लिए हो जाता है तो आप अपनी तैनाती कहां चाहेंगे?

श्री गुप्ता	:	निश्चय ही अपने शहर में किन्तु यह मेरा आग्रह नहीं इच्छा मात्र है।
पहला सदस्य	:	आजकल सारा सरकारी लेन-देन का कार्य स्टेट बैंक ऑफ इण्डिया के द्वारा होता है। स्वतंत्रता से पूर्व यह कार्य किस बैंक के मार्फत होता था?
श्री गुप्ता	:	इम्पीरियल बैंक ऑफ इंडिया के मार्फत।
पहला सदस्य	:	स्वाधीनता के उपरान्त इम्पीरियल बैंक का नाम परिवर्तन कब किया गया?
श्री गुप्ता	:	पहली जुलाई, 1955 को इम्पीरियल बैंक ऑफ इंडिया का राष्ट्रीयकरण करके इसका नाम स्टेट बैंक ऑफ इंडिया कर दिया गया था।
दूसरा सदस्य	:	कहा जाता है कि राष्ट्रीयकरण के बाद बैंक कर्मियों की कार्य कुशलता घटी है, आपकी क्या राय है?
श्री गुप्ता	:	श्रीमान्, अभी तक तो मैं यह पढ़ता ही रहा हूं, इसलिए बैंकों में जाकर वहां की कार्य कुशलता देखने का मुझे अवसर नहीं मिला। फिर भी जहां तक मैं जानता हूं, राष्ट्रीयकरण के बाद बैंक कर्मियों को अधिक सुविधाएं दी गई हैं अतएव उनकी कार्यकुशलता में भी सुधार आना चाहिए।
दूसरा सदस्य	:	भूमि विकास बैंक किसे कहते हैं?
श्री गुप्ता	:	ये बैंक किसानों को अपनी जमीन का विकास करने के लिए कम ब्याज पर ऋण प्रदान करते हैं।
अध्यक्ष	:	भारत में सर्वप्रथम खोले गए बैंक का नाम आप बता सकते हैं?
श्री गुप्ता	:	कृपया क्षमा करें, मुझे याद नहीं है।
अध्यक्ष	:	बैंक ऑफ हिन्दुस्तान, यह सन् 1777 में कलकत्ता (अब कोलकाता) में स्थापित किया गया था।
श्री गुप्ता	:	धन्यवाद श्रीमान्।
अध्यक्ष	:	आपके पिताजी क्या व्यवसाय करते हैं?
श्री गुप्ता	:	वे सेन्ट्रल बैंक ऑफ इंडिया की अमीनाबाद (लखनऊ) शाखा के प्रबंधक हैं।
अध्यक्ष	:	धन्यवाद, गुप्ता जी अब आप जा सकते हैं। (श्री विपिन गुप्ता सभी को अभिवादन करके बाहर आ जाते हैं)।

टिप्पणी : कुल मिलाकर यह एक अच्छा साक्षात्कार कहा जा सकता है। श्री गुप्ता के उत्तर सटीक तथा संक्षिप्त थे। एक प्रश्न का उत्तर वे नहीं दे सके इससे कोई अन्तर नहीं पड़ता। कोई भी व्यक्ति सर्वज्ञ नहीं होता।

☆☆☆

II

श्री रमेश चन्द्र पाल का जन्म अलीगढ़ में हुआ था। आरंभिक शिक्षा समाप्त करने के बाद अलीगढ़ मुस्लिम विश्वविद्यालय से उन्होंने अर्थशास्त्र विषय लेकर एम॰ए॰ किया। वे बैंकिंग सेवा के लिए इण्टरव्यू देने लखनऊ आए हैं।

श्री पाल : क्या मैं अन्दर आ सकता हूं?

अध्यक्ष : आइए पालजी, बैठिए।

श्री पाल : धन्यवाद (अभिवादन करके बैठते हैं)।

अध्यक्ष : आप अर्थशास्त्र विषय लेकर एम॰ए॰ हैं, आप बैंक सेवा में क्यों आना चाहते हैं?

श्री पाल : श्रीमान, मैंने देखा है कि बैंक सेवा के वेतनमान आकर्षक तथा यहां का काम-काज आत्मनिर्भरतापूर्ण है। यहां ईमानदारी से रहकर लोग अपनी आजीविका अच्छी तरह चला सकते हैं।

अध्यक्ष : ऐसा तो डाकतार विभाग में भी संभव है?

श्री पाल : संभव तो है किन्तु वहां के वेतनमान इतने अच्छे नहीं हैं।

पहला सदस्य : आप अलीगढ़ के निवासी हैं तथा अलीगढ़ मुस्लिम विश्वविद्यालय के छात्र रह चुके हैं। क्या वहां का वातावरण साम्प्रदायिक अधिक है?

श्री पाल : सभी विश्वविद्यालयों में कुछ लोग नेता या दादा बनने के अभिलाषी होते हैं। मुसलमानों की एक प्रमुख शैक्षिक संस्था होने के नाते कुछ छात्र कभी-कभी साम्प्रदायिकता की आड़ लेकर गड़बड़ मचाने का दुस्साहस करते हैं किन्तु अन्ततोगत्वा उन्हें मुँह की खानी पड़ती है।

पहला सदस्य : आपने भी कभी किसी झगड़े में भाग लिया है?

श्री पाल : जी नहीं, मेरे पास इन सब कामों के लिए कभी समय ही नहीं रहा।

पहला सदस्य : यदि समय होता तो क्या आप भाग लेते?

श्री पाल : यह सब परिस्थितियों पर निर्भर करता है।

दूसरा सदस्य : सहकारी बैंक कितने प्रकार के होते हैं? क्या आप बता सकते हैं?

श्री पाल	:	जी हां, ये तीन प्रकार के होते हैं–
		(1) शिखर बैंक, राज्य सहकारी बैंक
		(2) केन्द्रीय जिला सहकारी बैंक
		(3) प्राथमिक ऋण समितियां

दूसरा सदस्य : मिश्रित पूंजी वाले बैंकों में क्या स्टेट बैंक को भी गिना जा सकता है?

श्री पाल : जी हां, किन्तु इसका अधिकार क्षेत्र अन्य बैंकों की अपेक्षा कहीं अधिक व्यापक है।

दूसरा सदस्य : आरंभिक बैंकों में से बैंक ऑफ बंगाल की स्थापना कब हुई थी?

श्री पाल : संभवतः सन् 1840 ई॰ में।

दूसरा सदस्य : किन तीन बैंकों को मिलाकर इम्पीरियल बैंक बनाया गया था?

श्री पाल : मुझे ज्ञात नहीं हैं, कृपया क्षमा करें।

अध्यक्ष : क्या आप किसी ग्रामीण क्षेत्र में अपनी तैनाती पसन्द करेंगे?

श्री पाल : मैं गांव का निवासी हूं, ऐसी तैनाती मुझे अच्छी लगेगी।

अध्यक्ष : धन्यवाद, पालजी अब आप जा सकते हैं।

(अभिवादन करके श्री रमेश चन्द्र पाल बाहर आ जाते हैं)

टिप्पणी : श्री रमेश चन्द्र पाल का यह इण्टरव्यू अच्छे इण्टरव्यू का एक उदाहरण है। उनके उत्तर निर्भीक, सुसंगत तथा यथार्थवादी हैं।

✰✰✰

III

श्री पी॰ एन॰ मजूमदार, आसनसोल के निवासी हैं किन्तु उनके पिता कानपुर में आकर बस गए हैं। श्री मजूमदार की शिक्षा-दीक्षा अंग्रेजी माध्यम से हुई और कानपुर विश्वविद्यालय से उन्होंने एम॰ कॉम॰ परीक्षा उत्तीर्ण की। सम्प्रति वे जे॰ के॰ उद्योग समूह में कार्यरत् हैं। उनका यह साक्षात्कार बैंकिंग सेवा के लिए है।

श्री मजूमदार : क्या मैं अन्दर आ सकता हूं?

अध्यक्ष : आइए मजूमदार जी, बैठिए।

श्री मजूमदार : धन्यवाद (अभिवादन करके अपना आसन ग्रहण करते हैं)।

अध्यक्ष : आपके पिताजी ने आसनसोल छोड़कर कानपुर में बसना क्यों पसन्द किया?

श्री मजूमदार : मेरे पिताजी रेलवे सर्विस में हैं तथा अगले 2-3 वर्षों में रिटायर होने वाले हैं, कानपुर में उनके कई मित्र भी रहते हैं। अतएव उन्होंने भी यहां रहना पसन्द किया।

अध्यक्ष : आप जे॰ के॰ उद्योग समूह को क्यों छोड़ना चाहते हैं?

श्री मजूमदार : वहां भावी उन्नति के अवसर नगण्य से हैं, वेतन भी अधिक नहीं है।

अध्यक्ष : आप वहां क्या काम करते हैं।

श्री मजूमदार : मैं वहां एकाउण्ट्स क्लर्क हूं।

पहला सदस्य : बैंकों के राष्ट्रीयकरण के पीछे जो उद्देश्य थे क्या उनको पूरा करने में सरकार को सफलता मिली है?

श्री मजूमदार : सरकार चाहती है कि बैंकों में जमा धनराशि का कुछ अंश ग्रामोत्थान में भी लगाया जाए। इन उद्देश्यों को पूरा करने के लिए तथा ग्रामीण लोगों को लाभ पहुंचाने के लिए कुछ बैंक खोले गए हैं। इसमें पूरी सफलता तो नहीं मिली किन्तु आंशिक सफलता से इन्कार नहीं किया जा सकता।

पहला सदस्य : भारत में कुल कितने प्रकार के बैंक क्रियाशील हैं?

श्री मजूमदार : क्षमा करें, मुझे ठीक प्रकार से ज्ञात नहीं है।

पहला सदस्य	:	नौ प्रकार के।
श्री मजूमदार	:	धन्यवाद।
दूसरा सदस्य	:	क्या आप राष्ट्रीय कृषि तथा ग्रामीण विकास बैंक के बारे में जानते हैं?

श्री मजूमदार : जी हां, यह बैंक कृषि की समुन्नति तथा कृषि के पूरक उद्योगों को स्थापित करने के लिए किसानों तथा खेतिहर मजदूरों को ऋण देता है। यह बैंक न्यूनतम ब्याज लेता है तथा ऋण उगाही की किश्तें भी आसान होती हैं।

दूसरा सदस्य : सरकारी आर्थिक नीतियां अधिक से अधिक जन-समुदाय का कल्याण करने की ओर उन्मुख होती हैं फिर भी इन्हें पूरा लाभ नहीं मिल पाता। इसके क्या कारण हैं?

श्री मजूमदार : तेजी से बढ़ती हुई जनसंख्या, भ्रष्टाचार तथा काले धन का वर्चस्व।

अध्यक्ष : आप बंगला अच्छी तरह जानते होंगे?

श्री मजूमदार : मैं बंगला अच्छी तरह बोल लेता हूं किन्तु बंगला साहित्य पढ़ने का मुझे अवसर नहीं मिला।

अध्यक्ष : बीजक किसे कहते हैं?

श्री मजूमदार : बीजक अंग्रेजी शब्द बिल का हिन्दी पर्याय है।

अध्यक्ष : धन्यवाद मजूमदार जी, अब आप जा सकते हैं।

(अभिवादन करके श्री मजूमदार कमरे से बाहर आ जाते हैं।)

टिप्पणी : श्री मजूमदार का इण्टरव्यू अच्छा हुआ है। बंगला भाषी होकर भी वे हिन्दी शब्दों का अच्छा ज्ञान रखते हैं तथा भाषा या प्रदेश के प्रति उनके मन में किसी प्रकार का दुराग्रह नहीं है।

☆☆☆

IV

श्री रामदास कुरील, रायबरेली के पास के एक गाँव के निवासी हैं। आरंभिक शिक्षा गाँव तथा समीपवर्ती कस्बे में हुई। राजनीति विज्ञान, अर्थशास्त्र, हिन्दी तथा अनिवार्य विषय अंग्रेजी लेकर उन्होंने फिरोज गांधी डिग्री कॉलेज से स्नातक परीक्षा उत्तीर्ण की। वे बैंक सेवा के लिए इन्टरव्यू देने लखनऊ आए हैं।

श्री कुरील : क्या मैं अन्दर आ सकता हूं?

अध्यक्ष : आइए कुरील जी, बैठिए।

श्री कुरील : धन्यवाद (बैठते हैं)।

अध्यक्ष : आपके पिताजी क्या व्यवसाय करते हैं?

श्री कुरील : वे कृषक हैं।

अध्यक्ष : राष्ट्रपति की शक्तियों के बारे में आप कुछ बता सकेंगे?

श्री कुरील : जी हां, संविधान के अनुसार भारत के राष्ट्रपति को (थोड़ी देर सोचते हुए) कुछ शक्तियाँ प्राप्त हैं।

अध्यक्ष : किस प्रकार की शक्तियां प्राप्त हैं—

(1) विधायिनी, (2) कार्यपालिका, (3) वित्तीय तथा (4) न्याय पालिका संबंधी।

अध्यक्ष : संकटकालीन समय में राष्ट्रपति को क्या कुछ विशेष शक्तियाँ मिल जाती हैं?

श्री कुरील : जी हां, वह संकटकाल की घोषणा करके संवैधानिक व्यवस्था में महत्त्वपूर्ण परिवर्तन कर सकता है।

पहला सदस्य : आपने अर्थशास्त्र भी पढ़ा है क्या आप ग्रेशम के नियम के बारे में कुछ बता सकते हैं?

श्री कुरील : जी हां, ग्रेशम के नियमानुसार अच्छी मुद्रा को बुरी मुद्रा प्रचलन से हटा देती है।

पहला सदस्य : बुरी मुद्रा क्या होती है?

श्री कुरील : जिसका अपना मूल्य उसके वास्तविक मूल्य से कम होता है।

पहला सदस्य	:	उत्पादन के प्रमुख घटकों के नाम क्या आप बता सकेंगे?
श्री कुरील	:	जी हां—भूमि, श्रम, पूँजी, संगठन और उद्यमी (साहसी)।
दूसरा सदस्य	:	आप बैंक सेवा में क्यों आना चाहते हैं?
श्री कुरील	:	स्नातक हो जाने के बाद मुझे कुछ न कुछ तो करना ही पड़ेगा, मेरे पिता जी की आमदनी भी अधिक नहीं है। बैंक सेवा में आ जाने पर मैं उनकी आर्थिक मदद करना चाहता हूं। अन्य सेवाओं की तुलना में बैंकों के वेतनमान अच्छे हैं।
दूसरा सदस्य	:	श्री फिरोज गाँधी कौन थे?
श्री कुरील	:	वे एक राष्ट्रीय तथा निर्भीक नेता थे। वे रायबरेली क्षेत्र से संसद सदस्य भी चुने गए थे। श्री राजीव और संजय गांधी उन्हीं के सुपुत्र थे।
अध्यक्ष	:	पहली बार कितने बैंकों का राष्ट्रीयकरण किया गया था?
श्री कुरील	:	ठीक संख्या मुझे ज्ञात नहीं है, कृपया क्षमा करें।
अध्यक्ष	:	पहला राष्ट्रीयकरण कब हुआ था?
श्री कुरील	:	जुलाई, 1969 ई॰ में।
अध्यक्ष	:	ठीक है, कुरील जी अब आप जा सकते हैं।

(श्री कुरील नमस्कार कहकर वापस आ जाते हैं)

टिप्पणी : ग्रामीण परिवेश में लिख पढ़कर भी श्री कुरील का इण्टरव्यू काफी सफल रहा। उनके उत्तर काफी प्रभावपूर्ण तथा संक्षिप्त थे। पिता के प्रति उनके मन में आदर और सम्मान उनके शुद्ध भारतीय संस्कारों की देन है। इण्टरव्यू के दौरान एक दो बार उनकी घबराहट अस्वाभाविक नहीं कही जा सकती। समग्र रूप में यह एक अच्छे इण्टरव्यू का उदाहरण है।

✰✰✰

V

मेरठ निवासी श्री अमर भारद्वाज हिन्दी में एम॰ ए॰ तथा बी॰ ए॰ में उनका विषय वाणिज्य भी रहा है। उनकी सम्पूर्ण शिक्षा-दीक्षा मेरठ में हुई। कपड़ा व्यापारी के पुत्र श्री भारद्वाज दिल्ली में बैंक सेवा के लिए अपना इण्टरव्यू देने आए हैं।

श्री भारद्वाज : क्या मैं अन्दर आ सकता हूं?

अध्यक्ष : आइए भारद्वाज जी, बैठिए।

श्री भारद्वाज : धन्यवाद (अभिवादन करके बैठते हैं)।

अध्यक्ष : आप 'भारद्वाज' क्यों लिखते हैं?

श्री भारद्वाज : श्रीमान्! मैं भारद्वाज गोत्रीय ब्राह्मण हूं।

अध्यक्ष : आपने रामचरितमानस पढ़ा होगा, उसमें भारद्वाज आश्रम कहाँ बताया गया है?

श्री भारद्वाज : प्रयाग (इलाहाबाद) में।

अध्यक्ष : प्रयाग का क्या महत्त्व है?

श्री भारद्वाज : उसे तीर्थराज कहा जाता है। गंगा, यमुना तथा सरस्वती का संगम होने के कारण इसे परम पवित्र स्थान कहते हैं। यहाँ एक प्राचीन वट वृक्ष है जिसे अक्षय वट कहा जाता है।

पहला सदस्य : कविवर मैथिलीशरण ने किस महाकाव्य का प्रणयन किया था?

श्री भारद्वाज : साकेत का।

पहला सदस्य : और जयशंकर प्रसाद ने?

श्री भारद्वाज : कामायनी का।

पहला सदस्य : आप साहित्य के विद्यार्थी होकर बैंक की नौकरी क्यों करना चाहते हैं?

श्री भारद्वाज : मैं ऐसा मानता हूँ कि बैंक की नौकरी मेरी साहित्यक अभिरुचि को समाप्त नहीं कर सकेगी।

पहला सदस्य : कैसे?

श्री भारद्वाज : श्री जयशंकर प्रसाद अपनी परम्परागत तम्बाकू की दुकान पर बैठकर भी श्रेष्ठ कवि बन गए।

दूसरा सदस्य	:	क्या बैंक के कार्य को आप उबाऊ, नीरस तथा रूढ़िवादी नहीं मानते?
श्री भारद्वाज	:	बिना बैंक की नौकरी के अनुभव के मैं कुछ नहीं कह सकता।

(बोर्ड के सभी सदस्य मुस्कराने लगते हैं।)

दूसरा सदस्य : ग्रामीण लोग बैंकों में रुपया जमा न करके उन्हें छिपाकर रखना क्यों पसन्द करते हैं?

श्री भारद्वाज : जहाँ तक मैं जानता हूं ग्रामीणों को बैंकों की उपयोगिता का सही ज्ञान नहीं है। धीरे-धीरे अब वे बैंकों के महत्त्व को समझ रहे हैं।

दूसरा सदस्य : भारत की बढ़ती हुई जनसंख्या का यहां की अर्थ-व्यवस्था पर क्या प्रभाव पड़ रहा है?

श्री भारद्वाज : हमारे देश में जनसंख्या इतनी तेजी के साथ बढ़ रही है कि जिन योजनाओं के द्वारा हम अपने लक्ष्य तक पहुंचना चाहते हैं, उसमें रुकावट आ जाती है।

दूसरा सदस्य : आप जनसंख्या पर नियंत्रण किस प्रकार करना चाहेंगे?

श्री भारद्वाज : लोकतंत्र में अधिक सन्तानोत्पत्ति पर प्रतिबन्ध लगाना मुश्किल होगा। फिर भी ऐसा तो किया ही जा सकता है कि जो लोग सरकारी नौकरियों में जाना चाहें उनके लिए विवाह की आयु 22 (महिला) और 25 (पुरुष) वर्ष कर देनी चाहिये। केवल एक संतान तक ही उन्हें विशेष सुविधाएं देनी चाहिए–जैसे मुफ्त शिक्षा, चिकित्सा सुविधाएं तथा राशन की सुविधा आदि। मेरे विचार से इससे ही काफी अन्तर पड़ जाएगा।

अध्यक्ष : आप अनिवार्य परिवार नियोजन का समर्थन क्यों नहीं करते?

श्री भारद्वाज : मेरे चाहने से क्या होता है। मेरी एक बहन तथा एक भाई है। मैं अब तक अविवाहित हूँ। सरकार स्वयं इसे अनिवार्य नहीं करना चाहती क्योंकि एक बार वह इसका परिणाम भुगत चुकी है।

अध्यक्ष : अच्छा भारद्वाज जी, अब आप जा सकते हैं।

(श्री भारद्वाज सभी को अभिवादन करके बाहर आते हैं।)

टिप्पणी : निश्चय ही यह एक अच्छे साक्षात्कार का नमूना है। श्री भारद्वाज ने वस्तुस्थिति का ठीक वर्णन करके अपने विवेक का अच्छा परिचय दिया है।

✰✰✰

VI

श्री अजय शुक्ल का जन्म लखनऊ में हुआ था। आरंभिक शिक्षा समाप्त करने के बाद लखनऊ विश्वविद्यालय से उन्होंने अर्थशास्त्र विषय लेकर एम॰ ए॰ किया तथा वे झांसी के एक बैंक में कार्यरत् हैं। वे बैंकिंग सेवा के लिए इण्टरव्यू देने दिल्ली आए हैं।

श्री शुक्ल : क्या मैं अन्दर आ सकता हूं?

अध्यक्ष : आइए, आइए, शुक्ल जी बैठिए।

श्री शुक्ल : धन्यवाद (अभिवादन करके बैठ जाते हैं)।

अध्यक्ष : आप झाँसी में बैंक में ही कार्य करते हैं, वहाँ के महत्त्व के बारे में आप क्या जानते हैं?

श्री शुक्ल : झाँसी एक ऐतिहासिक नगर है। सन् 1857 के प्रथम स्वतंत्रता संग्राम में यहाँ की रानी लक्ष्मीबाई ने महत्त्वपूर्ण भूमिका निभाई थी। वे शत्रुओं से लड़ते-लड़ते वीरगति को प्राप्त हुई थीं। सुप्रसिद्ध हिन्दी कवि बाबू मैथिलीशरण गुप्त इसी जिले के निवासी थे तथा सुप्रसिद्ध ऐतिहासिक उपन्यासकार लेखक बाबू वृन्दावन लाल वर्मा भी झांसी के निवासी थे। वैद्यनाथ आयुर्वेद भवन के संस्थापक पं॰ रामनारायण शर्मा भी झाँसी में ही जीवनपर्यन्त रहे।

अध्यक्ष : आप झाँसी के बारे में बहुत कुछ जानते हैं। इसे कौन-सा खण्ड कहते हैं तथा उसके आस-पास की पर्वतमाला का क्या नाम है।

श्री शुक्ल : इसे बुन्देलखण्ड कहते हैं तथा समीपवर्ती पर्वतमाला विंध्याचल का भाग है।

अध्यक्ष : आप अपने घर से दूर रह कर कैसा अनुभव करते हैं?

श्री शुक्ल : कोई खास अजनबीपन तो मुझे झाँसी में नहीं लगता।

पहला सदस्य : प्रोबेशनरी अधिकारी बन जाने पर आप भारत में कहीं भी भेजे जा सकते हैं, इससे आपको कोई असुविधा तो नहीं होगी?

श्री शुक्ल : असुविधा क्यों होगी, भारत दर्शन का अवसर मिलेगा।

पहला सदस्य : आपकी अभिरुचि (Hobby) क्या है?

श्री शुक्ल : अपने विषय से संबंधित पुस्तकों का संग्रह करना।

पहला सदस्य	:	आपके पास कितनी पुस्तकें हैं?
श्री शुक्ल	:	श्रीमान्, मैं एक सामान्य परिवार का सदस्य हूं। अभी तक तो मुझे पाठ्यक्रम की पुस्तकें खरीदने में ही काफी पैसा जुटाना पड़ता था, फिर भी मैं ऐसी पुस्तकें जरूर खरीदता था जो मुझे अपना डिवीजन बनाने में सहायक लगती थीं। इस समय मेरे पास करीब 250 पुस्तकें हैं। 2-3 साल में इतनी पुस्तकें इकट्ठा करना कम तो नहीं है।
दूसरा सदस्य	:	आपने अभी कौन-सी पुस्तक खरीदी है?
श्री शुक्ल	:	अल्फ्रेड मार्शल की अर्थशास्त्र के सिद्धान्त।
		(Principles of Economics)
दूसरा सदस्य	:	मार्शल द्वारा दी गई अर्थशास्त्र की परिभाषा की उपयोगिता के बारे में आप कुछ बताइए।
श्री शुक्ल	:	मार्शल के मतानुसार—''अर्थशास्त्र जीवन के साधारण व्यवसाय से संबंधित मानव जाति का अध्ययन है। इसमें भौतिक कल्याण के साधनों की प्राप्ति तथा उनके उपयोगों से अत्यन्त निकट संबंध रखने वाले व्यक्तिगत मानवीय प्रयासों की परीक्षा की जाती है।'' इस परिभाषा से आप अनुमान लगा सकते हैं कि आधुनिक समाज के लिए अर्थशास्त्र कितना उपयोगी है।
अध्यक्ष	:	यदि आपका चयन हो जाता है तो नया कार्यभार संभालने में आपको कितना समय लग सकता है?
श्री शुक्ल	:	यह बात तैनाती की दूरी पर निर्भर करती है। वैसे मुझे कार्यालय से कार्य मुक्त होने में एक सप्ताह लग सकता है।
अध्यक्ष	:	धन्यवाद, अच्छा शुक्ल जी अब आप जा सकते हैं।
		(श्री शुक्ल अभिवादन करके कक्ष से बाहर आ जाते हैं।)

> **टिप्पणी :** श्री शुक्ल का बैंक के प्रोबेशनरी अधिकारी के लिए यह इण्टरव्यू काफी प्रभावोत्पादक तथा विषयानुरूप रहा। उनके उत्तर तथ्यात्मक तथा वस्तुपरक थे। पुस्तकों की खरीद के बारे में अभिव्यक्त विचार हर सामान्य स्थिति के विद्यार्थी पर घटित होते हैं। इसे एक सफल इण्टरव्यू कहा जा सकता है।

✩✩✩

VII

श्री पी॰ एन॰ द्विवेदी एम॰ कॉम॰ हैं। वे बस्ती (उ॰ प्र॰) के निवासी हैं किन्तु उनकी शिक्षा-दीक्षा गोरखपुर में हुई और गोरखपुर विश्वविद्यालय से ही वाणिज्य में स्नातकोत्तर उपाधि प्राप्त की; सम्प्रति वे किसी इण्टर कॉलेज में प्रवक्ता हैं उनका यह इण्टरव्यू बैंक सेवा के लिए है।

श्री द्विवेदी	:	क्या मैं अन्दर आ सकता हूं?
अध्यक्ष	:	आइए द्विवेदी जी, बैठिए।
श्री द्विवेदी	:	धन्यवाद (अभिवादन करने के पश्चात् बैठते हैं)।
अध्यक्ष	:	द्विवेदी जी! आप प्रवक्ता का अच्छा पद छोड़कर बैंक की नौकरी में क्यों आना चाहते हैं?
श्री द्विवेदी	:	श्रीमान्! मैं सरकारी सहायता प्राप्त एक इंटर कॉलेज में प्रवक्ता हूं। जब तक कहीं प्रधानाचार्य का पद न मिले मुझे सारा जीवन इसी कॉलेज में बिताना पड़ेगा। यहां भावी उन्नति के अवसर नगण्य हैं। इसलिए मैं बैंक सेवा में आना चाहता हूं जहाँ वेतन भी अधिक है तथा पदोन्नति के अवसर भी हैं।
पहला सदस्य	:	खाता (Ledger) भारतीय पद्धति से रखने में क्या दोष पाया जाता है?
श्री द्विवेदी	:	स्कूल-कॉलेजों में आमतौर से अंग्रेजी प्रणाली से खाता बनाने, रखने की विधि बताई जाती है जिसके कारण वाणिज्य विषय लेकर स्नातक बनने वाले नवयुवक नवीन प्रक्रिया से हिसाब-किताब रखने के आदी बन जाते हैं। वैसे देशी खाता प्रणाली में मैं व्यक्तिगत रूप से कोई दोष नहीं मानता।
पहला सदस्य	:	कभी बस्ती बौद्ध धर्म का केन्द्र था, आप इस बारे में क्या जानते हैं?
श्री द्विवेदी	:	बस्ती के पास एक टीला है। कहा जाता है कि यहां पर ब्रिटिश काल में खुदाई करके कुछ अवशेष निकाले गए थे। एक पेटी में भगवान बुद्ध के अवशेष थे। यह पेटी स्वर्ण की थी और इस पर कीमती पत्थर जड़े थे। बाद में इसे इंग्लैण्ड भेज दिया गया। जिस पत्थर के मटके में यह पेटी रखी गई थी वह मटका विक्टोरिया मेमोरियल कोलकाता में रखा गया।
पहला सदस्य	:	भारत की प्रमुख मुद्रा का क्या नाम है, एक अमेरिकी डॉलर कितने रुपए के बराबर होता है।

श्री द्विवेदी	:	भारत की प्रमुख मुद्रा रुपया कहलाती है। एक अमेरिकी डॉलर करीब 40 रुपए के बराबर होता है। लेकिन यह मान परिवर्तनशील है।
दूसरा सदस्य	:	बॉण्ड किसे कहते हैं? क्या बॉण्ड हस्तांतरित किया जा सकता है?
श्री द्विवेदी	:	बॉण्ड एक प्रकार के बन्धक पत्र होते हैं जो निश्चित अवधि के लिए जारी किए जाते हैं। ऐसा केन्द्र तथा राज्य सरकारों द्वारा सार्वजनिक ऋण लेने के उद्देश्य से किया जाता है। इन पर मिलने वाले ब्याज की दर बाजार अथवा बैंक से मिलने वाले ब्याज की दर से कम होती है। इनके पीछे हस्ताक्षर करके इन्हें हस्तांतरित किया जा सकता है।
दूसरा सदस्य	:	अधिमूल्यन से आप क्या समझते हैं?
श्री द्विवेदी	:	विदेशी विनिमय के दौरान जब कोई देश मंदी आदि के कारण अपनी मुद्रा का दूसरे देश की मुद्रा के मुकाबले में मूल्य बढ़ा देता है तो उसे अधिमूल्यन कहा जाता है।
दूसरा सदस्य	:	मुद्रा का प्रमुख कार्य क्या माना जाता है?
श्री द्विवेदी	:	मुद्रा विनिमय का मुख्य साधन है।
दूसरा सदस्य	:	कश्मीर समस्या के बारे में आपके क्या विचार हैं?
श्री द्विवेदी	:	पाकिस्तान में सैनिक शासक के सत्ता में रहते किसी सार्थक समाधान की संभावना प्रतीत नहीं होती।
अध्यक्ष	:	हिंसा, अशान्ति और समाज विरोधी कार्यों का हमारे आर्थिक जीवन पर कैसा प्रभाव पड़ता है?
श्री द्विवेदी	:	हिंसा, अशान्ति तथा समाज विरोधी कार्यों के बढ़ने की वजह से जनता का सरकार के प्रति विश्वास खत्म होता जाता है। गृह युद्ध की आशंकाएं बढ़ जाती हैं तथा हमारी आर्थिक स्थिति चरमरा जाती है। लोग व्यापारिक जोखिम उठाने से घबराते हैं।
अध्यक्ष	:	ठीक है, द्विवेदी जी अब आप जा सकते हैं।
		(श्री द्विवेदी सभी को अभिवादन करके कक्ष से बाहर आ जाते हैं।)

> **टिप्पणी :** श्री द्विवेदी का इण्टरव्यू काफी अच्छा हुआ है। संक्षिप्त तथा सही उत्तर देने के कारण पता चलता है कि श्री द्विवेदी ने अपने इण्टरव्यू की तैयारी मेहनत से की थी।

☆☆☆

VIII

श्री हेम दादा पाटिल मुम्बई निवासी हैं तथा वे दिल्ली रहकर जवाहर लाल नेहरू विश्वविद्यालय से अर्थशास्त्र में शोध कार्य कर रहे हैं। उनके शोध का विषय है 'हमारी आर्थिक नीति तथा जनकल्याण'। श्री पाटिल मेघावी छात्र रहे हैं। उनका यह इण्टरव्यू प्रोबेशनरी अधिकारी (बैंक) के लिए है।

श्री पाटिल : क्या मैं अन्दर आ सकता हूं?

अध्यक्ष : आई पाटिल जी, बैठिए।

श्री पाटिल : धन्यवाद (सभी को अभिवादन करके बैठते हैं)।

अध्यक्ष : अपने एम॰ ए॰ मुम्बई से किया है तथा पी-एच॰ डी॰ दिल्ली से करना चाहते हैं, इसका क्या कारण है?

श्री पाटिल : मेरे पिताजी केन्द्रीय सरकार में एक दायित्त्वपूर्ण पद पर हैं। पहले वे मुम्बई में थे अब उनका स्थानांतरण दिल्ली हो गया है। मैंने यहाँ प्रवेश के लिए प्रयास किया। मेरा विषय यहां पंजीकृत हो गया है तो अब यहीं मैंने शोध कार्य शुरू कर दिया है।

अध्यक्ष : एक वर्ष में आपने कितनी प्रगति की है?

श्री पाटिल : अधिक नहीं, अभी तो मैं आंकड़े और तथ्य एकत्र कर रहा हूं।

अध्यक्ष : जन कल्याण अथवा लोकहित को लेकर भारत सरकार की आर्थिक नीतियां प्रायः असफल रही हैं–इस बारे में आपका क्या विचार है?

श्री पाटिल : आप लगभग मेरे शोध कार्य से संबंधित प्रश्न पूछ रहे हैं, इसलिए मैं अभी कुछ कहने की स्थिति में नहीं हूं जब तक पूरे निष्कर्ष न निकाल लूं।

अध्यक्ष : प्रच्छन्न बेरोजगारी (Disguised unemployment) से आप क्या समझते हैं?

श्री पाटिल : प्रच्छन्न बेरोजगारी का सबसे सटिक उदाहरण हमारे कृषि श्रमिक हैं। ग्रामीण क्षेत्रों में कई लोग कृषि कार्यों से संबंधित दिखाई पड़ते हैं। इन लोगों को यदि कृषि से अलग कर दिया जाए तो उत्पादन पर कोई विशेष प्रभाव नहीं पड़ता अर्थात् उत्पादन पर इनका योगदान न के बराबर होता है। यह प्रच्छन्न बेरोजगारी की एक मिसाल है।

पहला सदस्य : भारतीय कृषि के बारे में आपके क्या विचार हैं?

श्री पाटिल	:	भारतीय कृषि परम्परागत तरीकों से की जाती है यह न तो जीवन निर्वाह कृषि (subsistence farming) है और न व्यापारिक कृषि (commercialised farming) ही है।
पहला सदस्य	:	गांधीजी कुटीर उद्योगों को प्रोत्साहन देने के पक्षधर थे किन्तु ऐसा किया नहीं जा सका। इसका गांवों की अर्थव्यवस्था पर क्या असर पड़ा?
श्री पाटिल	:	कुटीर उद्योगों को अपेक्षित स्तर तक बढ़ावा न दिए जाने का परिणाम यह हुआ है कि गांवों में कृषि पर दबाव बढ़ गया है साथ ही ग्रामीण बेरोजगारी का भी सही समाधान नहीं हो पाया है। शहरों की ओर पलायन जारी है जहां प्रदूषण और स्लम की वृद्धि हो रही है।
दूसरा सदस्य	:	वातावरण प्रदूषण से आप क्या समझते हैं?
श्री पाटिल	:	जंगलों की अंधाधुंध कटाई, शोर, जन संकुलता तथा कल-कारखानों की वृद्धि के कारण वातावरण प्रदूषित हो जाता है। इसमें वायु तथा जल प्रदूषण दोनों शामिल माने जाते हैं। प्रदूषण से अनेक प्रकार की शारीरिक, मानसिक तथा श्वास जनित बीमारियां पैदा होती हैं और लोगों का जीवन नारकीय बन जाता है।
दूसरा सदस्य	:	वनों की प्रचुरता क्यों आवश्यक मानी जाती है?
श्री पाटिल	:	वनों से वातावरण शुद्ध रहता है, वर्षा अच्छी होती है तथा भूमि का कटाव रुकता है। इसके अतिरिक्त उनसे कई तरह के अन्य लाभ भी प्राप्त होते हैं।
अध्यक्ष	:	भारत में सहकारिता और सहकारी बैंक सफल क्यों नहीं हो पा रहे हैं?
श्री पाटिल	:	अशिक्षा तथा प्रचार-प्रसार का अभाव सहकारिता को लोकप्रिय नहीं होने दे रहा है।
अध्यक्ष	:	आप कहीं और भी अपने लिए उपयुक्त कार्य ढूंढ़ रहे हैं?
श्री पाटिल	:	जी नहीं।
अध्यक्ष	:	अच्छा पाटिल जी, अब आप जा सकते हैं।

(श्री पाटिल सभी को अभिवादन करके बाहर आ जाते हैं)।

> **टिप्पणी :** श्री पाटिल से उनके विषयानुरूप ही अधिकतर प्रश्न पूछे गए हैं, जिनका उत्तर उन्होंने विवेकपूर्ण ढ़ंग से दिया है। उनके सहज स्वभाव तथा अध्ययन की गम्भीरता से चयन बोर्ड के सदस्य अवश्य प्रभावित हुए होंगे।

☆☆☆

IX

कु॰ प्रीति बनर्जी का जन्म कलकत्ता (अब कोलकाता) में हुआ था। मेधावी प्रीति ने एम॰ ए॰ परीक्षा अंग्रेजी विषय लेकर प्रथम श्रेणी में उत्तीर्ण की है। उनका इरादा बैंक में प्रोबेशनरी अधिकारी बनने का है। कुमारी प्रीति का यह इण्टरव्यू उसी संदर्भ में लिया गया है। वे हिन्दी अच्छी तरह बोल लेती हैं।

कुमारी प्रीति : क्या मैं अन्दर आ सकती हूं?

अध्यक्ष : आइए प्रीति जी, बैठिए।

कुमारी प्रीति : (नमस्कार करके यथास्थान बैठ जाती है)

अध्यक्ष : अंग्रेजी में कौन-सा कवि आपको अच्छा लगा?

कुमारी प्रीति : वड्सवर्थ। वे प्रकृति के अधिक निकट हैं। उनकी कविता में मनोरम प्रकृति का वर्णन है।

अध्यक्ष : आपने बी॰ ए॰ तक बंगला भी पढ़ी है। बंगला में आप अपना प्रिय कवि किसे मानती हैं?

कुमारी प्रीति : निश्चित रूप से गुरुदेव रवीन्द्रनाथ ठाकुर को।

अध्यक्ष : आप टैगोर न कहकर ठाकुर कहती हैं, क्यों?

कुमारी प्रीति : सही उपनाम ठाकुर ही है। भारतीय भाषाओं के साथ कभी-कभी अंग्रेज खिलवाड़ करते रहे।

पहला सदस्य : आप बैंक सेवा में क्यों आना चाहती हैं, जबकि साहित्य आपका विषय रहा है?

कुमारी प्रीति : शायद बैंक सेवा हमारी अभिरुचि में बाधक नहीं होगी।

पहला सदस्य : यदि आप बैंक अधिकारी चुन ली गईं तो क्या आप गांव जाना पसन्द करेंगी?

कुमारी प्रीति : मैं प्रकृति को उसके वास्तविक रूप में देखना चाहती हूं। दीन-हीन किसानों के लिए यदि मैं कुछ कर सकी तो यह मेरा सौभाग्य होगा।

पहला सदस्य : आप भावुक अधिक लगती हैं शायद यह साहित्य के अध्ययन का प्रभाव है।

कुमारी प्रीति : आप इसे भावुकता कह सकते हैं, भावुकता होना बुरी बात नहीं है किन्तु मैं अपने दायित्व के निर्वाह के प्रति भी पूरी तरह सजग रहती हूँ।

दूसरा सदस्य	: आपके कितने भाई और बहन हैं?

कुमारी प्रीति	: केवल एक छोटा भाई।

दूसरा सदस्य	: यदि आपको किसी ग्रामीण विकास बैंक में शाखा प्रबन्धक नियुक्त किया जाए तो आप ऋण प्राप्तकर्त्ताओं में से किनको वरीयता प्रदान करेंगी?

कुमारी प्रीति	: निश्चित रूप से उन लोगों को वरीयता दी जाएगी जो ऋण की धनराशि उत्पादक कार्यों में लगाने के इच्छुक होंगे।

अध्यक्ष	: कृषि विकास बैंकों में आमतौर से कितने प्रकार के ऋण दिए जाते हैं?

कुमारी प्रीति	: मैं निश्चित रूप से नहीं कह सकती, शायद दो प्रकार के ऋण दिए जाते हैं—(1) अल्पावधि ऋण, (2) दीर्घावधि ऋण।

अध्यक्ष	: दीर्घावधि ऋण किसे कहते हैं?

कुमारी प्रीति	: मैं जहां तक जानती हूं, दीर्घावधि ऋण वे ऋण कहलाते हैं जिनमें अधिक धनराशि कृषि की उत्पादकता बढ़ाने के लिए ऋण के रूप में ली जाती हैं, जैसे–ट्यूबवैल लगाने, ट्रैक्टर खरीदने आदि के लिए लिया जाने वाला ऋण।

अध्यक्ष	: ठीक है, प्रीति जी अब आप जा सकती हैं।

		(धन्यवाद कहकर कुमारी प्रीति कक्ष से बाहर आती हैं)।

टिप्पणी : कुमारी प्रीति का यह इण्टरव्यू भी काफी अच्छा रहा। एक-दो बार उत्तर देते समय उन्होंने संदेहास्पद बात कही किन्तु वह त्रुटिपूर्ण नहीं थीं। वे इस बात से पूर्ण आश्वस्त दिखाई पड़ीं कि अपने दायित्व का पूरा तरह निर्वाह करते हुए भी वे अपनी साहित्यिक अभिरुचि को जीवन्त बनाए रख सकेंगी।

☆☆☆

X

श्री श्याम उप्पल की शिक्षा-दीक्षा आगरा में हुई। वह कॉमर्स सहित बी॰ ए॰ है। एम॰ ए॰ उन्होंने राजनीति विज्ञान में किया है। सम्प्रति वह अपने पिता जी के कृषि फार्म में उनके साथ रहकर खेती-बाड़ी का काम देखते हैं। उनका यह इण्टरव्यू बैंकिंग सर्विस के सिलसिले में दिल्ली में लिया गया है।

श्री उप्पल	:	क्या मैं अन्दर आ सकता हूं?
अध्यक्ष	:	आइए उप्पल जी, बैठिए।
श्री उप्पल	:	(नमस्कार करके, सामने कुर्सी पर बैठते हैं।)
अध्यक्ष	:	आप किस गाड़ी से दिल्ली आए हैं?
श्री उप्पल	:	ताज एक्सप्रेस से।
अध्यक्ष	:	ताजमहल किसने बनवाया था?
श्री उप्पल	:	बादशाह शाहजहां ने।
अध्यक्ष	:	क्या मथुरा रिफाइनरी से ताज को खतरा पैदा होने की आशंका है?
श्री उप्पल	:	जी हां, कुछ वैज्ञानिकों की ऐसी ही राय है तथा कुछ की राय में खतरा पैदा होने की संभावना नहीं है।
पहला सदस्य	:	भारत के संविधान की विशेषताओं के बारे में आप क्या जानते हैं?
श्री उप्पल	:	यह एक विस्तृत, नमनशील, धर्म-निरपेक्ष संविधान है जिसमें राज्य के नीति-निर्देशक तत्त्व भी दिए गए हैं। इसमें भारत के लिए संसदीय लोकतंत्रात्मक शासन व्यवस्था अंगीकार की गई है।
पहला सदस्य	:	संविधान के अनुसार उपराष्ट्रपति के निर्वाचन की क्या प्रक्रिया दी गई है?
श्री उप्पल	:	संविधान के अनुसार उपराष्ट्रपति का निर्वाचन संसद के दोनों सदनों के सदस्य एकल हस्तांतरणीय गुप्त मतदान द्वारा करते हैं।
दूसरा सदस्य	:	उपराष्ट्रपति आमतौर से सदन में किस पद को धारण करता है?
श्री उप्पल	:	उपराष्ट्रपति राज्य सभा का सभापति होता है और इस नाते उसे वेतन मिलता है।

दूसरा सदस्य	: आप हुण्डी के बारे में कुछ जानते हैं?
श्री उप्पल	: जी नहीं, मैं चेक, ड्राफ्ट के बारे में जानता हूं।
दूसरा सदस्य	: हुंडी एक प्रकार की देनदारी होती है। यह दो प्रकार की होती है—दर्शनी और मुद्दती।
श्री उप्पल	: धन्यवाद श्रीमन्।
अध्यक्ष	: ग्रामीण अर्थव्यवस्था के बारे में आप क्या जानते हैं?
श्री उप्पल	: ग्रामीण अर्थव्यवस्था का प्रमुख आधार कृषि है। गौण अर्थव्यवस्था में पशुधन, कुक्कुट व सुअर पालन तथा कुटीर उद्योग भी माने जाते हैं। ग्रामीण अर्थव्यवस्था को सुधारने के लिए राज्य स्तर पर अनुदान, ऋण तथा आर्थिक सहायता भी दी जाती है।
अध्यक्ष	: यदि आप बैंक प्रबन्धक बन जाते हैं तो क्या आप किसी व्यक्ति को पशु खरीदने के लिए ऋण दे सकते हैं?
श्री उप्पल	: पशु खरीदने के लिए ऋण देने की कोई प्रक्रिया होती होगी मैं इस बारे में अनभिज्ञ हूं।
अध्यक्ष	: अच्छा ठीक है, अब आप जा सकते हैं।

(श्री उप्पल अभिवादन करके बाहर आ जाते हैं।)

टिप्पणी : श्री उप्पल ने अपने विषय से संबंधित उत्तर काफी अच्छे दिए थे किन्तु अन्त में पूछे गए प्रश्नों का उत्तर वे ठीक प्रकार से नहीं दे पाए। हुंडी तथा बैंक ऋण व्यवस्था के बारे में उनके उत्तर सन्तोषजनक नहीं पाए गए। फिर भी, उनका इण्टरव्यू कुल मिलाकर अच्छा ही कहा जाएगा।

❑ ❑ ❑

शिक्षण संबंधित साक्षात्कार

अध्यापकों से संबंधित साक्षात्कार

अध्यापक को किसी भी देश के भावी जीवन का मेरुदण्ड माना जाता है। अच्छे शिक्षक समाज को बदल देते हैं, समाज की दिशा बदल देते हैं। किसी भी मनुष्य के भावी जीवन का आधार भी शिक्षा ही होती है। अच्छे परिवार, अच्छा वातावरण, तथा अच्छे गुरुओं से शिक्षा प्राप्त बालक जीवन में प्रभावान बनता है किन्तु जिनको इस प्रकार का परिवेश नहीं मिलता वे दिशाहीन हो जाते हैं। उनके जीवन में भटकाव आ जाता है। जीविकोपार्जन की शिक्षा तथा मानव को मानवता का पाठ पढ़ाने वाली शिक्षा में अन्तर होता है। अर्थकारी शिक्षा पर खीझकर ही कविवर मैथिलीशरण गुप्त ने लिखा था—

> श्रीमान शिक्षा दें उन्हें तो श्रीमती कहती नहीं,
> छेड़ो न लल्ला को हमारे नौकरी करनी नहीं।
> शिक्षे! तुम्हारा नाश हो तुम नौकरी के हित बनीं;
> फूलो-फलो ऐ मूर्खते! रक्षक तुम्हारे हैं धनी।

शिक्षकों का साक्षात्कार लेते समय इस बात पर विशेष बल दिया जाना चाहिए कि शिक्षक केवल अर्थकारी शिक्षा देने में ही सक्षम है अथवा वह देश के भावी कर्णधारों में कुछ अच्छे संस्कार भी डाल सकता है। शिक्षकों को बाल मनोविज्ञान का अच्छा ज्ञान होना चाहिए। उसे यह न भूलना चाहिए कि एक लम्बे समय तक बालक उसके सीधे सम्पर्क में रहता है और इस अवधि में उसके बहुत कुछ आदर्श उसके शिक्षक ही होते हैं। प्राचीन शैक्षिक प्रणाली को यदि हम भूला भी दें तो नई शिक्षण पद्धति में भी जीवन का पहला पाठ बालक अपने परिवार तथा अपने गुरुओं से ही सीखता है। भारतीय मनीषा ने इसीलिए गुरु के महत्त्व को स्वीकारा था तथा उसकी महत्ता और आवश्यकता पर रीझकर लिखा था—

> गुरुर्ब्रह्मा, गुरुर्विष्णुः गुरुर्देवो महेश्वराः।
> गुरुः साक्षात् परब्रह्म तस्मै श्री गुरवे नमः॥

जिस विषय को पढ़ाने के लिए शिक्षक का साक्षात्कार लिया जाता है शिक्षक को उसका समुचित ज्ञान होना चाहिए। इस ज्ञान की थाह लेते समय कोशिश यही रहनी चाहिए कि शिक्षकों को जिस स्तर के छात्रों को पढ़ाना है उन्हें पढ़ाने का उसे समुचित अनुभव, ज्ञान तथा संबंधित विषय की अच्छी जानकारी है अथवा नहीं है। अधकचरे ज्ञान वाले, अनुभव शून्य, तृतीय श्रेणी के हताश-निराश शिक्षकों का चयन करने से हमारे छात्र भी लाभान्वित नहीं होंगे।

शिक्षकों के चयन में जरूरी होता है कि वे उच्चतर माध्यमिक स्तर के विद्यार्थियों को पढ़ाने के लिए दी जाने वाली ट्रेनिंग ले चुके हों। बी०एड०, बी०टी०, एल०टी० आदि प्रशिक्षण, शिक्षकों को व्यावहारिक ज्ञान तो देते ही हैं साथ ही वे बाल-मनोविज्ञान की भी शिक्षा देते हैं जिसके कारण शिक्षक अपने विद्यार्थियों की गतिविधियों की अच्छी जानकारी रख सकता है।

जैसा कि मैं पहले लिख चुका हूँ कि शिक्षक को सदाचारी होना तथा अपने व्यवसाय के प्रति अथवा यूँ कहिए कि दायित्व के प्रति पूर्णतया सजग होना चाहिए। ऐसा होने पर ही वे अच्छे शिक्षक बन सकेंगे तथा अपने छात्रों का मार्ग प्रशस्त कर पाएंगे। जो शिक्षक ट्यूशनों के फेर में पड़कर अपने छात्रों का भविष्य अंधकारमय बनाते हैं वे सच्चे अर्थों में शिक्षक न रहकर व्यवसायी ही कहे जाने योग्य हैं। यहां शिक्षकों के साक्षात्कार से संबंधित कुछ उदाहरण दिए गए हैं।

साक्षात्कार के कुछ नमूने
(Some Examples of Interviews)

I

श्री देवदत्त पर्वतीय क्षेत्र अल्मोड़ा के निवासी हैं। आरम्भिक शिक्षा अल्मोड़ा में हुई तथा ग्रेजुएशन तथा पोस्ट ग्रेजुएशन उन्होंने दिल्ली से किया। एम० ए० में उनका विषय हिन्दी रहा। श्री देवदत्त स्नातकोत्तर अध्यापक (पी०जी०टी०) का साक्षात्कार देने उच्चतर माध्यमिक शिक्षा निदेशालय गए। यहाँ उनके इंटरव्यू का अंश दिया जा रहा है।

श्री देवदत्त   : क्या मैं अन्दर आ सकता हूं?

अध्यक्ष   : आइए देवदत्त जी, बैठिए।

श्री देवदत्त	:	धन्यवाद (अपना आसन ग्रहण करते हैं)।
अध्यक्ष	:	आप अपने मूल निवास अल्मोड़ा कब गए थे?
श्री देवदत्त	:	श्रीमान्! विगत महीने मैं अपने गाँव में ही था।
अध्यक्ष	:	आपका गाँव कहाँ है?
श्री देवदत्त	:	मेरा गाँव कौसानी के पास है।
अध्यक्ष	:	कौसानी के महत्त्व के विषय में आप कुछ जानते हैं?
श्री देवदत्त	:	जी हाँ, सुप्रसिद्ध छायावादी कवि पं॰ सुमित्रानन्दन पन्त का जन्म कौसानी में ही हुआ था।
अध्यक्ष	:	क्या उन्हें कोई विशिष्ट पुरस्कार भी मिला था?
श्री देवदत्त	:	जी हाँ, उन्हें 1968 में ज्ञानपीठ पुरस्कार उनकी कृति 'चिदम्बरा' के लिए दिया गया था।
अध्यक्ष	:	आपका सर्वाधिक प्रिय हिन्दी कवि कौन है और क्यों?
श्री देवदत्त	:	मैं अपना प्रिय कवि पन्त जी को ही मानता हूं। मैं प्रकृति प्रेमी हूं और पन्त जी की रचनाओं में प्रकृति चित्रण उत्कृष्ट कोटि का देखने को मिलता है।
पहला सदस्य	:	हिन्दी के वीर रस के कवि जो मध्यकालीन युग के हों का नाम बताइए।
श्री देवदत्त	:	'भूषण' ही मुझे सर्वश्रेष्ठ लगते हैं।
पहला सदस्य	:	क्या इनकी प्रमुख रचनाओं के बारे में जानते हैं?
श्री देवदत्त	:	अवश्य, शिवराज भूषण, शिवा बावनी तथा छत्रसाल दशक। शिवा बावनी उनकी सर्वश्रेष्ठ कृति है जिस पर रीझकर छत्रपति महाराज शिवाजी ने भूषण को अपना दरबारी कवि बनाया था।
पहला सदस्य	:	शताब्दी एक्सप्रेस कब चली थी?
श्री देवदत्त	:	यह रेलगाड़ी 10 जुलाई, 1988 को शुरू की गई थी। यह भारत की सबसे तेज रफ्तार वाली गाड़ी है। नई दिल्ली से झांसी तक जाने वाली यह रेलगाड़ी 414 कि॰मी॰ केवल 4.30 घण्टे में पूरी करती है। यह केवल दो स्टेशनों पर ठहरती है।
दूसरा सदस्य	:	प्रौढ़ शिक्षा कार्यक्रम से क्या आशय है?
श्री देवदत्त	:	श्रीमान् क्षमा करें, इसके बारे में मुझे मालूम नहीं है।
दूसरा सदस्य	:	वर्ष 1988-89 क्यों महत्त्वपूर्ण था?

श्री देवदत्त	:	उस वर्ष राष्ट्र ने पं॰ जवाहरलाल नेहरू की 100वीं वर्ष गांठ मनाई थी।
दूसरा सदस्य	:	ठीक है, पं॰ जवाहरलाल नेहरू की प्रमुख पुस्तकों के नाम बताइए।
श्री देवदत्त	:	मुझे केवल 'मेरी कहानी' के बारे में ज्ञात है। एक उनकी कृति 'पिता के पत्र पुत्री के नाम' मैंने पढ़ी थी। उनकी अन्य रचनाएँ विश्व इतिहास की झलक (Glimpses of World History) तथा भारत की खोज (Discovery of India) है।
दूसरा सदस्य	:	बड़े छात्रों को पढ़ाने की अपेक्षा छोटे अल्प आयु के छात्रों को पढ़ाना क्यों मुश्किल है?
श्री देवदत्त	:	इसके कई कारण हैं। छोटे बच्चों में पढ़ाने के बजाय उनमें संस्कार डालना ज्यादा जरूरी होता है। इसके अलावा प्रयास यह करना पड़ता है कि बच्चे पढ़ाई को बोझ न समझ कर उसमें रुचि लें तथा पढ़ने में भी वे उसी प्रकार के आनन्द का अनुभव करें जिस प्रकार वे खेलने में अनुभव करते हैं।
अध्यक्ष	:	विद्यार्थियों में अनुशासनहीनता की भावना का आजकल वार्धक्य हो रहा है। क्या यह सही बात है? यदि सही है तो इसके निवारण का कारगर उपाय क्या हो सकता है।
श्री देवदत्त	:	मेरे विचार से अनुशासनहीनता छात्रों में ही नहीं अपितु सारे समाज में ही बढ़ती जा रही है। कुछ लोगों ने स्वतंत्रता का अर्थ स्वच्छंदता समझ लिया है। इसीलिए गड़बड़ी है। आत्मानुशासन अनुशासन की पहली सीढ़ी है, इसका पालन छात्रों को ही नहीं हम सबको करना चाहिए। बसों में बढ़ती भीड़ को ही देखिए, क्या यात्रियों में अनुशासन है? नहीं है, क्योंकि यदि अनुशासन होता तो वे पहले बच्चों, महिलाओं, अपंगों, वृद्धों को चढ़ने देते, फिर खुद चढ़ते लेकिन दोष केवल यात्रियों का ही नहीं है, समस्या यह है कि जो बस आई है, उसके बाद दूसरी बस न जाने कब आए, संकेत यह है कि बस व्यवस्था भी अनुशासित नहीं, इसलिए सब गड़बड़ा गया है। इसे ठीक और अनुशासित करने की जरूरत है।
अध्यक्ष	:	समय के महत्त्व के बारे में आपके क्या विचार हैं?
श्री देवदत्त	:	श्रीमान्, मैं आपका आशय समझ गया हूं। हर काम समयानुसार तथा उचित अवसरों पर किया जाना चाहिए। बच्चों को यह बात समझाने की ज्यादा जरूरत है क्योंकि यदि छात्र जीवन अनावश्यक कार्यों में लगा दिया गया तो जीवन की नींव ही बिगड़ जाएगी। इसलिए छात्रों को अनुशासन तथा समय दोनों का महत्त्व समझाना बहुत जरूरी है।

अध्यक्ष   : अच्छा, देवदत्त जी अब आप जा सकते हैं।

श्री देवदत्त   : धन्यवाद, (कमरे से बाहर आ जाते हैं।)

टिप्पणी : श्री देवदत्त का यह साक्षात्कार मध्यम श्रेणी का है किन्तु श्री देवदत्त जी ने जितने उत्तर दिए हैं उससे पता चलता है कि उन्होंने अध्ययन किया तथा सामयिक गतिविधियों के साथ बाल मनोविज्ञान का उनका ज्ञान भी अच्छा है। कोई व्यक्ति सर्वज्ञ नहीं होता। जिन प्रश्नों के उत्तर उन्हें नहीं आते थे उनके विषय में उन्होंने अत्यन्त शालीनता से 'न' कह दिया जो अटकलें लगाने से सर्वथा श्रेयस्कर माना जाता है।

☆☆☆

II

श्री चन्द्र कुमार गाजियाबाद के निवासी हैं। उनकी आयु 30 वर्ष है। उन्होंने एम॰ ए॰ संस्कृत गाजियाबाद से, बी॰ एड॰ जामिया मिल्लिया दिल्ली से किया है। श्री चन्द्र कुमार की रुचि आरंभ से ही शिक्षक बनने की रही है। वे तदर्थ आधार पर कहीं दूर-दराज के गांव में पढ़ाते रहे हैं। नगर निगम में प्राथमिक पाठशाला के लिए वे शिक्षक का इंटरव्यू देने आए हैं। यहाँ उनके इण्टरव्यू की एक झलक दी गई है।

श्री चन्द्र कुमार : क्या मैं अन्दर आ सकता हूँ?

शिक्षा अधिकारी : आइए, चन्द्र कुमार जी, बैठिए।

श्री चन्द्र कुमार : धन्यवाद (अपना स्थान ग्रहण कर लेते हैं।)

शिक्षा अधिकारी : आपने संस्कृत से एम॰ ए॰ किया है?

श्री चन्द्र कुमार : जी हां किन्तु हाई स्कूल तथा बी॰ए॰ तक मेरे पास ऐसे विषय रहे हैं जो प्राथमिक शालाओं में भी पढ़ाए जाते हैं।

शिक्षा अधिकारी : मेरा मतलब यह नहीं है कि आप प्राथमिक शालाओं में संस्कृत कैसे पढ़ाएंगे, मेरा मतलब यह है कि आप जल्दी ही प्राथमिक शालाओं की प्रक्रिया से मुक्त होने का प्रयास करेंगे।

श्री चन्द्र कुमार : मैं यह तो नहीं कह सकता कि मैं सदा प्राथमिक शाला का ही शिक्षक बना रहूँगा। किन्तु यह जरूर बताना चाहूँगा कि मैं दिल्ली में रहकर शिक्षक का कार्य रुचि से करना चाहता हूं। मैं आज भी एक इंटर कॉलेज में शिक्षक हूं तथा कोई तो कारण होगा जो मुझे प्राथमिक शाला का शिक्षक बनने की प्रेरणा देता है।

शिक्षा अधिकारी : क्या मैं वह कारण पूछ सकता हूं?

श्री चन्द्र कुमार : दिल्ली जैसे महानगर और मायानगरी में पब्लिक स्कूलों की ओर लोगों का आकर्षण है। इसका एक कारण शिक्षा जगत में व्याप्त चकाचौंध है। निगम स्कूलों में उन पब्लिक स्कूल नामधारी शिक्षा की दुकानों की अपेक्षा कहीं अधिक योग्य तथा परिश्रमी शिक्षक बनने की मेरे मन में लालसा है जिससे नगर निगम स्कूलों की ओर भी जनता की रुचि बढ़े तथा लोग इनमें अपने बच्चे पढ़ाने में गौरव का अनुभव करने लगें।

| पहला सदस्य | : | आप गाजियाबाद में रहते हैं, यदि आपको दिल्ली के किसी दूरस्थ गांव में तैनात कर दिया जाता है तो क्या आप वहां जाना पसन्द करेंगे? |

पहला सदस्य : आप गाजियाबाद में रहते हैं, यदि आपको दिल्ली के किसी दूरस्थ गांव में तैनात कर दिया जाता है तो क्या आप वहां जाना पसन्द करेंगे?

श्री चन्द्र कुमार : जब मैं नगर निगम की शाला का शिक्षक बनना चाहता हूं, तो मैं किसी स्थान विशेष के प्रति चाह लेकर शिक्षक नहीं बन रहा हूं। आप यदि गांव में भेजेंगे तो मैं गाँव में चला जाऊँगा। गाँव में रहने और पढ़ाने का मुझे अभ्यास है।

पहला सदस्य : आपके पहले कथन से ऐसा लगता है कि शायद आप इंटर कॉलेज इसलिए छोड़ रहे हैं कि ग्रामीण वातावरण आपको अच्छा न लगता हो।

श्री चन्द्र कुमार : जी नहीं, ऐसा संकेत भी मैंने नहीं दिया और इंटर कॉलेज छोड़ने का यह कारण भी नहीं है।

पहला सदस्य : संस्कृत भाषा में आपको कौन-सा कवि सबसे अच्छा लगता है?

श्री चन्द्र कुमार : टेढ़ा प्रश्न है, मैं संस्कृत को तथा उसके साहित्य को अगाध मानता हूं। संस्कृत भाषा में सब कुछ आकर्षक तथा पठनीय है। वैसे मैं महाकवि माघ का पक्षधर हूं।

पहला व दूसरा सदस्य : क्यों?

श्री चन्द्र कुमार : माघ के बारे में किसी समीक्षक ने कहा था कि उनके काव्य में तीन विशिष्ट काव्य गुण विद्यमान हैं, अर्थात्—उपमाएं सुन्दर हैं, अर्थ गौरव प्रचुर है, पद लालित्य का तो कहना ही क्या! सब कुछ माघ की कविता में विद्यमान है। उनका ''शिशुपाल वध'' महाकाव्य गौरवशाली रचना है। इसीलिए माघ मुझे बहुत प्रिय है।

दूसरा सदस्य : लेकिन संस्कृत में तो कालिदास को सर्वश्रेष्ठ कवि माना जाता है।

श्री चन्द्र कुमार : यह मान्यता सर्वसम्मत नहीं, बहुमत इसके पक्ष में हो सकता है।

शिक्षा अधिकारी : आप तो उच्च शिक्षा प्राप्त युवक हैं। यदि बच्चे कक्षा में शोर मचाने लगें तो आप क्या करेंगे?

श्री चन्द्र कुमार : छोटे बच्चे शोर तभी मचाते हैं जब उनका शिक्षक कक्षा में नहीं होता। पहला कार्य तो मेरा यह होगा कि मैं समय पर कक्षा में उपस्थित रहूं। यदि फिर भी शोर मचता है, यद्यपि ऐसा होगा नहीं, तो मैं उन बच्चों को ढूँढ़ने का प्रयास करूंगा जो शोर मचाने में तत्पर हैं, उन्हें पास बुलाकर या उनके पास जाकर मैं उन्हें

समझाऊंगा तथा कक्षा में पढ़ाना शुरू कर दूंगा। बच्चों का ध्यान बँट जाएगा और शोर अपने-आप बन्द हो जाएगा।

शिक्षा अधिकारी : प्राथमिक शालाओं में आप कौन-कौन से विषय पढ़ाना पसन्द करेंगे?

श्री चन्द्र कुमार : सभी विषय।

शिक्षा अधिकारी : क्या चित्रकला भी?

श्री चन्द्र कुमार : चित्र कला में मेरी विशेष रुचि रही है। (वे हाई स्कूल की अपनी चित्रकला की कापी दिखाते हैं जिसे देखकर सभी सदस्य प्रभावित होते हैं।)

शिक्षा अधिकारी : अच्छा, चन्द्र कुमार जी अब आप जा सकते हैं।
(धन्यवाद कह कर वापस आ जाते हैं।)

टिप्पणी : श्री चन्द्र कुमार का यह साक्षात्कार उच्च कोटि का है। अपने सभी पक्ष उन्होंने स्पष्ट और बिना संकोच के प्रस्तुत किए। इतने तटस्थ भाव से दिया जाने वाला दो टूक साक्षात्कार चयन समिति को प्रायः प्रभावित करता है बशर्ते कि वे कभी किसी पूर्वाग्रह से ग्रस्त न हों।

✰✰✰

III

कु॰ सुषमा परमार मूलतः हिमाचल प्रदेश की रहने वाली हैं तथा अपने पिताजी के साथ दिल्ली में रहती हैं। हाल ही में इन्होंने मनोविज्ञान विषय लेकर एम॰ ए॰ किया है। बी॰ एड॰ वे कश्मीर विश्वविद्यालय से दो वर्ष पूर्व कर चुकी हैं। अच्छे व्यक्तित्व वाली कु॰ सुषमा बैडमिंटन की अच्छी खिलाड़ी रह चुकी हैं तथा राज्य स्तर पर खेलने का उन्हें मौका मिला है। बाल मनोविज्ञान में उनकी अच्छी रुचि है। इसीलिये वे प्राथमिक शाला की शिक्षिका बनने में दिलचस्पी ले रही हैं।

कु॰ सुषमा	:	क्या मैं अन्दर आ सकती हूं?
शिक्षा अधिकारी	:	अवश्य, आइए सुषमा जी, बैठिये।
कु॰ सुषमा	:	सभी को अभिवादन करती हैं और बैठ जाती हैं।
शिक्षा अधिकारी	:	आपका शैक्षिक रिकॉर्ड काफी अच्छा है, आप किसी अन्य अच्छी सेवा में जाने की इच्छुक क्यों नहीं हैं?
कु॰ सुषमा	:	मैं अच्छी सेवाओं में जाने की इच्छुक हूं तथा चाहती हूं कि ऐसे बच्चे जिनकी रुचि पढ़ाई की ओर नहीं होती अथवा बौद्धिक विकास की दृष्टि से पिछड़े व अविकसित होते हैं उनकी समस्याओं का अध्ययन करूँ। नगर निगम की प्राथमिक शालाओं में ऐसा संभव है। यहां हर स्तर के विद्यार्थी मिल जाते हैं।
शिक्षा अधिकारी	:	जब आप इस प्रकार के अध्ययन में रत् रहेंगी तो बच्चों को पढ़ाने का समय कैसे निकाल पाएंगी?
कु॰ सुषमा	:	इस काम के लिए कहीं अलग से समय निकालने की जरूरत नहीं होती। अपने दैनिक कर्त्तव्य के पालन के साथ-साथ मेरा यह कार्य भी चलता रहेगा।
शिक्षा अधिकारी	:	आजकल आपकी दैनिक चर्या क्या रहती है?
कु॰ सुषमा	:	मैं कभी-कभी बाल मनोवैज्ञानिकों तथा बाल मनोरोग विशेषज्ञों के पास जाती हूं और बालकों के परीक्षण की प्रक्रिया को ध्यान से देखने और समझने की कोशिश करती हूं।
शिक्षा अधिकारी	:	सुषमा जी फिर तो आप काफी व्यस्त रहेंगी तथा पाठशाला में बच्चों को पढ़ाने के लिए काफी कम समय निकाल पाएंगी।

कु॰ सुषमा : यह कार्य अधिक समय तक नहीं चलेगा। जब तक जरूरत होगी (शायद एक वर्ष) मैं अनुरोध करूंगी कि मेरी शिफ्ट दूसरी रख दी जाए।

पहला सदस्य : निश्चित ही आप एक अच्छे लक्ष्य को लेकर काम कर रही हैं और वह भी लोक कल्याण की दृष्टि से; अतएव इसमें बाधा तो नहीं दी जानी चाहिए, फिर भी क्या आपको भागा-दौड़ी अधिक नहीं करनी पड़ेगी?

कु॰ सुषमा : अच्छे कार्य में भागा-दौड़ी तो करनी ही पड़ती है लेकिन मेरे इस प्रयास से यदि निम्न तथा मध्य वर्ग के बच्चों के जीवन में सुधार होता है तो मैं अपना सौभाग्य समझूंगी।

पहला सदस्य : छोटे बच्चों की ऐसी कौन-कौन सी समस्याएं हैं जिनके कारण उनकी दशा में सुधार लाना जरूरी है?

कु॰ सुषमा : बच्चे कहीं के हों वे वस्तुतः निश्छल, अपने हितचिन्तक को पहचानने वाले तथा उदार होते हैं। भारत में कुपोषण प्रमुख समस्या है, इसके अलावा अच्छे वातावरण और शिक्षा के अभाव के कारण भी प्रायः भारतीय बच्चों का भविष्य अंधकारमय बना रहता है। केवल कुछ सुविधा-भोगी तथा अभिजात्य वर्ग के बच्चों को ही सन्तुलित आहार तथा अच्छा वातावरण मिल पाता है। सरकार ने इस दिशा में कुछ कदम उठाए हैं किन्तु वे इतने सीमित हैं कि भारत के अनगिनत बच्चे उनका सम्यक् लाभ नहीं उठा पाते।

पहला सदस्य : भारत में बच्चों की दशा सुधारने तथा उन्हें शारीरिक और मानसिक दृष्टि से सक्षम बनाने के लिए क्या काम करना पड़ेगा?

कु॰ सुषमा : भारत में बढ़ती हुई जनसंख्या के कारण यहां के बालकों को जो कुछ मिलना चाहिए वह उन्हें नहीं मिल पाता। नतीजा यह होता है कि प्रति वर्ष लाखों बच्चे समुचित देखभाल के अभाव में दम तोड़ जाते हैं। इसलिए भारत में बिना किसी भेद-भाव के जनसंख्या पर नियन्त्रण तो करना ही चाहिए। दूसरी बात यह कि गांव-गांव घर-घर जाकर बच्चों के पालन-पोषण तथा उनकी शिक्षा की आवश्यकता से माता-पिता को अवगत कराना भी जरूरी है। बच्चों को अच्छा आहार तथा अच्छा वातावरण मिले इस बात का पूरा-पूरा ध्यान रखने से उनकी दशा में सुधार अवश्य होगा।

दूसरा सदस्य : सुषमा जी आप स्वयं अच्छी खिलाड़ी रही हैं। क्या आप बता सकेंगी कि बच्चों के लिए खेल क्यों आवश्यक होता है?

कु॰ सुषमा : जी हाँ, मैं अभी भी समय मिलने पर अपना प्रिय खेल बैडमिंटन खेलती हूं। जहां तक बच्चों के बारे में खेल की बात है खेल खेलने से बच्चों का विकास होता है। वे तरोताजा हो जाते हैं तथा अपना काम अधिक तल्लीनता से करते हैं। इसीलिए जरूरी है कि आरम्भ से ही बच्चों का स्वास्थ्य बनाने के लिए उनमें अच्छे संस्कार डाले जाएं। साक्षरता तथा खेलों के प्रति अनुराग दोनों जरूरी हैं।

शिक्षा अधिकारी : ठीक है सुषमा जी, अब आप जा सकती हैं।

(अभिवादन करने के बाद कमरे से बाहर आ जाती हैं।)

> **टिप्पणी :** सुषमा जी का यह इण्टरव्यू काफी अच्छा कहा जा सकता है। उन्होंने सभी प्रश्नों के उत्तर बड़ी लगन तथा तत्परता से दिए। उनके उत्तर नपे-तुले तथा सही थे जिनसे बोर्ड के सदस्य अवश्य ही प्रभावित हुए होंगे। इस प्रकार का इण्टरव्यू प्रायः उम्मीदवार के लिए लाभदायक सिद्ध होता है।

✩✩✩

IV

श्री सुमितप्रसाद जैन युवा ग्रेजुएट हैं। उन्होंने बी॰ एड॰ आगरा से तथा ग्रेजुएशन दिल्ली से किया है। व्यवसायी परिवार के श्री जैन को शिक्षक बनना अच्छा लगता है। उनके विचार से यह एक भद्र तथा सुसंस्कृत कार्य है जो जीवन भर व्यक्ति को कुछ सीखने तथा सिखाने के लिए प्रेरित करता रहता है। शिक्षा अधिकारी के कार्यालय में हुए श्री जैन के साक्षात्कार के अंश सामान्य जानकारी के लिए दिए जा रहे हैं।

श्री जैन	:	क्या मैं अन्दर आ सकता हूं?
शिक्षा अधिकारी	:	आइए, श्री जैन।
श्री जैन	:	अभिवादन करते हैं तथा निर्धारित आसन पर बैठ जाते हैं।
शिक्षा अधिकारी	:	बी॰ ए॰ में आपके विषय क्या-क्या थे?
श्री जैन	:	अंग्रेजी, हिन्दी, राजनीतिशास्त्र तथा अर्थशास्त्र।
शिक्षा अधिकारी	:	इन चारों में आपको किस विषय में ज्यादा रुचि थी?
श्री जैन	:	अर्थशास्त्र में।
शिक्षा अधिकारी	:	क्यों?
श्री जैन	:	मैं समझता हूं कि अर्थशास्त्र एक ऐसा विषय है जो हमें दैनिक जीवन में अर्थ के महत्त्व को बताता है तथा जीवन को आर्थिक संकटों से बचाने के लिए सही दिशा निर्देश देता है।
शिक्षा अधिकारी	:	आप अर्थशास्त्र की कोई ग्राह्य परिभाषा बता सकते हैं?
श्री जैन	:	अर्थशास्त्र, सामाजिक, वास्तविक और सामान्य मनुष्य की आर्थिक क्रियाओं का अध्ययन है।
पहला सदस्य	:	आपने राजनीति शास्त्र का अध्ययन भी किया है। कृपया बताइए राजनीति का जीवन में क्या महत्त्व है?
श्री जैन	:	मैं समझ नहीं सका, कृपया क्षमा करें, आपका आशय राजनीति के महत्त्व से है अथवा राजनीति शास्त्र के महत्त्व से?

पहला सदस्य   : आप राजनीति शास्त्र के महत्त्व के बारे में बताइए।

श्री जैन   : राजनीति शास्त्र जिसे विज्ञान भी माना जाता है आज के मानव जीवन के लिए नितान्त उपयोगी है। अपने अधिकारों तथा कर्त्तव्यों के ज्ञान के अलावा यह शासन प्रणाली के तथ्य के साथ-साथ विधायिनी शक्तियों आदि का भी ज्ञान कराता है। सबसे बड़ी बात यह है कि मतदान तथा नागरिक भावना का बोध भी हमें राजनीति शास्त्र के पठन-पाठन से ही होता है।

पहला सदस्य   : साहित्य लहरी मध्यकाल में किस कवि ने लिखा था?

श्री जैन   : मुझे ठीक पता नहीं।

पहला सदस्य   : हिन्दी साहित्य में वीर रस के श्रेष्ठ कवि के कितने भाई थे तथा वे किस राजा के राज कवि थे?

श्री जैन   : कविवर भूषण जो शिवाजी के राजकवि थे उनके दो भाई और थे।

दूसरा सदस्य   : क्या आप उनके भी नाम जानते हैं?

श्री जैन   : जी हां! एक का नाम कविवर चिन्तामणि तथा दूसरे भाई का नाम मतिराम था। ये दोनों भी रीतिकालीन श्रेष्ठ कवि थे।

दूसरा सदस्य   : क्या आप बता सकते हैं कि मतिराम ने कितने ग्रंथ लिखे थे तथा उनमें से सबसे अधिक ख्याति किस ग्रंथ को प्राप्त हुई?

श्री जैन   : मुझे इस बारे में ठीक ज्ञान नहीं है।

शिक्षा अधिकारी   : हिन्दी की वर्तनी में कुछ समय पूर्व कुछ सुधार किए गए थे। क्या आप बता सकते हैं कि वे सुधार किस-किस अक्षर के बारे में किए गए थे।

श्री जैन   : मुझे इस बारे में पूरी तरह तो ज्ञात नहीं है किन्तु यह पता है कि 'रव' का परिष्कृत रूप 'ख' है, 'फ्र' का 'झ' तथा 'राा' का 'ण' है। 'ध' को अब 'ध' लिखा जाता है। तथा 'भ' का 'भ' है। टाइप को सुविधाजनक बनाने के लिए संयुक्ताक्षरों के लिखने की प्रक्रिया भी बदली गई है, जैसे—विद्वान को विद्वान, पद्धति को अब पद्धति लिखा जाने लगा है।

शिक्षा अधिकारी   : हिन्दी वर्णमाला की उपादेयता के बारे में अपने विचार बताइए।

श्री जैन   : श्रीमान्, जहां तक मुझे ज्ञात है हिन्दी वर्णमाला सर्वाधिक वैज्ञानिक वर्णमाला है। इस वर्णमाला में जो कुछ लिखा जाता है वही पढ़ा जाता है। लिखने तथा पढ़ने दोनों में हिन्दी वर्णमाला विश्व में अपना अप्रतिम स्थान रखती है।

शिक्षा अधिकारी : अच्छा, श्री जैन अब आप जा सकते हैं।

(अभिवादन करते हैं तथा कमरे से बाहर आ जाते हैं।)

टिप्पणी : श्री जैन का यह इंटरव्यू सामान्य प्रकार का है। शुरू में ही उन्होंने साक्षात्कार लेने वाले की गलती निकालने की कोशिश की थी। जबकि प्रश्न स्वयं स्पष्ट था। कई बार उन्होंने प्रश्न के सही उत्तर के बारे में अनभिज्ञता प्रकट की। कई बार ''जहाँ तक मुझे ज्ञात है'', ''इस बारे में पूरी तरह ज्ञान नहीं है'' —जैसे वाक्य उम्मीदवार को नहीं बोलना चाहिए। दो चार उत्तर उनके अच्छे भी रहे हैं परन्तु कुल मिलाकर उनका निष्पादन मात्र सन्तोषजनक ही माना जाएगा।

☆☆☆

V

श्री क्षितिज मोहन बसु बंगला भाषी हैं किन्तु काफी समय से दिल्ली के एक उपनगर चितरंजन पार्क में रहते हैं। आरंभिक शिक्षा उन्होंने दिल्ली में प्राप्त की तथा दिल्ली विश्वविद्यालय से उन्होंने कला विषय (Arts) लेकर ग्रेजुएशन किया जिसमें उन्होंने द्वितीय स्थान प्राप्त किया। कालान्तर में उन्होंने जे० टी० सी० प्रशिक्षण लिया तथा कुछ समय तक वे दिल्ली के एक पब्लिक स्कूल से सम्बद्ध रहे। वे नगर निगम के शिक्षा अधिकारी के कार्यालय में अपना साक्षात्कार देने आए हैं। यहां उनके साक्षात्कार की एक झलक प्रस्तुत की जा रही है।

श्री बसु : क्या मैं अन्दर आ सकता हूं?

शिक्षा अधिकारी : आइए बसुजी, बैठिए।

श्री बसु : नमस्कार कहकर अपना आसन ग्रहण करते हैं।

शिक्षा अधिकारी : आजकल आप क्या कर रहे हैं?

श्री बसु : मैं इस समय हैप्पी स्कूल से संबंधित साहित्य पढ़ रहा हूं।

शिक्षा अधिकारी : आपको इस साहित्य से क्या प्रेरणा मिलती है?

श्री बसु : बाल मनोविज्ञान को लेकर अमेरिका, इंग्लैण्ड, रूस तथा अन्यान्य देशों में (भारत में भी) काफी काम हुआ है। बच्चा पढ़ाई को एक बोझ न समझे वरन् वह उसे अपने जीवन का एक आवश्यक कार्य मान ले तो समस्याएं काफी सुलझ जाती हैं। ऐसी समस्याएं प्रायः माता-पिता की ही होती हैं जो अपने बच्चे को लेकर काफी चिन्तित रहते हैं। शैशव काल में पड़े संस्कार भावी जीवन के भाग्य विधाता बन जाते हैं।

पहला सदस्य : आप ने बंगला भाषा तथा संस्कृत का भी अध्ययन किया है, क्या आप जानते हैं कि पं० नेहरू ने संस्कृत के बारे में क्या लिखा है?

श्री बसु : जी हां, हिन्दुस्तान की कहानी में पंडित नेहरू ने लिखा है कि—"संस्कृत एक अद्भुत रूप से सम्पन्न, हरी-भरी और फूलों से लदी भाषा है।" ...हमारी वर्तमान भाषाएं संस्कृत से उपजी हैं।

पहला सदस्य : आपने कादम्बरी का नाम सुना है, यह किसकी रचना है?

श्री बसु : बाणभट्ट ने कादम्बरी का सृजन किया था।

दूसरा सदस्य : कालिदास ने संस्कृत में जो राम कथा लिखी है उसे किस नाम से जाना जाता है?

श्री बसु : रघुवंशम् के नाम से।

दूसरा सदस्य : छोटे बच्चों को मातृ भाषा में शिक्षा देना क्यों जरूरी माना गया है?

श्री बसु : बच्चों को अपनी मातृभाषा का ज्ञान सहज में ही प्राप्त हो जाता है। मातृ भाषा के माध्यम से वे अनेक वस्तुओं के नाम बिना रटे जान जाते हैं। ऐसी दशा में मातृ भाषा में शिक्षा देने से छोटे बच्चों के मानस पर ज्यादा भार नहीं पड़ता तथा बच्चा जो बोलता है वही धीरे-धीरे लिखने लग जाता है। लिपि सीखने का कार्य वह गुरुओं के मार्ग-दर्शन में पूरा कर लेता है। इसीलिए छोटे बच्चों को मातृभाषा में शिक्षा देना जरूरी समझा गया है।

शिक्षा अधिकारी : क्या आप बता सकते हैं कि प्रति-दिन और प्रतिदिन, प्रति-शत और प्रतिशत, यथा-समय और यथासमय, यथा-उचित और यथोचित, निमित्त-मात्र और निमित्तमात्र में से कौन-कौन से शब्द सही हैं।

श्री बसु : बहुत पहले मुझे देवनागरी लिपि यथा हिन्दी वर्तनी पढ़ने का मौका मिला था। यह छोटी-सी पुस्तिका केन्द्रीय हिन्दी निदेशालय ने निकाली थी। इसमें कहा गया है कि समस्त पदों में प्रति, मात्र, यथा आदि अव्यय, पृथक् नहीं लिखे जाएंगे, जैसे—प्रतिदिन, प्रतिशत, मानवमात्र, यथासमय, यथोचित, निमित्तमात्र आदि। यह सर्वविदित नियम है कि समास होने पर समस्त पद एक माना जाता है। अतः उसे व्यस्त रूप में न लिखकर एक साथ लिखना ही संगत है। अतएव आपने जिन शब्दों का उल्लेख किया है उनमें मध्यवर्ती चिह्न अथवा बिना योजक (-) लगे हुए शब्द ही सही हैं।

शिक्षा अधिकारी : तत्पुरुष समास में हाइफन (योजक) का प्रयोग कहां करना चाहिए, क्या आप बता सकेंगे?

श्री बसु : जी हां! हिन्दी मैंने अच्छी तरह पढ़ी है। इस संदर्भ में भी मैं, कथित पुस्तक को ही मान्य मानकर उसको उद्धृत करना चाहूंगा, उसमें कहा गया है कि—तत्पुरुष समास में हाइफन का प्रयोग केवल वहीं किया जाए, जहां उसके बिना भ्रम होने की संभावना हो, अन्यथा नहीं, जैसे—भू-तत्त्व,

भू-भौतिकी (Geo-physics) आदि। सामान्यतः तत्पुरुष समासों में हाइफन लगाने की आवश्यकता नहीं होती, जैसे—रामराज्य, राजकुमार, गंगाजल, ग्रामवासी, आत्महत्या, पापात्मा, धर्मात्मा आदि।

शिक्षा:   : अच्छा, बसुजी अब आप जा सकते हैं।
                  (अभिवादन करते हैं। कमरे से बाहर आ जाते हैं)

टिप्पणी : श्री बसु का यह साक्षात्कार काफी अच्छा है। बंगला भाषी होने पर भी श्री बसु का हिन्दी ज्ञान सराहनीय माना जाएगा। इसके अतिरिक्त भी उन्होंने प्रश्नों के जो भी उत्तर दिए हैं, वे उनकी योग्यता के परिचायक हैं।

□ □ □

साक्षात्कार के कुछ अंश
(Some Interview Excerpts)

प्रतिरूप-1

अध्यक्ष : मि. सक्सेना आप इस पोशाक में बड़ें स्मार्ट दिखते हैं।

अभ्यर्थी : जी, धन्यवाद। (आपका उत्तर तत्काल होना चाहिए तथा आपको सकुचाना या नर्वस होना नहीं चाहिए)

अध्यक्ष : क्या आपने यह टाई इस साक्षात्कार में भाग लेने के लिए खरीदी है?

अभ्यर्थी : जी, नहीं। यह मैंने गत वर्ष खरीदी थी। यह नई दिखती है क्योंकि मैंने यह बहुत कम पहनी है।

सदस्य : मि. सक्सेना, आपकी कमीज भी काफी सुंदर दिख रही है। विशेषकर आपने जो मैचिंग पैंट पहनी हुई है उससे यह और भी सुंदर दिख रही है।

अभ्यर्थी : जी, धन्यवाद। मैं अपने कपड़ों की सही मैचिंग का हमेशा पूरा ध्यान रखता हूँ।

नोट : *आपने देखा कि मि. सक्सेना ने साक्षात्कार के इस विशेष भाग में औसत से अच्छा प्रदर्शन किया है क्योंकि उन्होंने तुरन्त उत्तर दिया है और अपने नर्वस होने का बिल्कुल भी आभास नहीं होने दिया है। इस प्रकार के व्यक्तिगत प्रश्नों को पूछे जाने पर भी वे बिल्कुल निर्भीक और निश्चिन्त हैं।*

प्रतिरूप-2

अभ्यर्थी : जी, नमस्ते

अध्यक्ष : नमस्ते मि. सिंह! आइए बैठिए।

अभ्यर्थी : (कुर्सी को एक कोण पर खींचकर बैठते हुए) बहुत-बहुत धन्यवाद।

अध्यक्ष : मि. सिंह, आपने दिल्ली विश्वविद्यालय से स्नातक की परीक्षा उत्तीर्ण की है और अभी आपने एम.ए. भाग-2 की परीक्षा में भाग लिया है।

अभ्यर्थी : जी, श्रीमान।

अध्यक्ष : आपकी एम.ए. भाग-2 की परीक्षा कैसी हुई?

अभ्यर्थी : जी, यह परीक्षा अच्छी हुई है और मुझे विश्वास है कि बी.ए. फाइनल के समान ही इस बार भी मुझे अच्छे अंक प्राप्त होंगे। (अभ्यर्थी के उत्तर से उसकी सकारात्मक प्रवृत्ति और आत्मविश्वास का पता चलता है। देखें कि उसने किस प्रकार अध्यक्ष को अप्रत्यक्ष रूप में बता दिया कि उसने बी.ए. में भी अच्छे अंक प्राप्त किए हैं।)

अध्यक्ष : हमें विश्वास है कि आप एम.ए. में अच्छे अंकों से उत्तीर्ण होंगे।

अभ्यर्थी : जी, इस शुभकामना के लिए धन्यवाद।

> **नोट** : *देखें अध्यक्ष की टिप्पणियों पर अभ्यर्थी ने किस प्रकार विनम्रता का प्रदर्शन कियाहै।*

सदस्य : अर्थशास्त्र का विद्यार्थी होने के नाते क्या आप सरल शब्दों में बता सकते हैं कि अर्थशास्त्र क्या है?

अभ्यर्थी : महोदय, अर्थशास्त्र एक सामाजिक विज्ञान है जो मुख्य रूप से समाज द्वारा अपने सीमित संसाधनों, जिन्हें वर्तमान समय में और भविष्य में उपयोग में लाए जाने हेतु वस्तुओं और सेवाओं के उत्पादन के लिए प्रयुक्त किया जा सकता है, को नियोजित करने या प्रयोग में लाने के लिए अपनाए गए तरीकों से संबंध रखता है।

अध्यक्ष : चूंकि अर्थशास्त्र का बैंकिंग से निकट संबंध है, अतः बताएं कि बैंकों के राष्ट्रीयकरण के विषय में आपके क्या विचार हैं?

अभ्यर्थी : महोदय, मैं सरकार द्वारा उठाए गए इन कदमों के पक्ष में हूँ क्योंकि इससे देश की अर्थव्यवस्था मजबूत होगी और संसाधनों पर उपर्युक्त नियंत्रण किया जा सकेगा।

अध्यक्ष : मि. सिंह, मैं आपके विचारों से पूर्णतः सहमत हूँ।

अभ्यर्थी : जी, बहुत-बहुत धन्यवाद।

सदस्य : मि. सिंह क्या आप बता सकते हैं कि भारत में अब तक कितनी बार बैंकों का राष्ट्रीयकरण हो चुका है?

अभ्यर्थी : (अभ्यर्थी बोर्ड के इस सदस्य की ओर देखता है और यह कहते हुए संबोधित होता है) महोदय, अब तक दो बार बैंकों का राष्ट्रीयकरण हो चुका है।

> *नोट करें कि नकारात्मक वाक्यों जैसे कि 'मैं समझता हूँ कि दो बार ऐसा किया जा चुका है' या 'जहाँ तक मुझे स्मरण है अथवा जैसाकि मुझे विश्वास है, दो बार ऐसा हो चुका है' आदि का प्रयोग न किया जाए।*

अध्यक्ष : प्रत्यक्ष कर किसे कहते हैं?

अभ्यर्थी : जी, यह किसी व्यक्ति से प्रत्यक्ष रूप में वसूला जाने वाला कर है, जैसेकि आयकर।

अध्यक्ष : धन्यवाद मि. सिंह, आप जा सकते हैं।

अभ्यर्थी : जी, धन्यवाद। आपका दिन शुभ हो।

(आमतौर पर लोग धन्यवाद देने पर चुप रह जाते हैं। आपको मि. सिंह के समान ही धन्यवाद, आपका दिन शुभ हो, जैसे वाक्यांशों का प्रयोग करना चाहिए।)

प्रतिरूप-3

अभ्यर्थी का आत्मविश्वास दर्शाना

अभ्यर्थी : महोदय क्या मैं अन्दर आ सकता हूँ?

अध्यक्ष : हाँ, मि. शर्मा, आप अन्दर आ जाएं और अपना स्थान ग्रहण करें।

अभ्यर्थी : (कुर्सी पर बैठते हुए) धन्यवाद महोदय।

नोट : जब बैठने के लिए कहा जाए तो चुप न रहें और धन्यवाद कहें।

अध्यक्ष : तो मि. शर्मा इस साक्षात्कार में सफल होने के बारे में आप क्या सोचते हैं?

अभ्यर्थी : महोदय, मुझे अपनी सफलता का पूर्ण विश्वास है।

(सकारात्मक मनोवृति पर ध्यान दें)

अध्यक्ष : आप ऐसा क्यों समझते हैं?

अभ्यर्थी : महोदय, मैं पहले कभी भी अपने किसी भी प्रयास में असफल नहीं हुआ हूँ और मैं इस परीक्षा में भी सफल होने के प्रति आश्वस्त हूँ।

अध्यक्ष : मान लीजिए कि इस बार आपका चयन नहीं हो पाता है, तो क्या आप दोबारा प्रयत्न करेंगे?

अभ्यर्थी : महोदय, पहली बात तो यह है कि मुझे विश्वास है कि ऐसा नहीं होगा तथापि यदि ऐसा हो ही जाता है तो मैं फिर से प्रयत्न करूँगा। मैंने अपने बचपन में 'किंग ब्रूस एण्ड दी स्पाइडर' की कहानी पढ़ी थी और मैं उस कहानी में दी गई नीतिपरक शिक्षा में विश्वास करता हूँ।

सदस्य : मान लीजिए कि आप अपने सभी मौके खो देते हैं और परीक्षा में बैठने की आपकी आयु सीमा निकल जाती है तथा तब तक भी आप इस परीक्षा को पास नहीं कर पाते हैं, तब आप क्या करेंगे?

अभ्यर्थी : महोदय, मैं तब भी हिम्मत नहीं हारूँगा और अन्य अवसरों की तलाश करूँगा। मैं प्राइवेट बैंक या बहुराष्ट्रीय संस्थान में नौकरी कर लूँगा क्योंकि तब मेरे पास ऐसा करने के लिए पर्याप्त कारण व अनुभव हो जाएगा।

नोट : उपर्युक्त प्रतिरूप साक्षात्कार में अभ्यर्थी का उत्तर उसके आत्मविश्वास और निश्चय को पूर्णतः दर्शाता है।